商业特许经营案例评析

中华人民共和国商务部　编

中国商务出版社

图书在版编目（CIP）数据

商业特许经营案例评析/中华人民共和国商务部主编
. —北京：中国商务出版社，2012.8
ISBN 978-7-5103-0768-3

Ⅰ.①商…　Ⅱ.①中…　Ⅲ.①特许经营-案例-中国
Ⅳ.①F713.3

中国版本图书馆 CIP 数据核字（2012）第 206867 号

商业特许经营案例评析
SHANGYE TEXU JINGYING ANLI PINGXI

中华人民共和国商务部　编

出　　版：中国商务出版社
发　　行：北京中商图出版物发行有限责任公司
社　　址：北京市东城区安定门外大街东后巷 28 号
邮　　编：100710
电　　话：010—64245686（编辑二室）
　　　　　010—64266119（发行部）
　　　　　010—64263201（零售、邮购）
网　　址：www. cctpress. com
邮　　箱：cctp@ cctpress. com
照　　排：嘉年华文排版公司
印　　刷：北京密兴印刷有限公司
开　　本：787 毫米×980 毫米　1/16
印　　张：24.5　字　数：425 千字
版　　次：2012 年 8 月第 1 版　　2012 年 8 月第 1 次印刷

书　　号：ISBN 978-7-5103-0768-3
定　　价：48.00 元

编　委　会

序　言

　　商业特许经营作为一种新型商业模式，已经被广泛应用于各行各业。特别是近年来，随着我国经济的持续快速发展，特许经营受到越来越多的投资人青睐，引起了社会各界广泛关注。实践证明，特许经营对促进中小流通企业发展、解决就业、拉动民间投资具有重要作用，是提高流通现代化水平的有效手段。

　　商业特许经营在中国已有 20 多年的发展历史，期间特许经营模式经历了从无到有，从雏形到成熟，从不规范到逐步规范的历程。2007 年 5 月 1 日，《商业特许经营管理条例》（以下简称"《条例》"）的实施后，备案管理制度、信息披露管理制度等一系列法律制度的建立，将特许经营活动纳入法制化管理的轨道。2008 年，最高人民法院将特许经营民事纠纷案件归属到知识产权系列，强化了特许经营的法律地位；2012 年，商务部成立了由六个司局组成的商业特许经营管理办公室，进一步加强了商业特许经营的管理和促进工作。

　　随着《条例》的贯彻实施，近年来，在行政监管指导、司法审判仲裁和企业管理中，对特许经营备案的性质、"两店一年"的界定、信息披露的方式与内容、经营资源等知识产权的保护、特许经营行为的认定等方面，出现了不同的理解与认识。特别是在司法实践中，由于商业特许经营既涉及知识产权的使用和保护，又涉及与合同法的衔接，再加上商业特许经营涉及行业范围广，专业跨度较大，导致对同一事实的不同裁判和认定标准，对行政监管和司法审判造成一定影响。

为指导特许经营企业规范健康发展，帮助被特许人有效防范加盟陷阱，提高各级商务行政主管部门行业管理能力，引导各级司法机关和仲裁机构统一裁判标准，商务部流通业发展司组成专门的编辑委员会，历时八个月，收集了北京、上海、广东等十余省市各级人民法院、仲裁机构、行政机关处理的有关商业特许经营合同纠纷、刑事犯罪、行政处罚等案例，通过个案处理的结果，分析商业特许经营活动中的焦点问题，剖析行业管理中的热点话题，促进行业立法解决难点问题，希望能够通过此书促进行政监管与司法审判的统一，促进《条例》的深入贯彻落实。

在本书编写过程中，各级人民法院、仲裁机构、商务主管部门、有关协会及专家给予了大力支持，在此一并表示衷心感谢！

编委会

二○一二年七月

目 录

第一部分　行政案例篇

第一章　行政处罚 ……………………………………………………… 3

一、不符合"两店一年"规定 ………………………………………… 3
　　——"两店一年"引发的行政处罚案

二、隐瞒应当披露信息、披露虚假信息 …………………………… 8
　　——ZJ 依都公司违反信息披露行政处罚案

三、虚假宣传 ………………………………………………………… 12

　1. 虚假宣传行政责任 ……………………………………………… 12
　　——天津某某水业服务连锁有限公司虚假宣传行为行政处罚案

　2. 违规宣传特许经营活动收益的行政处罚 …………………… 16
　　——北京 xx 儿童理发行政处罚案

　3. 广告中含有宣传被特许人经营活动收益内容 ……………… 19
　　——北京某某公司虚假宣传案

　4. 广告虚假承诺之行政处罚 …………………………………… 20
　　——AA 市 EE 堂足浴有限公司商业特许经营虚假广告案

　5. 特许人违法广告行政处罚的时效计算 ……………………… 23
　　——北京 S 天然科技有限公司虚假广告案

四、不具备主体资格从事特许经营活动 …………………………… 28

　1. 因特许人不具备主体资格引起的行政处罚 ………………… 28
　　——北京某某豆腐店违法经营案

　2. 特许经营欺诈之行政处罚 …………………………………… 32
　　——广州 M 公司以特许经营名义欺诈案

五、没有备案从事特许经营活动 ………………………………… 34

　特许人未按时备案之行政处罚 ………………………………… 34

　　——某区商务主管执法大队对辖区加盟企业检查监督案

六、其他违法行为但不构成犯罪的情况的行政处罚 ……………… 38

　1. 对违规提前收取特许经营费用的行政处罚 ………………… 38

　　——某快运服务中心违规收取特许费用案

　2. 违反相关收费说明的规定案 ………………………………… 40

　　——北京某某服饰公司行政处罚案

第二章　行政诉讼 ………………………………………………… 43

一、被特许人在宣传中使用特许人所获荣誉是否构成虚假广告 …… 43

　　——陈某某诉 X 市 S 区工商行政管理部门案

二、工商局行政处罚因程序违法被撤销 …………………………… 48

　　——庞某某不服抽逃出资行政处罚纠纷案

三、工商部门查处虚假广告不作为被诉 …………………………… 52

　　——王某诉北京市工商××分局案

第二部分　民事案例篇

第一章　特许经营合同无效及效力待定 …………………………… 59

一、欺诈、胁迫订立合同，损害国家利益的合同 ………………… 59

　　——李某诉北京某老年服饰用品有限公司特许经营合同纠纷案

二、违反法律、行政法规的强制性规定的合同 …………………… 62

　1. 特许人不符合《条例》强制性规定签订合同的效力问题 …… 62

　　——郝某与北京某某科技有限公司特许经营合同纠纷案

　2. 个人作为特许人签订商业特许经营合同是否有效？ ……… 67

　　——李某诉胡某某特许经营合同纠纷案

3. 虚构企业签订特许经营合同的效力 …………………………… 69

　　——上海某某零售有限公司诉卞某某特许经营合同纠纷案

第二章　特许经营合同的可撤销 ……………………………… 74

一、重大误解订立的合同 ………………………………………… 74

　　——李某诉北京某服装设计公司特许经营合同纠纷案

二、欺诈、胁迫的手段或者乘人之危 …………………………… 76

1. 特许人虚假宣传特许经营合同能否撤销 …………………… 76

　　——蔡某诉北京 A 公司特许经营合同纠纷案

2. 特许经营合同可撤销的法律适用 …………………………… 81

　　——申某与天才某（北京）国际品牌管理顾问有限公司特许

　　　经营合同纠纷案

3. 商业特许经营合同欺诈的认定 ……………………………… 84

　　——徐某诉北京某科技有限公司合同撤销一案

4. 特许经营合同撤销权行使期限的认定 ……………………… 87

　　——于某诉北京某投资顾问公司特许经营合同纠纷案

5. 特许人资格的认定 …………………………………………… 90

　　——张某诉御×化妆品有限公司特许经营合同纠纷案

6. 特许经营合同欺诈的法律后果 ……………………………… 92

　　——郑州某经贸公司诉北京某服装公司特许经营合同纠纷案

7. 特许人虚假宣传的认定 ……………………………………… 97

　　——陆某诉紫 X 服饰设计（北京）有限公司特许经营合同纠纷案

8. 特许经营合同欺诈与撤销问题 ……………………………… 100

　　——何某诉某某服饰公司特许经营合同纠纷一案

第三章　特许经营合同的解除 ………………………………… 104

一、一方迟延履行合同，经催告仍未履行 …………………… 104

1. 特许合同到期后管理费收取的时效问题 …………………… 104

——A 公司诉虞某特许经营合同纠纷案

二、一方迟延履行合同，致合同目的无法实现 …………………… 109

1. 被特许人单方解除合同的法律适用问题 …………………… 109

——刘某诉上海某某洗衣经营管理有限公司特许经营合同纠纷案

三、根本违约导致合同的解除 …………………… 112

1. 特许人提供的产品不符合合同约定致使合同目的无法实现 ……… 112

——李某诉北京某清洗技术公司特许经营合同纠纷案

2. 特许经营合同一方当事人根本违约的认定 …………………… 116

——刘某诉北京某儿童用品公司特许经营合同纠纷案

3. 特许经营合同的法律关系的认定 …………………… 120

——史某诉北京某某文化传播有限公司特许经营合同纠纷案

4. 行政行为导致特许合同目的不能实现，双方的责任承担 ……… 122

——刘某某诉北京某某科技发展有限公司特许经营合同纠纷一案

四、违反信息披露规定 …………………… 126

1. 特许人违反信息披露的法律后果 …………………… 126

——陈先生诉北京某公司特许经营合同纠纷案

2. 特许人未披露分特许人丧失特许权导致的法律后果 ……… 129

——高某诉北京某某餐饮公司特许经营合同纠纷一案

3. 特许经营合同终止后特许人事前违约的法律问题 …………… 132

——孟某与某服饰公司特许经营合同纠纷一案

4. 特许人未进行信息披露能否解除合同 …………………… 135

——周某与某某投资管理（北京）有限公司特许经营合同纠纷案

五、约定解除 …………………… 137

1. 特许经营合同约定解除后，一方起诉 …………………… 137

——孙某与某某服饰（北京）有限公司特许经营合同纠纷案

2. 特许合同中合同解除权的行使问题 …………………… 140

——刘某某诉北京某某科技有限公司租赁合同纠纷案

六、其他 ……………………………………………………………………… 143

　　1. 被特许人对特许人虚假宣传默认的认定 …………………………… 143

　　　　——伊某某与北京某某有限公司特许经营合同纠纷案

　　2. 特许合同的解除事由如何认定 ……………………………………… 147

　　　　——A儿童用品（北京）有限公司与林某特许经营合同纠纷案

　　3. 特许人履行瑕疵能否作为解除合同的依据 ………………………… 152

　　　　——北京某某经贸有限责任公司诉北京某某实华有限责任

　　　　公司特许经营纠纷案

第四章　违约责任的承担 ……………………………………………… 157

　一、特许人与被特许人由于各自的过错各自承担违约责任 …………… 157

　　　　——北京市某早教公司诉郑州市某早教公司特许经营纠纷案

　二、特许经营合同一方当事人根本违约的认定 ………………………… 161

　　　　——北京欧×化妆品有限公司诉卢某、浦某特许经营合同纠纷案

　三、被特许人违约转让股权的法律后果 ………………………………… 165

　　　　——北京某公司诉肖某某特许经营合同案

第五章　保证金的返还 ………………………………………………… 171

　一、特许人未依约给予被特许人支持的法律后果 ……………………… 171

　　　　——姜某诉北京某科技投资公司特许经营合同纠纷案

　二、特许人在何种情况下可以不返还保证金 …………………………… 174

　　　　——李某诉A投资顾问（北京）有限公司特许经营合同纠纷案

第六章　侵权责任的承担 ……………………………………………… 177

　一、侵犯商标权 …………………………………………………………… 177

　　1. 特许经营合同中侵犯商标权的认定 ……………………………… 177

　　　　——山西某裤业有限公司诉北京某服饰有限公司侵犯

　　　　商标权及不正当竞争纠纷案

2. 特许经营中商标侵权与不正当竞争的区分 ················ 180

　　——BMY 快餐公司与 BMT 餐饮公司商标侵权纠纷案

3. 被特许人侵犯特许人商标的法律责任 ················ 182

　　——北京徐××美发公司诉北京正×美发公司侵犯商标专用权纠纷案

二、泄露商业秘密 ·· 186

1. 商业特许经营中泄露商业秘密的认定 ················ 186

　　——北京×酒店管理公司诉北京××餐饮公司泄露商业秘密案

第七章　特许经营合同的认定 ······························ 190

一、特许经营与合同代理的区分 ····························· 190

　　——张某与北京某服饰公司、陈某特许经营合同纠纷案

二、特许人没有直营店而签订的合同能否认定为特许经营合同 ···· 196

　　——郑某诉北京酷某商贸有限公司特许经营合同纠纷一案

三、如何妥善解决商业特许经营合同纠纷 ····················· 199

　　——杨某与广州某童装北京分公司特许经营合同纠纷

四、特许经营合同生效时间的认定 ··························· 204

　　——北京某创意服饰有限公司与杨某特许经营纠纷一案

五、销售代理合同与特许合同的区分 ························· 206

　　——陈某某与北京某某有限公司特许经营合同纠纷案

第三部分　刑事犯罪案例篇

第一章　合同诈骗罪及诈骗罪 ······························ 213

一、上海 "DYG" 咖啡合同诈骗案 ······························ 213

二、黄某某合同诈骗罪案 ································ 216

三、特许人 D 公司虚假宣传合同诈骗案 ······················ 220

第二章　虚假广告罪 ·· 224

一、虚假广告误导投资人构成犯罪 ·························· 224

第三章　知识产权类犯罪 ·· 228

一、未经许可非法使用他人著作权 ·························· 228

二、分特许人假冒特许人的商标 ····························· 232

三、特许人侵犯商业秘密并造成巨大经济损失 ··············· 236

四、特许人假冒专利构成犯罪 ······························ 241

第四章　其他刑事犯罪 ·· 246

一、以特许加盟方式传销构成犯罪 ·························· 246

二、生产销售不符合安全标准食品构成犯罪 ················· 250

三、食品中违法使用有毒材料构成犯罪 ····················· 254

四、特许人设立时抽逃注册资本构成犯罪 ··················· 258

五、特许人弄虚作假偷逃税款构成犯罪 ····················· 262

六、被告人利用特许经营合同集资诈骗构成犯罪 ············· 266

七、非法吸收公众存款　两案犯被判处缓刑 ················· 270

八、特许人加盟销售实为非法传销案 ······················· 272

九、"量子营销"模式的犯罪活动 ·························· 274

第四部分　商业特许经营法律法规汇编

第一章　商业特许经营专门法法规、部门规章 ·············· 279

一、商业特许经营管理条例 ································· 279

二、商业特许经营备案管理办法 ····························· 285

三、商业特许经营信息披露管理办法 ······················· 289

四、关于不具备"拥有至少两个直营店并且经营时间超过一年"的
特许人所签订的特许经营合同是否有效的复函 ··············· 292

五、关于企业以外的其他单位和个人作为特许人所签订的特许经营

合同是否有效的复函 ………………………………………………… 293

六、北京市高级人民法院关于审理商业特许经营合同纠纷案件适用

法律若干问题的指导意见 ………………………………………… 294

七、商务部关于"十二五"期间促进商业特许经营健康发展的指导

意见 …………………………………………………………………… 298

第二章　与商业特许经营有关的法律法规 …………………………… 303

一、民事基本法律及司法解释 …………………………………………… 303

中华人民共和国民法通则（节选） …………………………………… 303

贯彻执行《中华人民共和国民法通则》若干问题的意见（试行）… 306

中华人民共和国合同法（节选） …………………………………… 307

最高人民法院关于适用《中华人民共和国合同法》若干问题的

解释（一） …………………………………………………………… 311

二、与知识产权相关的法律、法规、司法解释 ……………………… 311

中华人民共和国商标法（节选） …………………………………… 311

最高人民法院关于审理商标民事纠纷案件适用法律若干问题的

解释 …………………………………………………………………… 315

中华人民共和国著作权法 …………………………………………… 316

中华人民共和国反不正当竞争法 …………………………………… 329

中华人民共和国专利法 ……………………………………………… 334

附件：商业特许经营行业标准

1. 商业特许经营业种分类 …………………………………………… 349

2. 特许经营管理体系指南 …………………………………………… 360

第一部分　行政案例篇

第一章　行　政　处　罚

一、不符合"两店一年"规定

"两店一年"引发的行政处罚案

案情介绍

2009 年 6 月，上海某区商务主管管理部门接到"××服饰 LX 加盟店"对上海××昌盛投资有限公司的投诉，展开对上海××昌盛投资有限责任公司（以下简称"上海昌盛"）调查，调查时发现，上海昌盛自 2007 年 1 月 9 日成立以来，经营××品牌服饰开设特许加盟店 10 家，共收加盟费 50 万元，以及其他费用共计 67.3 万元。然而上海昌盛投资有限公司，拥有的××品牌服饰并未真正拥有其自有的直营店。调查中查明，上海昌盛，旗下拥有二个品牌，"××服饰"和"SS 中餐"。其中"SS 中餐"已经经营多年，具备开商业特许经营的相关资质。而"××服饰"于 2008 年 9 月取得商标所有权。在尚未具备相关条件下，为了能够更快的开展业务，上海昌盛以旗下"SS 中餐"的两间直营店，作为"××服饰"的直营店对外签订特许经营合同。上海昌盛辩称其已经具备了"两店一年",公司已经从事特许经营已有4年,公司具备成熟的经营模式,而且"SS中餐"是公司的下属的一个企业,属于关联企业,"××服饰"依照其进行经营,所以自身已经符合《商业特许经营管理条例》(以下简称"《条例》")中对特许人资质的规定。

上海某区商务主管部门认为,上海昌盛在并未具备开办"××服饰"特许经营资质,虽然公司对"SS中餐"的经营模式成熟,但"××服饰"属于另一个业务领域,两者之间并没有关联。故上海昌盛在并未具备开办"××服饰"特许经营资质下,对外招商加盟,违反了《商业特许经营管理条例》第七条第二款,特许人从事特许经营活动应当拥有两个直营店,并且经营时间超过一年的规定。依据《商业特许经营管理条例》第二十四条,对上海昌盛下达《行政处罚决定书》,责令改正,没收违反所得67.3万元,并处于10万元的罚款。

案件评析

本案中涉及的焦点问题是"两店一年"的理解和认定问题及违反"两店一年"规定的法律后果。

"两店一年"是特许人从事商业特许经营活动的基本资质之一。特许人不具备"两店一年"资质的,不得从事商业特许经营活动。"两店一年"的规定,其主要目的是防止以商业特许经营名义进行的商业欺诈和犯罪活动。

《商业特许经营管理条例》第七条规定,特许人从事特许经营活动应当拥有成熟的经营模式,并具备为被特许人持续提供经营指导、技术支持和业务培训等服务的能力。特许人从事特许经营活动应当拥有至少两个直营店,并且经营时间超过一年。

具体来看,如何判定特许人是否拥有"成熟的经营模式,并具备为被特许人提供经营指导、技术支持和业务培训等服务的能力",则体现在本条第二款的规定中,即特许人应当拥有至少两家直营店铺、并且经营时间超过一年。这也是通常说的"两店一年"的规定。

不仅仅特许人应当具有"两店一年",而且分特许人也应当具有"两店一年"。分特许人从事的也是商业特许经营活动，因此也应该符合法规的规定。

一、企业从事商业特许经营应当具有"两店一年"的依据

"两店一年"要求的依据在于：首先，特许经营活动是连锁经营的一种，既然是连锁经营，则应起码存在两家店铺才可称作"连锁"；其次，特许人应当已经开发出了成熟的经营模式，那么特许人本身从事此项业务应当起码一年的时间，方可以证明其商业模式是成熟可行的、可以由被特许人进行经营的。

"两店一年"的要求最早是在《商业特许经营管理办法》中规定的。纵观各国立法，确实有类似"两店一年"规定的国家并不多；我国在立法过程与实践中也多次论证过"两店一年"要求存在的必要性和合理性。《商业特许经营管理办法》自 2005 年 2 月 1 日施行以来，"两店一年"的规定不仅能够证明特许人已经具备了从事特许经营活动的最低资质，并且在实践中可以有效地减少某些不法分子打着特许经营的招牌进行欺诈的现象。考虑到相当大的一部分被特许人是个人，商业经验相对较少，实践中辨别真伪特许人的能力有限，"两店一年"的规定现阶段在我国还有着重要的意义。

二、企业从事商业特许经营应当具有"两店一年"的例外情形

《商业特许经营管理条例》第三十三条规定了对于"两店一年"的要求的例外情况，也就是说，《商业特许经营管理条例》施行前已经从事特许经营活动的特许人，不适用"两店一年"的规定。此项规定的主要原因是为了保证已经发生的经济行为的稳定性，使已经开展了特许经营业务的特许人可以不必因为不满足"两店一年"的规定而不能与被特许人继续运营已经开始的特许经营业务。

三、商业特许经营的企业的"两店一年"应如何认定

第一，"两店一年"中的"一年"是指从事某一产品或服务的经营活动时间超过一年以上的，且产品或服务是将来准备从事商业特许经营的产品或服务。而不是企业成立一年以上，也不是企业经营非准备从事商业特许经营所

涉产品或服务一年以上。

第二，如何判断特许人是否拥有两家直营店。

一方面，"直营店"应当是指由特许人拥有的店铺。其中，"拥有"应当不仅仅包括全资拥有，还应包括控股拥有的情况。此外，考虑到现代经济生活中企业的分工较细，即使是同一集团内部的不同企业可能也存在着不同的分工——可能有的企业只作为特许人来从事业务，而有的企业负责经营店铺。因此，如果特许人的关联企业能够满足"两店一年"的要求，我们认为就应当视同特许人本身满足了"两店一年"的要求。《商业特许经营管理条例》和《商业特许经营备案管理办法》中均未定义"关联企业"的含义，但是《商业特许经营信息披露管理办法》第三条做了有关规定："本办法所称关联公司，是指特许人的母公司、特许人直接或间接拥有全部或多数股权的子公司、与特许人直接或间接地由同一所有人拥有全部或多数股权的公司。"我们认为该定义是可以适用在判断特许人是否满足了"两店一年"要求的，也就是说，如果是与特许人具备直接或间接控股关系的企业满足了"两店一年"要求，就应认为特许人满足了该要求。

另一方面，还应当注意到，直营店的业务应当是与特许业务在相同品牌下运营的相同业务。比如，如果特许人的直营店是从事快餐服务，但其特许业务从事的是衣物干洗，很显然，这时特许人的直营店并不能够证明特许人在特许的业务领域（即快餐服务）已经建立了成熟的运营模式，这并不符合"两店一年"要求的立法本意。因此，直营店铺运营的业务必须与特许业务相同，方才可以满足"两店一年"的要求。

并且，直营店的品牌也必须是与特许业务的品牌相同的。假设特许人在甲品牌下从事快餐业务、并且拥有在甲品牌下运营的若干快餐店，但是特许人从未在乙品牌下从事快餐业务。那么，由于证明某一具体品牌的运营模式和市场前景是需要时间的，如果特许人拟在乙品牌下从事快餐特许经营业务，特许人在甲品牌下能够成功地运营快餐业务是不够的。因为特许人能够在甲品牌下成功运营快餐业务，并不意味着其在乙品牌下业内也能够建立成熟的商业模式。因此，从满足"两店一年"要求的角度出发，直营店应当与特许业务是在同一品牌下运营的。例如：对于酒店业等国际上通常为业主提供管理服务的行业，特许人或其关联公司为业主管理的店铺可否被视为直营店？鉴于不拥有直营店是相当一部分酒店业公司的实际运营模式，我们认为可以将该等店铺视为直营店。

第三，需要指出的是，特许人的直营店不能认定为分特许人的直营店。特许人与分特许人是特许与被特许的关系，并不具有包含、投资等关系。分特许人在取得特许人的授权后应当具有"两店一年"后才能发展二级被特许商。

四、涉及"两店一年"的法律责任

（一）民事责任

首先，仅仅不具有"两店一年"从事商业特许经营并不当然导致所签订的合同无效。

在司法实践中，经常有诉讼当事人以某企业不具有"两店一年"等资质为由，向人民法院提起商业特许经营合同无效之诉。其依据是根据《合同法》第五十二条第五款的规定，违反法律法规强制性规定的合同无效。法律、行政法规的强制性规定包括管理性规范和效力性规范。管理性规范是指法律及行政法规未明确规定违反此类规范将导致合同无效的规范。此类规范是为了管理和处罚违反规定的行为，但并不否认该行为在民商法上的效力。效力性规定是指法律及行政法规明确规定违反该类规定将导致合同无效的规范，或者虽未明确规定违反之后将导致合同无效，但若使合同继续有效将损害国家利益和社会公共利益的规范。此类规范不仅是为了处罚违反强制性规定的行为，而且也否定违反强制性规定的行为在民商法上的效力。因此，只有违反了效力性的强制规范的，才应当认定合同无效。在实践中，法律法规效力性的强制规范的行为一般需要有关部门的审批或行政许可。《商业特许经营管理条例》属于行政法规，但问题是该法规定的第七条第二款的规定是否属于效力性的强制规范。而从事商业特许经营并不需要有关部门的审批或行政许可，也就是说《商业特许经营管理条例》第七条第二款的规定不属于效力性的强制规范，而是属于管理性的强制规范。因此，即使特许人不具有"两店一年"等资质条件，也不能导致合同的无效。

其次，特许人没有或虚假披露"两店一年"信息的，将承担导致合同解除的不利后果。

《商业特许经营管理条例》第二十三条第三款规定，特许人隐瞒有关信息或者提供虚假信息的，被特许人可以解除特许经营合同。

《商业特许经营管理条例》第七条第二款的规定的是对特许人"两店一年"的经营资质的要求。如果特许人在签订特许经营合同前有披露其经营资质的义务。如果特许人在未达到"两店一年"资质且未予披露的情况下仍与被特许人签订合同的，应属隐瞒有关信息或提供虚假信息的情形，被特许人可依《商业特许经营管理条例》第二十三条第三款的规定要求解除特许经营合同或者依据《合同法》的规定要求撤销合同，以保护自身权利。

（二）行政责任

《商业特许经营管理条例》第二十四条规定，特许人不具备本条例第七条第二款规定的条件，从事特许经营活动的，由商务主管部门责令改正，没收违法所得，处10万元以上50万元以下的罚款，并予以公告。

《商业特许经营管理条例》第二十八条规定，特许人违反本条例第二十一条、第二十三条规定，被特许人向商务主管部门举报并经查实的，由商务主管部门责令改正，处1万元以上5万元以下的罚款；情节严重的，处5万元以上10万元以下的罚款，并予以公告。

本案中，上海昌盛以旗下"SS中餐"作为特许体系中服饰品牌的直营店，违反了上述规定，直营店品牌必须和特许业务品牌相同，这是为了证明和保证特许人拥有成熟的经营模式，故依此，对上海昌盛处没收收违法所得，并罚款10万元。

二、隐瞒应当披露信息、披露虚假信息

ZJ依都公司违反信息披露行政处罚案

案情介绍

ZJ依都公司于2005年8月29日注册成立，注册资本100万元，经营范

围包括设计服装服饰，承办展览展示，组织文化艺术交流，销售服装服饰、针纺织品、工艺美术品等。该公司的原住所位于北京市东城区××街。ZJ 依都公司成立后，没有开设直营店从事经营活动，而是发展加盟店，并通过电视、杂志、网络等传媒进行广告宣传。该公司的宣传内容显示：H 企业集团是一家集服装设计、生产、销售为一体的综合性跨国集团，经营以 "L. in 一派" 为主导的个性休闲系列服装，"L 服饰数码美容创意坊" 风靡韩国，加盟商有数倍利润空间、无限市场资源等。相关宣传中均注明 ZJ 依都公司的企业名称、经营地址、电话、网址等信息。2007 年 1 月 12 日，ZJ 依都公司向国家工商行政管理总局商标局申请在国际商品分类第 25 类商品上注册 "L. in 一派" 文字及图形商标，该申请于 2007 年 6 月 12 日被受理，该商标到目前为止尚未被核准注册。

在对外加盟招商信息披露中，相关文件记载，"ZJ 依都公司已经取得了 'L. in 一派' 文字及图形商标的使用权""公司效益规模达到××万元，全球知名品牌" 等不实内容。经过被特许人的举报，北京市工商行政管理局东城分局查证属实，于 2007 年 3 月 27 日作出《行政处罚决定书》，该决定书称：ZJ 依都公司在互联网上发布广告所涉及的 H 企业集团，是 ZJ 依都公司出资 350 万元，通过位于北京××街的离岸港商务（国际）有限公司办理的一个带有 H 企业集团有限公司的文件，在韩国并无该企业集团，ZJ 依都公司也不是 H 企业集团投资成立，与其没有任何关系。ZJ 依都公司与加盟商签订合同中，虚假记载 ZJ 依都的品牌效益和知名度，并收取相应加盟费、参股保险金等，构成利用虚假信息诱人签订合同、骗取费用的违法行为。依据相关法律规定责令改正，并处以罚款 3 万元的行政处罚。ZJ 依都公司已经履行上述行政处罚决定。

案件评析

信息披露是特许人应尽的法律义务，如果特许人没有履行此项义务，被特许人可以解除合同并要求特许人赔偿损失。根据《条例》和新修订的《商业特许经营信息披露管理办法》对信息披露有详细的规定。2012 年 1 月 18 日重新修订，4 月 1 日施行的《商业特许经营信息披露管理办法》中详细规定了特许人必须披露的信息。其中第五条规定：

（一）特许人及特许经营活动的基本情况

1. 特许人名称、通讯地址、联系方式、法定代表人、总经理、注册资本额、经营范围以及现有直营店的数量、地址和联系电话。2. 特许人从事商业特许经营活动的概况。3. 特许人备案的基本情况。4. 由特许人的关联方向被特许人提供产品和服务的，应当披露该关联方的基本情况。5. 特许人或其关联方过去两年内破产或申请破产的情况。

（二）特许人拥有经营资源的基本情况

1. 注册商标、企业标志、专利、专有技术、经营模式及其他经营资源的文字说明。2. 经营资源的所有者是特许人关联方的，应当披露该关联方的基本信息、授权内容，同时应当说明在与该关联方的授权合同中止或提前终止的情况下，如何处理该特许体系。3. 特许人（或其关联方）的注册商标、企业标志、专利、专有技术等与特许经营相关的经营资源涉及诉讼或仲裁的情况。

（三）特许经营费用的基本情况

1. 特许人及代第三方收取费用的种类、金额、标准和支付方式，不能披露的，应当说明原因，收费标准不统一的，应当披露最高和最低标准，并说明原因。2. 保证金的收取、返还条件、返还时间和返还方式。3. 要求被特许人在订立特许经营合同前支付费用的，该部分费用的用途以及退还的条件、方式。

（四）向被特许人提供产品、服务、设备的价格、条件等情况

1. 被特许人是否必须从特许人（或其关联方）处购买产品、服务或设备及相关的价格、条件等。2. 被特许人是否必须从特许人指定（或批准）的供货商处购买产品、服务或设备。3. 被特许人是否可以选择其他供货商以及供货商应具备的条件。

（五）为被特许人持续提供服务的情况

1. 业务培训的具体内容、提供方式和实施计划，包括培训地点、方式和

期限等。2. 技术支持的具体内容、提供方式和实施计划，包括经营资源的名称、类别及产品、设施设备的种类等。

（六）对被特许人的经营活动进行指导、监督的方式和内容

1. 经营指导的具体内容、提供方式和实施计划，包括选址、装修装潢、店面管理、广告促销、产品配置等。2. 监督的方式和内容，被特许人应履行的义务和不履行义务的责任。3. 特许人和被特许人对消费者投诉和赔偿的责任划分。

（七）特许经营网点投资预算情况

1. 投资预算可以包括下列费用：加盟费；培训费；房地产和装修费用；设备、办公用品、家具等购置费；初始库存；水、电、气费；为取得执照和其他政府批准所需的费用；启动周转资金。2. 上述费用的资料来源和估算依据。

（八）中国境内被特许人的有关情况

1. 现有和预计被特许人的数量、分布地域、授权范围、有无独家授权区域（如有，应说明预计的具体范围）的情况。2. 现有被特许人的经营状况，包括被特许人实际的投资额、平均销售量、成本、毛利、纯利等信息，同时应当说明上述信息的来源。

（九）最近两年的经会计师事务所或审计事务所审计的特许人财务会计报告摘要和审计报告摘要

（十）特许人最近五年内与特许经营相关的诉讼和仲裁情况，包括案由、诉讼（仲裁）请求、管辖及结果

（十一）特许人及其法定代表人重大违法经营记录情况

1. 被有关行政执法部门处以 30 万元以上罚款的。2. 被追究刑事责任的。

（十二）特许经营合同文本

1. 特许经营合同样本。2. 如果特许人要求被特许人与特许人（或其关联方）签订其他有关特许经营的合同，应当同时提供此类合同样本。

第十条　特许人违反本办法有关规定的，被特许人有权向商务主管部门举报，经查实的，分别依据《条例》第二十六条、第二十七条、第二十八条

予以处罚。

可见，信息披露制度的目的在于保护被特许人，使被特许人决定是否投资之前可以取得必要的信息，以估算其进行特许经营业务潜在的风险和可能获得的收益，与其他的投资机会进行比较，以及考虑是否对特许经营机会进行进一步的调研以决定是否投资。信息披露制度的意义在于促进公平交易，降低商业欺诈的可能，保护被特许人的利益。

特许人违反信息披露的行为主要表现为：（一）虚假信息记载，所谓虚假信息记载是指特许人在信息披露上或记载有应当披露的信息的宣传文件上捏造事实，即信息客观上没有发生或无合理依据。例如：虚增资产负债比例，虚报赢利，夸大公司实力，夸大公司效益，夸大品牌知名度等。（二）误导性陈述，是指特许人提供的信息披露文件中的记载事项虽然是真实的，但由于其表述存在缺陷而容易被误解，导致投资者无法获得清晰，正确的认识。误导性陈述没有表述事实的全部情况，遗漏了相关条件，误导了投资者。例如：语义模糊，语义晦涩，表述不完整等。（三）重大遗漏，是指特许人提供的信息披露文件未记载依法应当披露的事项或为避免文件不至于被误解所必须披露的重大事项。例如，特许人对涉及自身经营有重大影响的重大诉讼案件，在招商过程中不向投资人披露，使投资人难以了解资金投向的风险。

本案中 ZJ 公司，在文件中虚假信息记载，夸大公司效益，夸大品牌，捏造虚假公司登记记录。违反了《条例》和《商业特许经营信息披露管理办法》的规定，对此作出处罚，还望引起特许人的注意，以警示企业。

三、虚假宣传

1. 虚假宣传行政责任

天津某某水业服务连锁有限公司虚假宣传行为行政处罚案

案情介绍

2008 年，张某某与天津某某水业服务连锁有限公司签订了水厂加盟合同，张某某按约定向某某公司支付了设备款和加盟费。某某公司在与张某某签订水厂加盟的过程中，存在大量虚假宣传和欺诈行为，导致合同签订后张某某无法实现经营水厂的目的，给张某某造成严重的经济损失。张某某曾多次找某某公司交涉，但协商未果，故向天津市 A 区工商局投诉，天津市 A 区工商局依据职权对某某公司的虚假宣传行为进行调查。

调查过程中，某某公司辩称公司作为加盟水厂合同中水处理设备和配件提供方，在签订合同前及合同履行中以及主要义务履行后的配合中，均无任何过错。合同履行前，公司的宣传广告无虚假、无欺诈，张某某签订合同时是明知和充分了解合作加盟项目情况下，自愿和某某公司签订；某某公司主要履行合同义务是交付设备、配件、给张某某安装调试设备，同时出示设备配件卫生合格批件，以上义务某某公司已履行完毕，无任何过错；张某某购买的是无弱碱功能的设备，某某公司没有欺诈行为。

经天津商务委员会查明：张某某与某某公司签订《水厂加盟合同》，约定某某公司特许张某某加盟某某水厂连锁。合同有效期自 2008 年 10 月 13 日至 2009 年 10 月 12 日。某某公司作为合同甲方在签订合同时，在甲方栏及协议书的顶部注有"某某国际企业集团"字样。同时，某某公司提供给张某某的水桶上亦有"北京某某国际企业集团荣誉出品"及"某某"字样，而某某国际企业集团并未在工商部门登记成立为法人单位。某某公司在尚未取得第 32 类注册商标的情况下，在桶装水桶上使用了"某某"标志，在其网页、宣传手册等宣传材料上载有"让全国人民饮用最放心、最健康、最绿色的山泉水"、"某某山泉水彻底去除水中的细菌、病毒、余氯、农药、有机物、氯化物、放射性离子、铅、钠、镁、铁等所有重金属和各种人体有害物"、"××不但解决饮水的干净问题、安全问题，更有甚者解决饮水的健康问题，并提出健康水的概念"、"中国最具潜力的'某某'品牌"、"全国最具需求的桶（瓶）装山泉水"等字样。

天津商务委员会认为：作为特许经营合同的特许人，应当向被特许人真实、准确、完整地披露其产品及经营信息。本案中某某公司在与张某某签订的水厂加盟合同上，以及向张某某提供的桶装水桶上均标有"某某国际企业集团"字样，而某某公司提供的现有证据不能证明某某国际企业集团真实存在；某某公司在尚未取得第 32 类注册商标的情况下，在桶装水桶上使用了"某某"标志；某某公司在其网页、宣传页等宣传材料上的宣传内容有明显夸大成分。某某公司的上述行为，客观上夸大了其经营规模及其他相关信息，足以诱使张某某在签订水厂加盟合同时作出错误意思表示。因此，可以认定某某公司存在虚假宣传行为。根据《商业特许经营管理条例》第十七条第二款和第二十七条的规定，天津商务委员会作出责令某某公司改正，并处 8 万元罚款的处罚决定。

案件评析

本案中行政处罚的焦点在于是某某公司在推广、宣传活动中是否存在虚假宣传、欺诈等违法行为，及采取这些行为的法律后果。

《商业特许经营管理条例》第十七条规定，"特许人在推广、宣传活动中，不得有欺骗、误导行为，其发布的广告中不得含有宣传被特许人从事特许经营活动收益的内容。"由此可见，特许人在招商广告及对外宣传中，需要注意的问题有两点：1. 不得欺骗、误导；2. 不得宣传被特许人从事特许经营活动的收益。前者对于所有的商事主体均可适用，而后者只能适用于特许经营活动中的特许人。《条例》第二十七条规定，"特许人违反本条例第十七条第二款规定的，由工商行政管理部门责令改正，处 3 万元以上 10 万元以下的罚款；情节严重的，处 10 万元以上 30 万元以下的罚款，并予以公告；构成犯罪的，依法追究刑事责任"。

所谓欺诈行为，是指特许人故意告知被特许人虚假情况，或者故意隐瞒真实情况，诱使被特许人作出错误意思表示的，可以认定为欺诈行为。

所谓收益宣传，是指单个被特许人从事特许经营确定性的利润收入。

特许人在推广、宣传活动中的"欺骗、误导的行为"，即虚假宣传行为。《中华人民共和国广告法》（以下简称"《广告法》"）明确规定，广告不得含有虚假的内容，不得欺骗和误导消费者，广告中的商品的性能、产地、用途、质量、价格、生产者、有效期限、允诺或者对服务的内容、形式、质量、价格、允诺有表示的，应该清楚、明确。同时，《反不正当竞争法》亦规定，经营者不得利用广告或者其他方法，对商品的质量、制作成分、性能、用途、生产者、有效期限、产地等作引人误解的虚假宣传。最高人民法院《关于审理不正当竞争民事案件应用法律若干问题的解释》规定，经营者有下列行为之一，足以造成相关公众误解的，可以认定为引人误解的虚假宣传行为：（1）对商品作片面的宣传或者对比的；（2）将科学上未定论的观点、现象等当作定论的事实用于商品宣传的；（3）以歧义性的语言或者其他引人误解的方式进行商品宣传的。人民法院将根据日常生活经验、相关公众一般注意力、发生误解的事实和被宣传对象的实际情况等因素，对引人误解的虚假宣传行为进行认定。如果以明显的夸张方式宣传商品，不足以造成相关公众误解的，不属于引人误解的宣传行为。

对于特许人不得宣传"被特许人从事特许经营活动收益"的规定，这是《条例》的独创性内容，也是特许经营领域中，特许人和被特许人获取信息不对称性的特点所决定的。特许人在广告中所发布的投资人从事特许经营活动将要获得的收益，是在各种假设条件都成立的情况下，才有可能获得收益。对于投资人来讲，因为缺乏从事相关行业的工作经验，其对该行业市场的了解基本上来源于特许人，因此特许人的这种宣传对投资人来讲具有巨大的诱惑性和误导性，如果投资人不加分析盲目轻信，则很有可能作出错误的投资判断。尽管这样的规定可能将一部分真实反映被特许人经营收益的广告亦排除在外，但鉴于目前该种虚假广告的泛滥，《条例》作出这样的禁止性规定，将更有利于保护被特许人的利益。

对于特许人在招商广告及对外宣传中的不合法行为，执法部门在执法过程中应注意以下两个问题：

一、处罚主体方面。《条例》第二十七条规定，"特许人违反本条例第十七条第二款规定的，由工商行政管理部门责令改正，处3万元以上10万元以下的罚款"。由此可见，对于特许人的上述违法行为，只能由工商行政管理部门作出行政处罚，而不应当由商务主管部门作出行政处罚。

二、适用法律方面。对于特许人的虚假宣传行为如何处罚，《广告法》及

《反不正当竞争法》均做了明确规定，两者均是具有普遍效力的法律规范，适用于所有的商事主体，对于"特许人"当然也可适用。执法部门在执法过程中即可以依据上述两部法律，也可以依据《条例》第二十七的规定对特许人的虚假宣传行为作出行政处罚。但是对于特许人在广告中作出"宣传被特许人从事特许经营活动收益"的违法行为，因《广告法》和《反不正当竞争法》并未作出类似的禁止性规定，执法部门在对特许人的这种违法行为进行行政处罚时，只能依据《条例》第二十七条的规定，而不能依据《广告法》和《反不正当竞争法》。

2. 违规宣传特许经营活动收益的行政处罚

北京××儿童理发行政处罚案

案情介绍

2008 年×月，北京市×区工商部门查处一起违反《商业特许经营管理条例》案件，一家某某儿童理发乐园因违规宣传被处罚 3 万元。

2008 年×月底，北京人田女士投入 2 万余元加盟了一家专业儿童理发乐园，这家儿童理发乐园在其发放的用于推广、宣传特许经营活动的印刷品广告中宣称："从事特许经营活动，年总收入 48 万元，年总成本费用支出 10 万元"等。赵女士看到相关广告后与其签订了经营合同，向其交纳经营保证金和全套器材、设备技术费 3 万元，但赵女士经营了一段时间后发现，实际状况与广告中宣传的获利情况相去甚远，随后投诉到工商部门。

经调查，某某儿童理发乐园网站及《加盟经营手册》等广告宣传中含有宣传被特许人从事特许经营活动收益的内容，而××儿童理发乐园以"向被特许人履行信息披露义务"为由进行抗辩。北京市×区工商部门认为上述事实不属于"向被特许人履行信息披露义务"，违反了《商业特许经营管理条例》第十七条第二款及第二十七条第一款之规定，根据《商业特许经营管理条例》，并按照法定的程序，作出以下行政处罚决定：(1) 责令改正。(2) 罚款 3 万元。

案件评析

一、广告宣传"经营活动收益"，是否属于"信息披露"？

特许方发布的网站及《加盟经营手册》等广告宣传中不得含有宣传被特许人从事特许经营活动收益的内容。实践中经常遇到特许人为吸引潜在的被特许人，常常在自己的网站和《加盟手册》等推广、宣传资料中，以经济效益分析的形式，广为宣传参加特许活动的年利润、约多长时间内收回投资等内容。不少的受许人因此受到诱导签订加盟合同，贸然卷入特许经营活动中。不久就发现运行过程中出现了许多经济效益分析分析中没有的因素。不仅没有用收益收回投资，反而损失惨重，酿成纠纷对簿公堂。原因就是特许人宣传、推广行为不规范，没有履行必要的信息披露义务。

为了最大限度保护被特许人的利益和规范特许行业发展，《商业特许经营条例》设立了信息披露制度，如《条例》第二十二条和《信息披露管理办法》(以下简称"《办法》")第五条、第六条均制定了信息披露的基本原则和立法本意，细化了信息披露的内容，其根本目的是帮助被特许人在投资决策前了解更多的、必要的投资信息，便于投资人做出是否进行相应项目的投资选择，绝对禁止特许人通过宣称低投入高回报的经营策略来吸引投资者，以维护交易的和谐与稳定。

我们认为对于如何理解《条例》第十七条第二款关于"经营活动收益"的广告宣传与《办法》第五条第八项第二款规定的"经营状况评估"信息披露，应该从以下方面把握：

（一）信息披露是特许人对于潜在的被特许人履行的法定义务和必要程序，推广、宣传手册属于《合同法》中的要约邀请，而不是要约，是对不特定对象发出的。因此如果特许人载有"经营活动收益"内容的广告不是面对潜在的客户发布的，那么特许人在此阶段是没有信息披露的义务的，也就不能理解为广告宣传的过程就是在履行信息披露的义务。但是如果说特许人为了增大潜在的拟被特许人发布载有"经营活动收益"内容的宣传，如果该内容的来源有据可查，是真实的，在一份"经营状况评估"报告中可以作为独立的一个部分的，则应该认定该发布广告的行为属于进行不完整信息披露的行为。

（二）根据《条例》和《办法》的规定，载有"经营活动收益"的广告宣传内容是否特许人的直接推算还是已经加盟或正在加盟人的"经营状态评估"，如果是特许人为了用于吸引加盟的收益推算，那么基本可以界定该行为属于违反《条例》发布含有"经营活动收益"内容的广告宣传。但是如果特许人仅仅只是援引已经加盟或者正在加盟人的"经营状态评估"中的"收益部分"，那么应该视为《办法》第五条第八项第二款规定的部分信息披露行为。

二、违规宣传特许经营活动收益的行政责任及危险防范

我国《商业特许经营管理条例》第十七条第二款规定，特许人在推广、宣传活动中，不得有欺骗、误导的行为，其发布的广告中不得含有宣传被特许人从事特许经营活动收益的内容。《商业特许经营管理条例》第二十七条第一款规定，特许人违反本条例第十七条第二款宣传规定的，由工商行政管理部门责令改正，处 3 万元以上 10 万元以下的罚款；情节严重的，处 10 万元以上 30 万元以下的罚款，并予以公告；构成犯罪的，依法追究刑事责任。

正确的做法是应根据该《条例》第二十二条及《办法》第五条的规定，制定自己的推广、宣传行为规范，特许人向被特许人只能提供在中国境内现有的被特许人的经营状况评估，披露被特许人实际或预计的平均销售量、成本、毛利、纯利的信息，同时应当说明上述信息的来源、时间长度、涉及的特许经营网点等，如果是估算信息，应当说明估算依据，并明示被特许人实际经营状况与估计可能会有不同。

广大投资者需要注意的是，不要轻信加盟企业广告中所宣传的高额利润回报。面对"投资小回报高"的项目，投资者一定要从相关部门、网络、报纸等多个途径了解商家的信誉、实力，充分了解商家是否有成熟的经营模式，在签约前要亲自考察至少两家经营一年以上的加盟店，并聘请律师和专家进行签约合同把关。

此外，特许经营活动的健康发展，还离不开政府、司法部门的严格执法，

促使特许方依法规范自己的宣传、推广行为，依法履行法定的信息披露义务，营造诚实守信的良好社会环境。

3. 广告中含有宣传被特许人经营活动收益内容

北京某某公司虚假宣传案

案情介绍

北京市某某公司，于 2008 年 3、4 月起在推广、宣传 A 童装会馆项目特许经营活动中，发放的用于推广、宣传 A 童装会馆项目的特许经营活动的《A 投资宝典》印刷品广告和公司网站的广告上"利润分析栏中含有：保证金：1.98 万元；首批进货：1 万元；装修费用：5000～8000 元；开办费用：2200 元；合计 4 万元。店面租金：3000 元 /月；员工工资：2000 元 /月（按 2 人计）；各类杂费：500 元 /月；合计 5500 元。月销售额：6 万元（以保守销售 2000 元 /天）；月毛利：3.6 万元（减去货品成本）；月纯利 3.05 万元（减去销售成本）；投资回收期 40 天左右；年利润估算：36.6 万元"等宣传被特许人收益的内容。

北京市海淀区工商局对此展开调查，查看北京某某公司的营业执照复印件、印刷品广告、宣传网页、商标注册申请受理通知书、授权书、询问笔录、合同等，证明其违反了《商业特许经营管理条例》第十七条第二款的规定，已构成了特许人在推广、宣传活动中，其发布的广告中含有宣传被特许人从事特许经营活动收益的内容的违法行为。北京市海淀区工商行政管理局依据《条例》第二十七条第一款的规定，责令当事人改正违法行为，决定处以罚款 3 万元。

案件评析

2007 年 5 月 1 号正式实施的《商业特许经营管理条例》第十七条第二款规定，特许人在推广，宣传活动中，不得有欺骗，误导的行为，其发布的广告中不和含有宣传被特许人从事特许经营活动收益的内容。北京××公司的印刷制品，直接明确规定了相关的费用，诱导不特定第三人的加盟。

虚假宣传是指在商业活动中经营者利用广告或其他方法对商品或者服务作出与实际内容不相符的虚假信息，导致客户或消费者等不特定的受众误解的行为。对此，我国的《广告法》、《反不正当竞争法》等法律均有规定与涉及。2007年2月1日起正式实施的最高法院《关于审理不正当竞争民事案件应用法律若干问题的解释》则更细致，精确明确了"虚假宣传"的内涵："对商品做片面的宣传或对比；将科学上未定论的观点、现象等当做定论的事实用于商品的宣传的；以歧义性语言或者其他引人误解的方式进行商品宣传的。对于该类违法行为，工商行政管理部门机关经查证属实的，有权在法定处罚种类和幅度内给予行政处罚。"《条例》第二十七条规定，特许人违反本条例第十七条第二款规定的，由工商行政管理部门责令改正，处3万元以上10万元以下的罚款；情节严重的，处10万元以上30万元以下的罚款，并予以公告；构成犯罪的，依法追究刑事责任。

本案中北京××公司在其宣传手册上做夸大的宣传，歧义性的语言，引人误解的方式对其拥有的××品牌进行宣传，而且还对被特许人进行经营活动的效益分析。其行为违反了《条例》、《广告法》的相关法律规定。

笔者认为，对于特许人而言，诚实信用是社会活动的基本道德规范，也是民事活动的基本准则。特许人作为企业，只要坚持这一原则，在经营活动中做到童叟无欺，宣传时不夸大事实，尽管短时间可能没有多大效果，但从企业的长远发展来看，还是大有裨益的。对于一个项目的宣传，特许人肯定要事先策划，尽管在策划时，特许人可能没有虚假宣传的故意，但很可能由于法律知识水平有限，导致在宣传推广方案中出现法律意义上的虚假宣传的内容。因此，对一项宣传推广方案，在实施前最好聘请律师出具法律意见书，尽可能把法律风险降到最低。

4. 广告虚假承诺之行政处罚

AA市EE堂足浴有限公司商业特许经营虚假广告案

案情介绍

AA市EE堂足浴有限责任公司，为了借助其品牌，便于对外宣传，开拓市场，2008 年 2 月开业之初，花费 8 万元在 AA 市 ww 区广元路公司大门口西侧墙，广元高速路旁广告牌等公共场所，发布招商加盟广告，主要内容为"AA 市 EE 堂足浴有限公司欢迎您的加盟"，在广告中还介绍了 EE 堂足浴的经营情况，并写明加盟后，年收入可达到××万元，若达不到业绩，公司第一年垫付"。2008 年 4 月 17 日，被 G 工商分局执法人员查获。

G 工商分局认为 AA 市 EE 堂足浴有限责任公司的行为违反了《广告管理条例》第三条"广告内容必须真实、健康、清晰、明白，不得以任何形式欺骗用户和消费者"及该条例第八条"广告有下列内容之一的，不得刊播、设置、张贴：……（一）违法我国法律，法规的……"之规定，属于发布虚假广告的违规行为。依据《商业特许经营管理条例》第十七条第二款，特许人在其发布的广告中不得含有宣传被特许人从事特许经营活动收益的内容。根据《条例》第二十七条：特许人违反本条例第十七条第二款规定的，由工商行政管理部门责令改正，处 3 万元以上 10 万元以下的罚款，情节严重的，处10 万元以上 30 万元以下的罚款，并予以公告；构成犯罪的，依法追究刑事责任。特许人利用广告实施欺骗，误导行为的，依照广告法的有关规定予以处罚。依据《广告管理条例》第十八条第一款，"广告客户或者广告经营者违反本条例规定，由工商行政管理机关根据情节轻重，分别给予下列处罚：（一）停止发布广告；（二）责令公开更正；（三）通报批评；（四）没收非法所得；（五）罚款；（六）停业整顿；（七）吊销营业执照或者广告经营许可证。"根据以上法律法规，G 工商分局责令该公司改正上述违法行为，在相应的范围内发布更正广告，并处罚款 3 万元。

案件评析

广告是为了某种特定的需要，通过一定形式的媒体，公开而广泛地向公众传递信息的宣传手段，主要目的是扩大经济效益。现在广告已成为我国经济发展的加速器，也是促进国际贸易、增加外汇、扩大受众视野的一个重要途径。从 1994 年以来，我国广告营业额平均每年以约 20% 速度递增，高于同期国民生产总值的增幅，广告在国民生产总值中所占比例，由 20 世纪 80 年代的 0.01% 上升到 1998 年的 0.68%。可见广告在商业活动中，占据重要的角色，然而广告繁荣的同时也出现了与和谐社会不协调的经济现象。大量虚假广告开始充斥人们的生活，使消费者等多方主体的利益受到严重侵害。据 2008 年上半年国家工商局统计，全国工商机关共监测各类广告 900 多万条，公告曝光典型虚假违法广告 452 件。2010 年全国中医药工作会上披露的数据显示，2009 年内地共撤销 21 个中医医疗广告审查证明，吊销了 42 家医疗机构涉案诊疗科目，责令 84 家医疗机构停业整顿，协调有关部门关闭了 83 家发布虚假违法中医医疗广告的网站。国家中医药管理局对 2009 年 6 月内地一百份报纸中医医疗广告进行的监测结果显示：除上海、浙江、福建、重庆、贵州、西藏、宁夏的报纸在监测时间段内未发现虚假违法中医医疗广告外，其余各地均有发布。其中北京、天津、辽宁、吉林、河南和甘肃等地比较严重；有的媒体刊登的中医医疗广告全部为虚假违法广告。可见规范广告显得尤为重要。我国在规范广告上颁布了《中华人民共和国广告法》、《广告管理条例》、《广告管理细则》等专门法律、法规和规章，对社会造成严重影响的，在刑法里还规定了虚假广告罪。已形成俨然一条自上而下的监管体系。

在商业特许经营中，也有对特许经营广告进行了一系列法规的规范，其对虚假广告处罚规定得更加严格。在《广告管理条例施行细则》第十七条第一款"广告客户违反《条例》第三条、第八条第（五）项规定，利用广告弄虚作假欺骗用户和消费者的，责令其在相应的范围内发布更正广告，并视其情节予以通报批评、处以违法所得额三倍以下的罚款，但最高不超过 3 万元，没有违法所得的，处以 1 万元以下的罚款……"而《商业特许经营管理条例》第二十七条中规定，特许人违反本条例第十七条第二款规定的，由工商行政管理部门责令改正，处 3 万元以上 10 万元以下的罚款，情节严重的，处 10 万元以上 30 万元以下的罚款，并予以公告；构成犯罪的，依法追究刑事责任。一般的违法广告处罚金额在于 1 万元以下，而商业特许经营广告把数额提到了 3 万元以上 5 万元以下，尚有加重情节。因为商业活动其涉及的金额更大，其对社会市场经济影响更为严重，故法律对此规定的更为严格。

在本案中，AA 市 EE 堂足浴有限责任公司，以其拥有的商号作为特许资源，对外招商加盟，借鉴连锁经营模式，扩展市场，为达到更佳的宣传效果，在广告上对被特许人作出效益分析，并对潜在的加盟商作出虚假的承诺，其行为违反了《商业特许经营管理条例》中相关规定。毕竟商业活动，本身存在一定的商业风险，这样的陈述带有虚假承诺的成分，严重干扰市场秩序，也带有误导和引诱的成分，故工商行政管理部门，对此进行行政处罚，责令改正，并罚款 3 万元，上缴国库。事后，AA 市 EE 堂足浴有限责任公司缴纳了罚款，拆除了相关的广告。

5. 特许人违法广告行政处罚的时效计算

北京 S 天然科技有限公司虚假广告案

案情介绍

北京 S 天然科技有限责任公司于 2003 年 6 月 11 日注册成立，法定代表人张某，该公司主要从事 S 天然码的软件开发和推广。2004 年 7 月 27 日、8 月 7 日、11 月 13 日，该公司分别在《××消息》上发布题为"月利十万谁干谁赚"、"年利百万不是梦"、"月利十万不是梦"的 3 期广告。面向社会招揽加盟商，以特许经营的方式参与 S 天然码软件的推广经营，2006 年 4 月，该公司又在其网站上的企业简介中使用了国家机关工作人员名字的内容。

2007 年 4 月 30 日，北京市工商行政管理局××分局（以下简称"××工商分局"）作出京工商×处字（2007）第 1173 号行政处罚决定，认定北京 S 天然数码科技有限责任公司（以下简称"S 公司"）于 2006 年 4 月在其网站的企业简介中使用了国家机关工作人员的名义和形象。2004 年 7 月 27 日、8 月 7 日、11 月 13 日在《××消息》上发布了"月利十万谁干谁赚"、"年利百万不是梦"、"月利十万不是梦"三期 S 天然码的招商广告，广告费分别为 1.88 万元、5000 元、5000 元，合计 2.88 万元。广告中分别含有"月利十万谁干谁赚、郑重承诺：三个月经营不善者总部退货返款"、"三个月经营不善者可以退货"、"保证加盟一家成功一家"的内容。上述内容均是 S 公司对其提供服务的允诺，该允诺表述不清楚、不明白；对"退货"允诺，称只接收与其签订分销合同的分销商的退货，但广告中未具体说明；对于"月利十万谁干谁赚"、"保证加盟一家成功一家"的允诺，在广告中没有同时对能实现其允诺的诸如营销环境、经营策略、经营者的知识结构及其他特定条件等方面的表述。S公司的上述行为，违反了《广告法》第七条第二款第（二）项、第九条的规定，已构成发布违法广告的违法行为；依据《广告法》第三十九条、第四十条的规定，责令S公司停止发布违法广告，并处罚款5.76万元。

S公司认为××工商分局的行为没有事实和法律依据，属于超越行政职权的违法行为。被告之所以作出该违法行为，不是对法律和事实认定不清，而是由某些人为因素决定的。因此，原告为维护自身合法权益，特提起诉讼，请求人民法院依法撤销被告作出的行政处罚决定。

××工商分局认为自己作出具体行政行为的事实认定清楚，行政行为适用法律正确。原告分别于2004年7月27日、8月7日、11月13日在《××消息》上发布三期S天然码的招商广告，广告费分别为1.88万元、5000元、5000元，合计2.88万元。广告中分别含有"月利十万谁干谁赚、郑重承诺：三个月经营不善者总部退货返款"、"三个月经营不善者可以退货"、"保证加盟一家成功一家"的内容。上述内容均是原告对其提供服务的允诺。原告承认广告中的总部就是指S公司，并称只接收与其签订分销合同的分销商的退货；对于"月利十万谁干谁赚"、"保证加盟一家成功一家"的允诺，在广告中没有同时对能实现其允诺的诸如营销环境、经营策略、经营者的知识结构及其他特定条件等方面的表述。另外，原告于2006年4月又在其网站的企业简介中使用了受到国家领导人接见的内容。由于原告称网站是内部开发、维护的，该网页制作费用无法计算。根据《广告法》第九条的规定，原告在《××消息》上发布的广告中对其允诺表述是不清楚、不明白的。《广告法》第七条第二款第（二）项规定广告中不得使用国家机关和国家机关工作人员的名义。原告在其网站的简介中使用国家领导人的名字，客观上是使用国家机关和国家机关工作人员的名义进行宣传。因此，××工商分局认定原告的行为违反了《广告法》的上述规定，依据《广告法》第三十九条、第四十条进行处罚。最后，××工商分局依法享有行政处罚的法定职权，具体行政行为程序合法。综上，××工商分局作出的行政处罚认定事实清楚，符合法定程序，适用法律正确，请求人民法院依法予以维持。

××工商分局介绍了这起案件的处理过程。

2006年4月20日，××工商分局接到上级交办的举报信件后，针对S公司2004年7月27日发布的广告，以及在其网站企业简介中使用国家机关工作人员名字的行为予以立案调查。在调查过程中，××工商分局于2006年12月发现S公司在2004年8月7日、11月13日分别在《××消息》上发布广告的行为，一并进行了查处。2007年4月30日，××工商分局认定，S公司在其自己的网站企业简介中使用了国家机关工作人员名字的内容，以及发布的上述三期广告的行为，违反了《广告法》第七条第二款第（二）项、第九条的规定，已构成发布违法广告的违法行为。依据《广告法》的相关规定，被告对S公司在《××消息》上发布三期违法广告的行为，作出罚款5.76万元的行政处罚；对该公司在其网站中使用国家机关工作人员名字作为企业简介内容的行为，因无法计算制作费而未给予罚款。S公司对该行政处罚不服，向本院提起行政诉讼。目前，该行政处罚尚未执行。

法院审理

北京市海淀区人民法院经审理认为：《广告法》第六条规定，县级以上人民政府工商行政管理部门是广告监督管理机关。××工商分局作为工商行政管理部门，有权对本辖区内的广告活动进行监督管理。

但是，《行政处罚法》第二十九条规定，违法行为在两年内未被发现的，不再给予行政处罚。法律另有规定的除外。该期限从违法行为发生之日起计算；违法行为有连续或者继续状态的，从行为终了之日起计算。

在本案中，被告接到上级转办的举报信后，于2006年4月20日针对原告2004年7月27日在《××消息》上发布广告的行为予以立案，后经调查，针对原告2004年7月27日、8月7日、11月13日三次发布广告的行为一并作出了行政处罚。首先，根据被告出示的广告合同及相关证明可以看出，原告发布的3期广告行为之间不存在连续或者继续的关系，系三次独立的广告发布行为。另外，根据被告当庭出示的证据（8）可以看出，被告是在2006年12月7日发现了原告曾于2004年8月7日、11月13日在《××消息》上发布了两期广告的事实。结合被告当庭出示的其他证据，其对于原告后两次广告发布行为进行初次询问调查的时间是2006年12月20日。由此可以认定，被告发现后两次广告发布行为的时间，从该两次广告发布之日起计算，已经超出了两年的期限。因此，本院认为，被告针对2004年8月7日、11月13日这两次独立的广告发布行为所作出的行政处罚，显然超过了《行政处罚法》规定的两年的期限。被告对于三次独立的广告发布行为作出的一并处罚，属认定事实不清、主要证据不足，应当予以撤销，并针对举报事项重新作出处理。

案件评析

首先，需要明确的一点是，S公司作为特许经营模式中的特许人，在发布特许经营广告的经营活动中，应当遵守相关法律法规的规定，这之中不仅包括商业广告所需要恪守的《广告法》中真实合法和其他具体规定，还包括《商业特许经营管理条例》等特许经营特别法中对于商业广告行为的特别规定，例如《条例》第十七条中关于发布广告中不得含有宣传被特许人从事特许经营活动收益的内容，本案当中的S公司的行为就在一定程度上违反了该规定。

在审理本案的过程中，需要解决的突出问题是，被告对于《行政处罚法》第二十九条的适用，也就是行政处罚的追究时效是否正确的问题。

《行政处罚法》第二十九条第一款规定，违法行为在两年内未被发现的，不再给予行政处罚。法律另有规定的除外。该条第二款规定，前款规定的期限，从违法行为发生之日起计算；违法行为有连续或者继续状态的，从行为终了之日起计算。该条对行政处罚应当适用的追究时效作出了明确规定。所谓行政处罚追究时效，是指在违法行为发生后，对该违法行为有处罚权的行政机关在法律规定的期限内未发现这一违反行政管理秩序行为的事实，超过法律规定的期限才发现的，对当时的违法行为人不再给予处罚。

基于对《行政处罚法》第二十九条的上述理解，结合本案相关事实，我们可以作出如下分析。

1. S 公司在《××消息》上发布广告的行为是一个行为的连续或者继续状态，还是三次独立的行为？

在本案中，S 公司先后于 2004 年 7 月 27 日、8 月 7 日、11 月 13 日在《××消息》上发布了三期广告。从广告的内容来看，除了个别广告语有所区别外，广告的标的及主要内容均是一致的。基于上述原因，工商机关坚持认为上述广告发布行为是一个行为的连续或者继续，S 公司只进行了一次广告发布行为。但是，结合双方当事人提交的证据可以看出，S 公司与××消息报社就发布广告共签订了三次广告发布合同，合同上明确规定了每次广告发布均为一期，固定版面，广告费用每次单独结清。这种广告合同的独立签订方式与一个合同约定多期广告的发布是不同的。因此，从合同签订方式和内容，以及广告发布的形式，我们可以看出，S 公司在《××消息》发布广告的行为，每次行为之间不会因为其他行为的存在与否而受到影响，行为与行为之间不存在必然联系，因此，后两次行为不是第一次行为的连续或者继续状态，它们是三次独立的广告发布行为。

2. 工商机关对 S 公司的三次独立的广告发布行为一并进行处罚，是否符合《行政处罚法》第二十九条的处罚追究时效规定？

基于对第一个问题的分析结论，我们可以认定，本案中涉及的被处罚行为不存在行为的连续或继续状态，因此，其处罚追究时效应当适用第二十九条第一款的规定。

根据第二十九条第一款的规定，行政处罚的追究时效是从违法行为被发现之日起两年。在本案工商机关的查处过程中，其首先于 2006 年 4 月 20 日接上级交办案件，对 S 公司 2004 年 7 月 27 日在《××消息》上发布广告的行为予以立案查处，并就处罚内容进行了两次听证。但是，直到 2006 年 12 月 7 日的一份案件调查终结报告中才提到："××工商分局于同年 12 月 7 日，与本市另一工商分局广告科就本案有关情况进行商讨后发现，S 公司还于 2004 年 8 月 7 日、11 月 13 日在《××消息》上发布两期广告……"根据上述内容可以看出，工商机关对其查处的后两次广告发布行为进行记载的最早时间是 2006 年 12 月 7 日，后于同年 12 月 20 日就上述情况对 S 公司进行调查。从时间上看，工商机关发现后两次广告发布行为的时间，显然已经超过了《行政处罚法》规定的两年的处罚追究时效，不应当再对其进行行政处罚。

综上，工商机关在混淆了三次独立行为的情况下，对超过和未超过处罚追究时效的行为一并作出行政处罚是错误的，应当予以撤销。

四、不具备主体资格从事特许经营活动

1. 因特许人不具备主体资格引起的行政处罚

北京某某豆腐店违法经营案

案情介绍

北京某某豆腐店系 2006 年在北京市 A 区工商局登记的个体工商户，该店推出了七彩豆腐在该区获得了良好的口碑，并申请了专利。2008 年，该豆腐店在该区设了两个分店，经营状况良好。2009 年，为了扩大经营规模，该豆腐店决定开始采用特许经营的方式，吸引有意愿的投资者加盟，由其为加盟者提供产品和经营指导、技术支持等服务。2009 年×月×日，该豆腐店与张某某签订了豆腐店加盟合同，在北京 B 区开设加盟店，张某某按约定向豆腐店支付了加盟费。此后该豆腐店在北京各区陆续又增加了十几家加盟店，各店均采取统一标志、统一经营模式，各店业绩良好。

2010 年×月×日，有群众向北京商务委员会举报北京某某豆腐店非法开展特许经营活动。为此，北京商务委员会核实了举报信息，进行立案，派出两名执法人员进行调查，确定该豆腐店不具备特许人资格从事商业特许经营活动，部门负责人对行政处罚建议批准后，接着向北京某某豆腐店送达了《商业特许经营违法案件行政处罚告知书》，告知当事人拟作出行政处罚的事实、理由、依据、处罚内容，并告知当事人依法享有陈述、申辩权。北京某某豆腐店以自己的行为不构成商业特许经营为由提出了申辩意见，北京商务委员会对当事人提出的事实理由和证据进行复核，认为不成立不予采纳，遂集体讨论决定以违反了《商业特许经营管理条例》第三条第二款的规定为由，依据《条例》第二十四条规定，对北京某某豆腐店作出责令停止商业特许经营活动，没收违法所得，罚款人民币 10 万元的行政处罚。同时制作《商业特许经营违法案件听证告知书》，告知当事人有要求组织听证的权利，北京某某豆腐店要求听证，北京商务委员会依法组织了听证。行政处罚决定书送达后，北京某某豆腐店不服，以其经营不属于特许经营为由，向北京市 A 区人民法院提起行政诉讼，要求撤销北京商务委员会的特许经营行政处罚决定。

法院审理

北京市 A 区人民法院经审理认为，北京某某豆腐店以其拥有的经营资源，以合同方式许可他人使用，并约定统一经营模式下开展经营，经营方式属于商业特许经营。根据《商业特许经营管理条例》的规定，本条例所称商业特许经营，是指拥有注册商标、企业标志、专利、专有技术等经营资源的企业，以合同形式将其拥有的经营资源许可其他经营者使用，被特许人按照合同约定在统一的经营模式下开展经营，并向特许人支付特许经营费用的经营活动。企业以外的其他单位和个人不得作为特许人从事特许经营活动。而北京某某豆腐店是个体工商户，不属于企业，其行为已违反了《商业特许经营管理条例》的规定。北京商务委员会对其作出的特许经营行政处罚决定，认定事实清楚，程序合法，适用法律正确。

经过法官多次耐心细致地法律法规解释工作，北京某某豆腐店终于认识到自己存在违法行为，其经营者深有感触地说"经商也要学法懂法"。北京某某豆腐店最后主动撤回起诉，自动履行北京商务委员会作出的行政处罚，并及时注册为企业，继续开展特许经营业务，实现从违法到合法的转变。

案件评析

本案中涉及的特许经营法律问题主要包括以下四个方面：

一、北京某某豆腐店的行为是否构成商业特许经营

《商业特许经营管理条例》第三条第一款规定，本条例所称商业特许经营，是指拥有注册商标、企业标志、专利、专有技术等经营资源的企业，以合同形式将其拥有的经营资源许可其他经营者使用，被特许人按照合同约定在统一的经营模式下开展经营，并向特许人支付特许经营费用的经营活动。这是《条例》对商业特许经营的明确定义。该定义明确了商业特许经营的核心是无形资产的输出。

单一的经营资源的许可并不构成特许经营，还必须有统一的经营模式。对商业特许经营行为的界定可以考虑以下几个因素：首先是三要素：①被特许人在特许人控制的系统或规定的推广计划下开展经营活动；②被特许人在特许人提供的统一标志或商标下进行经营活动；③被特许人需要向特许人支付或承诺支付一定的费用。其次是四个特征：①性质上是一种经营模式，不是商品也不是行业；②主体上是两个独立的主体，二者之间没有任何隶属关系，如合作、合资等；③时间上是一种长期的、持续的；④内容上主要包括权利的授予和经营上的支持。

二、个体工商户的特许人资格问题

《商业特许经营管理条例》第三条第一款规定，商业特许经营法律关系中的特许人应当是企业，企业以外的其他单位和个人不得作为特许人从事商业特许经营活动。

明确了只有企业可以作为特许人从事特许经营活动。企业是指依法设立的，以营利为目的的，从事生产经营活动的独立核算的经济组织。个体工商户是不是企业呢？根据我国企业登记管理的规定，确认企业身份的唯一有效证明就是工商行政管理机关颁发的企业营业执照。国务院法制办的意见是：个体工商户不是企业，不可以作为特许人进行特许经营。

三、不具备特许人资格从事特许经营的法律责任

《商业特许经营管理条例》第二十四条第二款规定，企业以外的其他单位

和个人作为特许人从事特许经营活动的，由商务主管部门责令停止非法经营活动，没收违法所得，并处 10 万元以上 50 万元以下的罚款。

所谓从事特许经营活动，是指不具有商业特许经营资格的企业、其他单位和个人非法与被特许人签订合同，进行商业特许经营活动，并获取收益的行为。

四、商业特许经营行政处罚程序

《商业特许经营行政处罚程序规定》第七条规定，商务主管部门办理商业特许经营行政处罚案件应当指派两名以上（含两名）执法人员。

《商业特许经营行政处罚程序规定》第八条规定，商业特许经营行政处罚由违法行为发生地的设区的市级以上商务主管部门管辖。法律、行政法规另有规定的除外。

《商业特许经营行政处罚程序规定》第四十三条规定，商务主管部门负责人对行政处罚建议批准后，应当填写《商业特许经营违法案件行政处罚告知书》，告知当事人拟作出行政处罚的事实、理由、依据、处罚内容，并告知当事人依法享有陈述、申辩权。

《商业特许经营行政处罚程序规定》第五十四条规定，商务主管部门拟作出下列行政处罚决定之一的，应当制作《商业特许经营违法案件听证告知书》，告知当事人有要求组织听证的权利，并依据《行政处罚法》、《行政许可法》等法律法规以及其他有关听证的规定举行听证：1. 对公民处以 3 万元罚款或对法人或其他组织处以 5 万元以上罚款的。2. 没收违法所得折合人民币 5 万元以上的。当事人不承担商务主管部门组织听证的费用。

综上所述，本案中北京××豆腐店不是企业，其开展的加盟活动符合特许经营的特征，属于商业特许经营行为，构成了非法从事特许经营活动，应承担法律责任。本案商务主管部门北京商务委员会在行政处罚程序上不存在违法行为，程序合法，认定事实清楚，适用法律正确，故本案行政处罚判决有效。

2. 特许经营欺诈之行政处罚

广州 M 公司以特许经营名义欺诈案

案情介绍

2007 年 6 月，广州 M 有限公司（以下简称"M"公司），在媒体上发布广告，自称拥有"A"灯饰产品的商标使用权和专卖店 VI 体系的使用权。珠海 B 公司（以下简称"B"公司）遂与 M 公司于 2007 年 6 月 12 日签订加盟合同书。合同约定 B 公司使用"A"的品牌在珠海市开设儿童灯饰专卖店，由 M 公司提供"A"灯饰产品的货源；B 公司向 M 公司交纳品牌使用费 8000 元。合同签订后，B 公司按约交付了品牌使用费，并于 2007 年 6 月 12 日支付 1 万元货款，7 月 17 日又支付货款 5800 元，但 M 公司却不能提供"A"灯饰产品的货源，而是用其他产品代替。B 公司发现后立即要求更换，M 公司一直没有更换。于是 B 公司多次电话联系 M 公司，但均无回应。另外，B 公司还发现 M 公司在签约前尚未持有"A"灯饰产品的商标使用权和专卖店 VI 体系的使用权，存在欺诈行为，且至今没有国家商标局授予的商标专用权。于是向当地的公安机关举报 M 公司。

公安机关接案后，迅速对 M 公司展开调查，查明 M 公司于 2007 年 4 月申请注册"A"灯饰的注册商标，商标局以其不具有显著性未能通过申请。于是 M 公司在尚未取得"A"灯饰产品的商标使用权下，谎称已经取得，并与他人签订商业特许经营加盟合同，构成合同欺诈。加盟合同书、邮政储蓄汇款手续费收据两份、货运单、说明书、运费收据，及双方当事人陈述在案佐证。故根据《商业特许经营管理条例》二十九条第一款，和《治安管理处罚法》第十八条及第四十九条对 M 公司主管人员处以十日行政拘留，并处 1000 元罚款。

案件评析

《商业特许经营管理条例》第十二条第三款规定："特许人隐瞒有关信息

或者提供虚假信息的，被特许人可以解除特许经营合同。"在欺诈认定问题上，《最高人民法院关于贯彻执行〈中华人民共和国民法通则〉若干问题的意见（试行）》第六十八条规定："一方当事人故意告知对方虚假情况，或者故意隐瞒真实情况，诱使对方当事人作出错误意思表示的，可以认定为欺诈行为。"

从审判实践来看，特许经营合同中的欺诈主要表现为如下情形：

1. 就经营资源方面的欺诈，包括知识产权和经营模式的欺诈，如把非注册的商标谎称为注册商标，把非专利技术谎称为专利技术，把他人的经营资源谎称为自己的经营资源等；

2. 就特许人基本情况及特许经营活动方面的欺诈，如把中资企业谎称为外资企业或者与国外企业具有关联关系，谎称该特许经营体系在国外得到巨大成功等；

3. 就被特许人情况的欺诈，如虚构或者夸大被特许人数量、特许经营授权范围、分布地域和被特许人盈利情况等；

4. 就产品或者服务质量的欺诈，如谎称系国家免检产品、荣获国际荣誉等，夸大产品或者服务的质量；

5. 就特许经营费用的欺诈，如隐瞒拟收取的费用，或者不具体说明各项费用的用途及退还条件等；

6. 隐瞒因特许经营违规行为已经受到处罚的事实等。

在判定特许人是否构成欺诈时，应综合考虑所隐瞒信息或者所提供虚假信息的重要性、与真实信息相背离的程度以及对于特许经营合同的订立和履行的影响程度等因素，适当区分恶意欺诈和商业吹嘘，尽可能维护特许经营合同尤其是已经实际履行的特许经营合同的稳定性，防止被特许人一旦经营失败就把全部责任转嫁到特许人身上。

本案中，M公司在尚未取得"A"灯饰的商标使用权，而对外进行招商加盟，虚假陈述，误导被特许人，有欺诈性质，这种欺诈行为应该严厉处罚。

五、没有备案从事特许经营活动

特许人未按时备案之行政处罚

—— 某区商务主管执法大队对辖区加盟企业检查监督案

案情介绍

2009 年 4 月，某区商务主管执法大队，对市场中的加盟连锁企业进行检查监督中，对 123 家加盟企业进行检查，检查中发现该区的 84 家加盟企业均未按照《商业特许经营管理条例》向所属的商务主管部门进行备案，行业涉及餐饮、干洗、酒店等各个领域，某区商务主管部门对尚未备案的企业，现场下达了行政处罚决定书，决定书提到，《商业特许经营管理条例》于 2007 年 5 月 1 日正式实施，在条例施行前已经从事特许经营活动的特许人，应在条例施行之日起一年内，向商务主管部门备案。在 2008 年已经下达要求特许经营企业到相关部门进行备案，已经过去一年多了，仍有大部分企业未按照《条例》的要求，未按时及时的备案，违反了《商业特许经营管理条例》第二十五条和《商业特许经营备案管理办法》第十六条之规定，对未依法备案的企业，责令限期三个月内备案，并处 1 万元罚款。

案件评析

无论是作为行政法规的《商业特许经营管理条例》，还是作为部门规章的《商业特许经营备案管理办法》(以下简称"《备案办法》")，从法律分类角度看都属于行政法范畴，而行政法所天生具备的特点之一就是为维护社会秩序，规范某一行业或领域而赋予政府一定的行政管理权力，同时赋予其在该行业或领域内的行政监管义务。《条例》的第一条：为规范商业特许经营活动，促进商业特许经营健康、有序发展，维护市场秩序，制定本条例。开宗明义地指出了《条例》的立法目的，同时在《条例》第五条也赋予了各商务主管部门对商业特许经营的行政管理权利和义务。《备案办法》的规定中也同样有相应的规定。从

《条例》和《备案办法》的立法目的不难看出，商业特许经营监管行为根本宗旨，从规范经营的角度看，是为了规范特许经营管理和市场的发展，使我国的商业特许经营迅速与国际接轨，符合时代发展的潮流；从市场建设和发展的眼光看，就是不断增强商业特许经营活动中特许人和被特许人依法经营的管理意识和法律意识，促进商业特许经营市场向稳定与健康的方向发展，切实保护特许人的经营资源和商业秘密，保障被特许人的商业利益和合法权益。

特许经营具有多重特征，从一定角度来看，它与上市公司一样，具有融资功能，特许人是否具备必要的条件，事关特许经营的成败和加盟者的投资安全及利益；又因该经营模式必然涉及广大社会群体，特别是弱势群体的公众性融资或商业投资活动，一旦出现较大问题，即带有集中性、爆发性，不仅危害社会经济秩序，更会影响到社会稳定。从某种角度上看，《条例》的实施过程其实就是商务主管部门的行政监管过程。就《条例》和《备案办法》来看，我国商业特许经营备案监管主要体现在以下几个方面：

一、管理的模式方面

（1）通过网站的管理

为配合《条例》的实施，根据《备案办法》的相关规定商务部开发了《商业特许经营管理系统》，它是一套网上的备案和管理系统，特许经营企业均须通过该系统进行备案申请，同时该系统也将成为各级商务主管部门监管特许经营企业的途径，通过特许经营企业的登记和备案管理机关的监督与管理，从简单、快捷、全面的角度完善商业特许经营管理体制，规范商业特许经营的市场秩序。

（2）属地管理

属地管理原则是确定商业特许经营行政管辖的基本原则，无论是在商务部备案的特许经营企业还是在省、自治区、直辖市备案的特许经营企业，都是由企业工商登记住所地的市一级商务主管部门行使管理职责，比如罚款、责令停止非法经营活动、决定移送司法机关处理等。但是在监督管理中如出现需要撤销备案的情形，市一级的商务管理机关只能提请备案机关行使备案撤销权，备案管理机关会依据市一级商务管理机关调查报告，视情形作出是否同意撤销备案的决定。

本地商务行政管理机关发现外地特许经营企业有违规情形的，可以提请共同的上级商务行政管理机关直接处罚或指定处罚，也可以直接建议违规企业所在地的市级以上的商务行政管理机关予以处罚。

（3）分级管理

根据《商业特许经营管理条例》第五条的规定，商务部负责对全国范围内的特许经营活动实施监督管理；省、自治区、直辖市人民政府商务主管部门和设区的市级人民政府商务主管部门依照本条例规定，负责对本行政区域内的特许经营活动实施监督管理。

二、管理的内容方面

（1）特许经营企业备案的原始登记管理

原始登记，就是特许经营企业的初次备案登记，由于商务部设置的备案系统是由备案特许经营人在网上完成，因此为了防止特许人在备案时提供的资料和备案以后的资料不一致，设定了原始备案资料未经许可不得变更的功能，也就是说特许经营企业在初次获准通过备案的资料是不得随意变更的。商务行政管理机关也正是根据原始登记资料和基本情况对特许经营人进行监督与管理的，也就是说只要特许经营人首次向备案机关提交的资料获准了备案，那么该经营企业在正确的监督指导下，只会走向更加成熟的经营状态，该企业的诚信度只会逐步提高，经营管理模式只会逐步走向完善。

（2）特许经营企业备案的变更登记管理

根据《备案办法》第七条的规定，特许人的备案信息有变化的，应当自变化之日起三十日内向备案机关申请变更；同时第八条规定，特许人应当在每年3月31日前将其上一年度订立、撤销、续签与变更的特许经营合同情况向备案机关报告。

（3）特许经营企业备案的撤销备案登记的管理

根据《备案办法》第十二条规定，列举了四种撤销备案的情形，并在商业特许经营管理系统予以公告。

三、管理的原则

（1）政府参与与行政监管相结合

从商务部《商业特许经营管理办法》到国务院《条例》以及商务部《备案办法》和《商业特许经营信息披露管理办法》的出台，首先反映了我们国家商业特许经营的迅猛发展，同时也应该关注到政府对于行业经营管理及其秩序的重视程度，但是《条例》并没有将特许经营纳入审批的范围而是通过备案的方式加以约束，其目的在于宏观调控，微观管理，通过政府的参与和商务主管部门的协调管理，将特许经营纳入规范化的轨道，充分体现了政府参与和行政监管的一个"度"。

（2）公开告知与公众查询相结合

登陆商业特许经营管理系统网站，我们会清晰地看到该系统不仅有用于备案管理机关公开告知的"备案统计"、"最新备案公告"等公示性的设置，同时还有用于公众查询的"备案查询"功能，可以提供任意公众随时随地网上查询服务。通过两种不同渠道的功能，可以让特许人的经营行为完全掌控于政府职能部门之手，同时因为政府网站公示公信的效力，也让所有的准被特许人具有较强的交易安全感。

（3）主动查处与投诉处理相结合

《条例》第四章和《备案办法》第十一条、十六条、十七条都规定了行政处罚的种类和幅度，从这些规定我们很清楚地看出处罚的力度是循序渐进、由浅入深的；同时我们在商业特许经营管理系统中设置了公众投诉的专项栏目，将公众投诉作为《条例》和《备案办法》规定的实现有权监管机关主动查处职能的重要线索，有利于实现"诉"、"管"、"查"的有效结合与联动。

由此可见，本案中商务主管部门定期的检查是为了进一步做到对特许企业的备案的监督工作，这样的执法活动也为进一步规范特许经营市场，保障交易安全作出了重要的贡献。

六、其他违法行为但不构成犯罪的情况的行政处罚

1. 对违规提前收取特许经营费用的行政处罚

某快运服务中心违规收取特许费用案

案情介绍

2008年×月，原告张某看到被告《快递公司诚招县市加盟》广告，上有"诚招市区某某代理承包及各县加盟商，月收入万元以上，诚聘优秀业务员及快递员，待遇优厚。"原告按广告上的电话与被告刘某所经营的××市某快运服务中心联系，某快运服务中心要求张某先交纳4000费用但并未说明该费用的用途及退还条件、方式。2008年×月×日，双方签订区域承包合同书，并交纳加盟费、缴纳网络使用费等共计6000元整。合同签订后，张某在洛阳某区开展快递业务，但业务并不像广告宣传的那么好。后来，张某听朋友讲根据《商业特许经营管理条例》规定，某快运服务中心未进行书面说明而收取的4000元费用属于违规行为，遂要求某快运服务中心给出该费用的用途与退还条件、方式的书面说明，而某快运服务中心拒绝了张某的要求，张某遂向××市商务主管部门提出举报。

××市商务主管部门核实了举报信息，进行立案调查，确定某快运服务中心行为违反了《商业特许经营管理条例》规定，且存在恶意，依法对某快运服务中心作出责令改正，处5000元罚款的处罚决定。

案件评析

一、特许人要求被特许人在订立特许经营合同前支付费用的说明

《商业特许经营管理条例》第十六条规定，特许人要求被特许人在订立特许经营合同前支付费用的，应当以书面形式向被特许人说明该部分费用的用途以及退还的条件、方式。

这是关于特许人要求被特许人在订立特许经营合同前支付费用应当以书面形式向被特许人履行说明义务的规定。被特许人在订立特许经营合同前支付的费用不同于特许经营费。特许经营费是指在特许经营关系成立后和存续期间，被特许人需按照合同约定交给特许人的各种费用，不包括双方在合同订立之前发生的费用。

要求被特许人在订立特许经营合同前就支付费用，通常会发生在比较大型、复杂的商业交易中，或者是特许人要求被特许人交付保证金的情况。比如在酒店业的特许经营，特许人一般会在被特许人选址、酒店的建设与装修过程中提出相当多的建议，以保证建造成的酒店能够符合特许人的标准，但是通常双方会在酒店建成完毕、特许人检验酒店认为符合了自己的标准之后才会与被特许人签订特许经营合同。显然，在合同签订之前特许人已经向被特许人提供了选址、装修等方面的服务，是要收取费用的。另外，有些特许人为被特许人在签订合同前预留某一地区的市场，并收取定金，上述定金一般都是在签订特许经营合同后作为加盟费的一部分。

就我国目前来说，合同订立前常见的收取的费用有保证金、订约金、定金等。该费用是指特许人为获得被特许人能够及时签订合同而向特许人支付的费用。并且该费用在合同订立后予以返还或折抵其他费用。

本条的目的在于使被特许人得到明示的保护。特许经营合同签订之前，如特许人要求被特许人支付任何费用，则特许人有义务说明该项费用的用途以及费用退还的条件、方式。举例来说，潜在的被特许人表明了提交加入特许经营的意向书之后，特许人如要求其提交一定数量的定金，则特许人应作出明确说明，例如：该定金的用途为保证特许人在约定的时间内不得将双方约定区域内的特许权再授予第三方；如潜在特许人在约定的时间内与特许人签订了正式的特许经营合同，则此定金就冲抵加盟费；但如潜在被特许人在约定期间内并没有与特许人签订正式的特许经营合同，则此费用由特许人没收，不再退还。

本条体现了对被特许人的保护，在特许经营合同订立之前，如被特许人应特许人的要求支付了任何费用，却未订立书面合同或书面合同并未对该费用的用途、退还条件及方式等作出明确规定，这对被特许人是极为不利的。

由于不存在书面合同，一旦产生争议，被特许人所能寻求的救济无非是《合同法》第四十二条规定的"缔约过失"责任，以及证明存在口头合同。前者仅在特许经营合同未订立的情况下适用，且被特许人需证明特许人存在恶意违背诚实信用原则的行为；对于后者，要证明口头合同的具体内容并非易事。因此，本条的规定为使得处于优势地位的特许人设定了披露费用用途与返还的强制性法定义务，并且对于特许人违反该等义务的惩罚作了明确规定，从而有力地保护了被特许人的利益。

二、不履行该义务的责任

《商业特许经营管理条例》第二十六条规定，特许人违反本条例第十六条、第十九条规定的，由商务主管部门责令改正，可以处 1 万元以下的罚款；情节严重的，处 1 万元以上 5 万元以下的罚款，并予以公告。

特许人要求被特许人订立特许经营合同前支付费用的，应当以书面形式向被特许人说明该部分费用的用途及退还的条件、方式。对于特许人违反本条规定之行为，由商务主管部门责令改正，并且可以选择对特许人处 1 万元以下的罚款；情节严重的，处 1 万元以上 5 万元以下的罚款，并予以公告。所谓情节严重，主要指特许人以规避法律为目的恶意收取特许经营费用，严重超额收取特许经营费用等情形。

本案中，××市快运服务中心违反了《商业特许经营管理条例》第十六条的规定，违规提前收取费用，××市商务主管部门对其作出的行政处罚合理合法。因此，在商业特许经营活动中，被特许人一定要清楚自己的权利和义务，一旦特许人违规，可运用《条例》保护自己的合法权利。特许人则应当严格遵循法律法规规定，规范自己的行为，这样才能免受行政处罚。

2. 违反相关收费说明的规定案

北京某某服饰公司行政处罚案

案情介绍

2009 年 3 月，北京某区商务主管部门，接到当事人李某的举报。举报称，

2009 年 1 月，李某与北京某某服饰有限公司，洽谈相关加盟事宜，李某对北京某某服饰进行实地考察后，在河南某市进行相关的店面选址，装修和人员的招聘相关事宜，2 月李某赴北京签订加盟合同，然而在签订合同前，北京某某服饰有限公司，要求李某先交纳 1 万元作为在河南装修的指导费用，称店面的装潢以及相应材料属于公司的商业秘密，李某应当支付相关的使用费。李某交纳了相关费用后，北京某某服饰有限公司，并未开具相关的发票。李某觉得不妥，遂向商务主管部门举报。

查明，北京某某服饰有限公司，在签订加盟合同前，以店面装潢为理由对加盟的 10 家店面收取了所谓的商业秘密使用费，共计 10 万元，上述事实有当事人陈述及相关书证材料佐证。2009 年 4 月 2 日向当事人送达了《行政处罚告知书》，北京某某服饰有限公司在规定的期限内未进行陈述、申辩。上述行为违反了《商业特许经营管理条例》第十六条之规定，依据《商业特许经营管理条例》第二十六条规定，责令立即退还相关当事的费用，并处于 2 万元的罚款。

案情评析

《商业特许经营管理条例》第十六条：特许人要求被特许人在订立特许经营合同前支付费用，应当以书面形式向被特许人说明该部分费用的用途以及退还条件、方式。被特许人在订立特许经营合同前支付的费用不同于特许经营费。特许经营费是指在特许经营关系成立后和存续期间，被特许人需按照合同约定交给特许人的各种费用，不包括双方在合同订立之前发生的费用。要求被特许人在订立特许经营合同前就支付费用，通常会发生在比较大型，复杂的商业交易中，或者是特许人要求被特许人选址，定金等情况。本条的目的在于使被特许人得到明示的保护。特许经营合同签订之前，如特许人要求被特许人支付任何费用，则特许人有义务说明该等费用的用途以及费用退还条件，方式。举例来说，潜在的被特许人表明了提交加入特许经营意向书后，特许人如要求提交一定数量的定金，则特许人应作出明确说明，例如：该定金的用途为保护特许人在约定时间内不得将双方约定区域的特许权再授予第三方。

本案中，北京××服饰有限公司，认为他们对店面的装潢属于商业秘密是错误的，我国《反不正当竞争法》的规定，商业秘密是指不为公众所知悉、能为权利人带来经济利益，具有实用性并经权利人采取保密措施的技术信息和经营信息。然而店面的装潢显然不属于商业秘密，而是属于特许经营合同里面的一部分。依据商业特许经营外部特征而言，特许人与被特许人在品牌、质量、商标、装潢，以及经营理念上实现高度的统一，在组织制度即经营模式上实现整齐划一。所以北京××服饰认为他们的装潢属于商业秘密，而需要向被特许人收取相关的使用费是错误的，更不应该在签订合同之前收取。

一般而言在签订加盟合同之前收取费用的，一般是为了保证合同能够顺利的签订，例如收取定金，以督促双方能够尽快地签订合同，一方违约，则属于缔约过失责任。而且也应该书面说明，并约定相关退还的条件。本案中，不仅没有书面说明，也没有退还的条件。严重违反了《商业特许经营管理条例》对签订合同前收取费用的规定。《条例》第二十六条规定：特许人违反本条例第十六条，第十九条规定的，由商务主管部门责令改正，可以处1万元以下的罚款，情节严重的，处1万元以上5万元以下罚款，并予以公告。

第二章　行　政　诉　讼

一、被特许人在宣传中使用特许人所获荣誉是否构成虚假广告

陈某某诉×市S区工商行政管理部门案

案情介绍

原告陈某某是经工商部门登记、依法取得经营资格的个体工商户。被告是×市S区工商行政管理部门。2006年5月18日，原告陈某某与北京L洗染有限公司（以下简称"北京L公司"）签订《特许加盟合同书》，选定×市思明区文园路54号之103-104号店面作为加盟店地点，并以"L闽—008（编号）加盟店"命名。在该合同中，北京L公司授权陈某某使用其所拥有的"L"品牌，依北京L公司经营模式并按合同及特许加盟手册的规定经营洗染服务业务。双方约定，合同有效期内，陈某某可使用"L"商标及北京L公司所提供的其他经营知识、技术或资料。为保证"L"连锁企业的统一风格，陈某某店面内外装修设计应符合北京L公司CIS之要求或由公司

负责免费提供全面装修设计方案，含招牌、营业场所内外装修设计及室内配置，装修效果达到公司要求的标准并经公司设计部门签字确认。在取得北京 L 公司授权后，原告于 2006 年 6 月 6 日取得"×市思明区 L 洗衣坊"《个体工商户营业执照》。除了被告在行政处罚决定中列明的"全国十佳洗涤单位"（标明系国家国内贸易局颁发）、"国际织物保养协会会员"（以英文标明系国际织物保养协会颁发）牌匾外，原告还在其店堂墙上设置以下牌匾："L—洗衣干洗行业首选品牌"（标明系世界经理人周刊社颁发给 L 洗染连锁集团）、"ILSA 意大利 L 时尚洗衣"（标明系意大利 L 中国代表处授权）、"L 皮衣洗染优质率＞96％"（标明系国家皮革制品质量监督检测中心技术检测报告）等。

2008 年 1 月 9 日，被告以原告违反《×市反不正当竞争条例》"利用广告对自己的商业信誉作引人误解或虚假的宣传和表示"为由，对原告处罚款 3 万元。原告认为，原告的经营行为是合法的，不存在虚假宣传行为，被告对原告所作处罚没有事实和法律依据，请求法院予以判决撤销。

作为被告的×市 S 区工商局认为，原告在正对大门口店堂上设置的内容为"全国十佳洗涤单位"、"国际织物保养协会会员"等店堂广告，据原告提供的资料显示该荣誉是由北京 L 洗染有限公司取得并非是原告取得，而店堂广告并未标注取得荣誉的是北京 L 洗染有限公司，原告利用该店堂广告，对自己的商业信誉作引人误解的或虚假的宣传，造成普通消费者的误解，让普通消费者认为这些荣誉是原告自己取得的，原告是这些荣誉的所有者。原告这种行为属于《×市反不正当竞争条例》第十一条第一款规定规范的范畴。为保障社会主义市场经济的健康发展，鼓励和保护公平竞争，制止不正当竞争行为，保护经营者和消费者的合法权益，《×市反不正当竞争条例》赋予×市工商行政管理部门对不正当竞争行为进行监督检查的执法权。被告依法对原告进行调查取证，并且充分听取原告的意见，充分考虑原告的行为是否具有从轻、从重或者免于处罚情节。经过被告法制机构听证和市局法制机构行政复议，被告对原告作出的行政处罚决定，事实清楚、证据充分、定性准确、处理恰当、程序合法，请求驳回原告的诉讼请求。

法院审理

×市 S 人民法院依照《中华人民共和国行政诉讼法》第五十四条第（二）项第 2 目撤销了被告×市 S 区工商行政管理局于 2008 年 1 月 9 日作出的行政处罚，支持了原告的诉讼请求。

案件评析

本案争议的焦点在于，被上诉人在其店堂墙上设置的"全国十佳洗涤单位"、"国际织物保养协会会员"等牌匾是否"存在利用广告对自己的商业信誉作引人误解或虚假的宣传和表示"。对于此，存在两种意见。

一种意见认为，在特许经营法律关系中，特许人作为独立的经营主体，其所取得的荣誉具有专属性，加盟店对不属于自己的荣誉未标注荣誉获得者名称将该荣誉用于自身的经营宣传，将误导消费者对加盟店服务质量和商业信誉的认识，进而侵害消费者权益。首先，特许人获得的荣誉、称号和资质具有专属性。特许经营其本质属性是一个独立的民事主体（特许人）向多个独立的民事主体的纵向授权。在特许经营的法律框架下，被上诉人作为被特许经营方，与特许人在法律上属于不同的独立的经营主体。被上诉人在店堂内悬挂的"全国十佳洗涤单位"、"国际织物保养协会会员"等荣誉牌匾，这两块牌匾的核心是"单位"和"会员"，即授予特定主体享有该荣誉、称号和资质，而不是对某一品牌的授予。因此，该荣誉显然是指向具体的企业即特许人北京 L 公司，而非"L"这个品牌或商标，更非被上诉人这个经营主体。并且，"全国十佳洗涤单位"、"国际织物保养协会会员"等荣誉是相关部门基于对北京 L 公司自身服务质量进行考评的基础上颁发的，而对于被上诉人，却并没有任何证据证明该荣誉颁发部门对被上诉人的服务质量也进行过考评和核查。其次，荣誉、称号和资质不属于知识产权，也不构成经营模式的一部分，不能以"特许"方式在未标明荣誉获得者名称的情况下授权给加盟店用于自身的经营宣传。国务院《商业特许经营管理条例》第三条和商务部《商业特许经营管理办法》第二条规定，特许经营的核心是特许人知识产权

(包括商标、企业标志、专利、专有技术）及经营模式的许可使用，并没有包括特许人所获得的荣誉、称号和资质的许可使用和宣传。荣誉、称号和资质不属于知识产权，也不构成经营模式的一部分，荣誉的授予直接体现的是一个企业的服务质量和服务水平。被上诉人作为一个社会经济活动的主体，其经营活动面对的是广大消费者，其向全社会提供的核心内容不是经营模式，也不是装修风格，而恰恰是服务和服务的质量。核实各加盟店对于其服务质量是否进行了客观真实的宣传，这才是上诉人保护消费者权益、履行监管职责的核心。上诉人认为，在特许经营模式下，各加盟店的品牌、商标的使用可以统一，经营模式可以统一，装修风格可以统一，但是被上诉人却没有证据证明各加盟连锁店的服务质量也是完全相同的，更不能当然的推定只要获得了知识产权和经营模式的特许经营，其服务质量就会完全相同。因此，对于特许人获得的直接体现服务质量和服务水平的专属荣誉（称号、资质），不能以"特许"方式未标明荣誉获得者名称授权给加盟店用于自身的经营宣传。再次，如果允许特许人将专属荣誉（称号、资质）以"特许"方式授权给加盟店不标明荣誉获得者名称用于自身的经营宣传，将会误导消费者对加盟店的服务质量和商业信誉的认识，进而侵害消费者权益。正是因为消费者进行消费时"认可的是特许人的品牌和商业信誉"，所以才更加容易将店堂内展示的未标明获得者名称的荣誉直接推断也同时属于原告，进而认为其提供的服务质量与特许人相同。所谓的"规范化的经营模式或网络体系"只能是形式上的规范和统一，却不能保证所有加盟店对外提供的服务质量已经达到统一或相同的质量标准。

　　另一种意见认为，商业特许经营是商务部部门规章和国务院行政法规所肯定的合法经营活动。根据商务部《商业特许经营管理办法》第二条和国务院《商业特许经营管理条例》第三条第一款关于商业特许经营之规定，特许人可以通过合同形式将自身拥有的注册商标、企业标志、经营模式等经营资源授权给被特许人使用。上述规章和行政法规采用了部分列举和概括规定相结合的方式明确特许人可以将全部经营资源授权给被特许人使用，而并不仅限于注册商标、企业标志、经营模式，特许人所取得的荣誉、称号等是特许的经营资源，当然可以许可给被特许人使用。该经营行为不构成引人误解，也不存在虚假宣传。首先，商业特许经营的特性决定了被特许人的经营行为不可能引人误解。不论是根据学理上的解释还是法律、法规的规定，商业特许经营要求被特许人在组织化、标准化的经营模式或者网络体系内与特许人具有共同的外部特征，在经营模式、装修风格、机器设备、原辅材料、服务质量等方面均与特许人保持高度一致。加盟店的品牌和商业信誉来源于并且依赖于特许人，消费者是在认可特许人的品牌和商业信誉的基础上选择加盟店提供的服务的。因此，在商业特许经营模式下，加盟店并没有自己个性化的特征，特许人和加盟店并不存在根本性的区别，不存在误认。其次，被上诉人按照《加盟合同》装修、配置，未进行虚假宣传。根据《L 闽—008 号店加盟合同》第三条第三点"为保证'L'连锁企业的统一风格，乙方（被特许人）店面内外装修设计应符合甲方（特许人）CIS 之要求或甲方免费提供全面装修设计方案，含招牌、营业场所内外装修设计及室内配置，装修效果达到甲方要求的标准并经甲方设计部门签字确认"，被特许人的店面装修、配置完全是根据特许人的要求完成的，本案中所涉及的牌匾所包含的荣誉、称号等是特许人依法取得的，是真实的，也是由特许人制作、提供并悬挂的。再次，被特许人在客观上表明了个体工商户和加盟连锁店的身份。在与特许人保持统一的情况下，被上诉人在店堂内明显位置悬挂了《个体工商户营业执照》，并且严格按照特许人的要求将特许人统一制作的牌匾并列悬挂在店堂之内。据此，消费者对于被特许人是个体工商户、是加盟连锁店的性质有充分、全面的了解，前述的牌匾和工商营业执照地悬挂，不能割裂开来判断是否会引人误解。被上诉人悬挂的所有牌匾和营业执照是一个不可分割的整体，所有这些牌匾能够充分显示这样两个基本事实：其一，牌匾的商誉属于授权方北京 L 公司。其二，本店是个体工商户。在这两个基本事实均充分表达的情况下，不可能存在所谓"故意引起消费者误解"的事实。最后，是否构成误解与消费者的认知能力直接相关，消费者具备认知能力，不存在误解的可能或者事实。在未考虑消费者的认知能力的情况下，上诉人判断被上诉人的行为已经或者足以引人误解没有依据，上诉人也未提供任何证据证明存在有消费者误解的事实。被上诉人不仅在醒目位置悬挂了《个体工商户营业执照》，而且将加盟连锁的几块牌匾整体并排，清晰、明确地表明个体工商户和加盟连锁店的身份，更不存在故意突出或者掩饰。

笔者同意第二种意见，商业特许经营以组织化、标准化经营为其经营方式。通过组织化、标准化的经营方式，形成一种规范化的经营模式或网络体系。特许经营体系要求特许人与被特许人具有共同的外部特征。本案中，原告设置相关牌匾，是为了符合《特许加盟合同书》中关于"保证'L'连锁企业的统一风格"的要求。原告所设置的牌匾，以及其悬挂的《个体工商户营业执照》，足以使消费者知×市 M 区 L 洗衣坊是一家连锁加盟店。而加盟店的特点是其与特许人的直营店具有共同的外部特征，加盟店的品牌和商业信誉来源于并且依赖于特许人。实际上，在特许经营模式下，加盟店一般没有个性化特征。根据日常生活经验，消费者在加盟店进行消费时，其所认可的也是特许人的品牌和商业信誉，并不区分加盟店与直营店。消费者看到加盟店内展示的商誉，也往往直接推断属于特许人，不会引人误解，亦非虚假的宣传和表示。

二、工商局行政处罚因程序违法被撤销

庞某某不服抽逃出资行政处罚纠纷案

案情简介

××省××市 L 儿童视力服务连锁机构公司（以下简称"L 公司"）成立于 2006 年 4 月 11 日，法定代表人庞某某，注册资本 100 万元，经营范围是儿童视力服务技术开发、培训、转让、咨询服务等，并拥有位于 A 市的个体经销门市和 B 市的两个个体服务部，在对外宣传当中，公司称拥有独创的"全息耳疗纯自然视力康复疗法"（以下简称"全息耳疗法"），成功研制出"耳穴磁疗保健贴"，并申请了国家发明专利，并以"L"为注册商标在国家商标总局成功注册，2007 年下半年起，L 公司开始通过宣传以特许经营的方式在全国各地发展加盟商，许多加盟商在缴纳了一定数额的加盟费后成为了该企业的加盟商。

然而由于证照办理障碍以及市场等原因，一些加盟商的经营情况并不理想，这部分加盟商认为受到了 L 公司的欺骗，要求 L 公司退还加盟费并赔偿损失，遂与 L 公司产生特许合同纠纷，诉讼过程中，加盟商要求法院查封该公司资产时发现公司资产早已没有分文，加盟商指出早在 L 公司成立时就存在着虚假注册资料、缺少多项前置许可、抽逃注册资金以及连续两年不年检等诸多问题，认为公司抽逃注册资金的行为损害了加盟商的利益，并向当地工商行政管理机关举报，当地工商部门作出×工商处字（2008）01 第 033 号 B《行政处罚决定书》，认定该公司存在抽逃出资的情况，并作出了相应的处罚。

在接到工商部门关于公司抽逃出资的处罚决定书后，L 公司向工商部门提交了书面的陈述申辩和听证申请书，并多次口头要求组织听证，但是并没有收到任何回应，L 公司遂向人民法院提起行政诉讼，要求法院撤销工商部门的处罚决定。

原告认为，作为作出行政处罚的行政机关，被告作出具体行政行为的程序违法。

首先，被告的送达程序违法。被告作出×工商处字（2008）01 第 033 号 B《行政处罚决定书》的具体行政行为对应的相对人是原告 L 公司，那么其《行政处罚告知书》和《听证告知书》也应该送达给原告。但是根据被告提供的《送达回证》显示，被告将本应该直接给予原告的《行政处罚告知书》和《听证告知书》让一个名为"郭某"的自然人签收，该自然人既非原告法定代表人或其家属，也没有得到原告法定代表人的授权，与原告法定代表人没有任何法律关系。根据《工商行政管理机关行政处罚案件听证规则》第七条的规定，"采取书面形式告知的，工商行政管理机关可以直接送达当事人，也可以委托当事人所在地的工商行政管理机关代为送达，还可以采取邮寄送达的方式送达当事人"。但是被告却无视法律规定，将相关的法律文书送达给予原告毫无任何法律关系的第三人，其在送达程序上明显违法。

其次，我国《行政处罚法》第四十二条明确规定，行政机关作出责令停产停业、吊销许可证或者执照、较大数额罚款等行政处罚决定之前，应当告知当事人有要求举行听证的权利；当事人要求听证的，行政机关应当按照相关程序组织听证。但是在本案中，被告一直没有告知原告其所享有的听证的权利，原告也没有收到被告所下发的《听证告知书》，原告向被告处要求听证是基于自己对法律的认识，这并不能排除被告"应当告知原告享有听证权利"的义务，由此可见，作为行政处罚的作出者，被告并没有履行法定的义务，导致行政行为程序上的违法。

而且，原告在看到被告对其下发的《行政处罚告知书》后，曾经向被告处提交了书面的陈述申辩和听证申请书，并多次口头要求组织听证，但被告既没有给原告相应的材料收据，也没有将原告的陈述申辩意见和听证要求记入笔录，更没有按照原告的要求组织听证，即向原告下发的处罚决定书。

法院审理

人民法院经过审理认为工商部门作为具体行政行为的作出者，在作出行政处罚的过程中存在程序违法的情况，依法判决撤销行政机关作出的行政处罚，并要求其重新作出行政处罚决定。

案件评析

这是一起典型的由行政机关对于特许经营企业进行行政处罚而引起的行政诉讼案件，在这起案件中，行政机关对于特许经营企业在成立和运行过程中存在的抽逃出资的违法行为进行了处罚，但是处罚决定最终被判决撤销并被要求重作具体行政行为，法院支持原告的诉请的理由是该具体行政行为在程序上不合法，遂作出重作判决。

在这个案件中，体现了两个重要的法律要点，首先是该案的判决类型——重作判决。

目前在行政诉讼中，法院能够适用的法定判决方式有六种，即维持、撤销、变更、确认、限期履行、驳回诉讼请求，重作判决是指人民法院依法撤销或者部分撤销具体行政行为时一并要求被告重新作出具体行政行为的一种判决形式。它是撤销判决的一种附带形式，人民法院对此具有裁量权。重作判决并不是一个独立的判决形式，它依附于撤销判决，其适用的前提条件是必须存在一个具体行政行为被判决撤销，但撤销判决并不必然附带重作判决。在何种情形下应判决重作，可从重作判决设立的目的出发来考量。重作判决，是为了防止被告以法院未判决重作为由消极行使职权，导致行政不作为，从而损害行政相对人的合法权益和社会公共利益。

按照现行法律的规定，法院得对此类案件作出重新作出行政行为判决。《行政诉讼法》第五十四条一款第（二）项规定："具体行政行为有下列情形之一的，判决撤销或部分撤销，并可以判决被告重新作出具体行政行为。"也就是说，重作判决的前提条件是存在撤销判决的五种情况，即该具体行政行为作出的主要证据不足的；适用法律、法规错误的；违反法定程序的；超越职权的；滥用职权的。在撤销判决这一前提条件存在的情形下，依照现行法律规定，似乎都可以作出重作判决，但法律虽然规定法院可以要求行政机关重新作出具体行政行为，但未规定具体什么情形下可以作出，由于司法权与行政权关系的复杂性，实践中法官不能准确把握，导致法院在判决中往往是一撤了之，一般不作重作判决。

在此类案件中，法院如果判决撤销违法行为，原告的合法权益并未得到现实保护，原告所追求的并不仅仅是撤销违法的具体行政行为，而是将原告的行为恢复到撤销以前的其所有的状态，避免出现原告胜诉但难以获得实质利益的现象。显然，法院如果只作出撤销判决是不能满足原告利益要求的。行政机关也完全可能以法院未明确判令其作为而拒绝恢复原来的行为状态，这样相对人的利益就无法得到实际的保护。重作判决的形式恰是为了保护相对人的此种权益。

本案的另一个焦点，也就是法院据以撤销行政机关处罚决定的依据——程序违法。

众所周知，行政机关作出的具体行政行为，其合法性标准包括实体和程序两个方面，本案中的具体行政行为，就是因程序违法而丧失了合法性。具体到本案，行政机关作出具体行政行为的程序违法出现在"送达程序"和"陈述、申辩和听证权利保障"两个方面。

首先，依照行政处罚法的相关规定，行政机关作出的行政处罚决定，只有依照法定程序和方式送达当事人，才能发生法律效力。处罚决定应当向当事人宣告，并当场交付当事人；当事人不在场的，应当在七日内按照《民事诉讼法》的有关规定送达当事人，而按照《民事诉讼法》第78条规定的直接送达方式不能送达时，应根据《民事诉讼法》第79条规定办理，即受送达人或者他的同住成年家属拒绝接收诉讼文书的，送达人应当邀请有关基层组织或者所在单位的代表到场，说明情况。在送达回证上说明拒收事由和日期，由受送达人、见证人签名或者盖章，把诉讼文书留在送达人的住所，视为送达。而在本案中，行政机关提供的送达回证上的签名却是与本案中行政行为毫无关联的第三人，这显然违背了现行法律关于送达的规定。

此外，行政机关并未按照行政处罚法的要求向相对人告知其享有对于行政处罚进行听证的权利，也没有送达任何载有此项权利告知的文书，相反，行政机关对于相对人的陈述申辩意见和听证申请置若罔闻，不予理睬，甚至没有记入笔录或给予相关材料的收据，这是严重的行政不作为，严重违反的行政处罚的权利告知和相对人权利救济程序，是严重的程序违法。

综上两点原因，致使行政机关作出的行政处罚决定的合法性不被法院认定，这也是法院作出撤销并令行政机关重作判决的依据。

三、工商部门查处虚假广告不作为被诉

王某诉北京工商局××分局案

案情介绍

北京S皮具有限公司声称该公司所代理的包饰、鞋业等商品是在韩国创立达半个多世纪的知名品牌，并于2003年进入中国，北京S公司属其在中国大陆专营连锁。目前，"S"品牌连锁店已达2000多家，在全球设有200多个分支机构和区域代理。还特别强调"S"系注册商标，完全具有 S 的商标专用权，早在 2003 年就被"中国消费者网——在线 315"评为"质量、信誉消费者满意品牌"。并宣称如果加盟 S，每月利润可达到 5 万元左右，按每天销售八款为例，该公司还声称可提供特许专卖店的培训、广告宣传等各种服务。

原告王某 2005 年 11 月在看到该公司宣传后决定加盟该品牌，在签订连锁专营店加盟合同并支付了加盟费 2 万元，之后按照该公司提供的方案花了 4 万多元装修门面，然后在网上跟他们订货准备营业。在进行订货时完全按他们的现有货物清单点的，但是该公司在发货时却经常以缺货为由拒绝发货，由于已经投入巨大的财力物力，代理商只得让他们按订单上已有的货发货，但是在销售的过程中，经销商发现货品的质量有问题，许多消费者在使用后发现了质量问题，纷纷要求退货。

原告在发现这些问题之后通过其在韩国首尔的朋友了解到，当地根本没有一个叫做"S"的知名品牌。"S"也并不是一件具有商标专用权的注册商标，"S"品牌更并非是一个韩国品牌，更没有半个世纪的历史，只不过是一个距今三年多时间的本土新生品牌。

原告认为该公司存在虚假宣传的行为，而且，S 在不具有相应商标注册证的情况下，却谎称具有商标所有权，违规发展特许经营加盟店，并通过网络、中央七套、山东卫视等电视台大规模发布含有虚假、夸大内容的广告，骗取全国各地加盟商加盟费等，该公司明显存在欺诈行为。从 2005 年至今 S 公司已被十多名加盟商以欺诈为由起诉至北京市某区人民法院，原告认为该公司存在违规发展特许经营的行为，已违反了广告法、商业特许经营管理办法、反不正当竞争法的相关规定。原告特就此事实于 2006 年 10 月 16 日向北京市工商行政管理局某分局进行举报，要求被告能够对 S 公司违法行为进行查处，但是，直至原告起诉之日（2007 年 6 月 29 日），被告仍未履行其职责。

原告认为，被告作为工商行政管理机关，对于虚假广告行为应当承担查处的责任，而被告在接到原告投诉后并未在法定期限内履行职责，原告请求法院判令被告依法履行查处北京 S 皮具有限公司虚假宣传等违反广告法、不正当竞争法行为的行政监督职责。

法院已依法受理了此案。

案件评析

一、虚假广告行为的认定

此案争点首先在于 S 有限公司在招揽加盟商时发布的广告是否构成虚假广告的发布，所谓虚假广告，就是指广告内容是虚假的或者是容易引人误解的。一种是商品宣传的内容与商品的客观事实不符，另一种是指可能使宣传对象或受宣传影响的人对商品的真实情况产生错误的联想，从而影响其购买决策的商品宣传。这类广告的内容往往夸大失实，语意模糊，令人误解。比如，在广告中对质量未达到国家标准的商品谎称已达到国家标准的要求，非优质产品谎称已获某级政府颁发的优质产品证书，使用劣质原材料制成的商品谎称使用某种优质原材料制成，或者使用"全国第一"、"誉满全球"等字样，等等。在本案当中，S 公司在广告中宣称拥有相关的注册商标，并对产品的销售作出了自己无法完成的承诺，在这一点上，我们认为该公司的广告内容并未反映该公司经营的真实情况，存在虚构与夸大的情节，而在商业特许经营活动之中，加盟商往往正是通过公司发布的广告而产生投资意向并实际进行投资，广告的真实性对于加盟者的正确决策至关重要，发布虚假广告非常容易对其产生误导，从而导致投资的亏损。

我国相关经济法规对于虚假广告行为的查处制定了严格的规定，《反不正当竞争法》第九条对制作虚假广告的行为明确予以禁止："经营者不得利用广告或者其他方法，对商品的质量、制作成分、性能、用途、生产者、有效期限、产地等作引人误解的虚假宣传。广告的经营者不得在明知或者应知的情况下，代理、设计、制作、发布虚假广告。"，《特许经营管理条例》中也指出，"特许人在推广、宣传活动中，不得有欺骗、误导的行为"。并规定了特许人利用广告实施欺骗、误导行为的，依照广告法的有关规定予以处罚。

在本案中，S 公司并不持有其声称的相关注册商标，同时其品牌也不是所谓的韩国名牌，但是在招商广告中该公司虚构了上述事实进行宣传，造成了参与特许经营活动的加盟商对于该项目的认识受到误导，可以认定 S 公司在经营活动中有发布虚假广告的行为，并对原告的合法权益造成了损害。

二、工商部门在查处虚假广告中的职责

原告在诉求中提出要求法院判令工商部门履行查处 S 公司发布虚假广告的职责，本案的另一个争点就在于，作为被告的工商部门是否负有此项职责。

虚假广告行为在商业经营活动中时有发生，治理和查处非法广告的职能往往由工商部门承担，我们知道，市场监管往往是多个部门参与涉及多个方面的工作，作为市场活动的一部分，商业广告行为的监管也具有这种特点，但是，在实践当中，其他部门在执法中发现广告违法行为，通常由工商部门牵头处理。

工商部门作为市场管理部门，其具体职责是从微观方面对市场进行管理，包括流通领域之中商品质量的监管、广告的发布、商标的申请注册及使用，其中对于广告市场的管理和对广告发布活动的监管是其职责的重要部分，其在广告监管方面所具有的职能包括组织管理广告发布与广告经营活动，依法审批和认定广告经营单位的经营资格和广告发布，指导广告监测和咨询机构的业务工作，依法查处广告经营中的违法行为。研究拟定商标和广告业监督管理办法及具体措施并组织实施；负责广告发布及其他各类广告活动的监督管理；负责查处商标侵权违法案件、其他商标违法案件和广告违法案件；负责审批广告经营单位和临时性广告经营活动、外商投资广告企业项目及广告发布等工作；组织广告经营资格检查；组织认定著名商标工作；依法查处虚假广告；指导广告审查机构和广告行业组织的工作等。

广告法对于工商部门在治理违法广告方面的职责也做了具体的规定，《广告法》第六条规定，"县级以上人民政府工商行政管理部门是广告监督管理机关"，被告依法主管其行政区域内的广告监督管理工作，依法负有监督管理广告活动的行政职责，对就本行政区域内广告行为进行的投诉事项进行调查和处理系属被告的法定职责。

由此看见，本案当中的被告北京市工商行政管理局某分局应当承担依法查处虚假广告发布这一广告违法行为的责任。

三、被告行为是否构成行政不作为

所谓行政不作为，是指行政主体及其工作人员有积极实施行政行为的职责和义务，应当履行而未履行或拖延履行其法定职责的状态。认为行政不作为是指行政主体未履行具体的法定作为义务，并且在程序上没有明确意思表示的行政行为。所谓行政中的"不作为"行为，是基于公民、法人或其他组织的符合条件的申请，行政机关依法应该实施某种行为或履行某种法定职责，而行政机关无正当理由却拒绝作为的行政违法行为，在本案中，工商管理机构负有查处虚假广告的义务而对于原告的举报不予处理，应当属于行政不作为。我国《行政诉讼法》第五十四条规定，人民法院认为行政主体的行政不作为违法事实存在的，可判决其在一定期限内履行，原告可以根据此项规定要求法院判令被告履行职责。

第二部分　民事案例篇

第一章　特许经营合同无效及效力待定

一、欺诈、胁迫订立合同，损害国家利益的合同

李某诉北京某老年服饰用品有限公司特许经营合同纠纷案

案情介绍

2007 年 4 月 13 日，李某和某老年服饰用品公司签订了合同书，由某老年服饰用品公司授予李某专卖店经营权，李某成为某老年服饰用品公司的经销商，并约定：（1）某老年服饰用品公司准许李某在合同期限内在某老年服饰用品公司认可的店址使用"×××"的商号，以该公司的经营方式和风格经营某系列产品。（2）李某于签订本合同之日起向某老年服饰用品公司一次性付清商号保证金 2 万元，保证金在合同终止后双方手续交割清楚，并拆除已设有关"×××"的标志后退还。如因李某的原因造成合同提前终止，保证金不予退还。（3）合同期限自 2007 年 5 月 13 日到 2008 年 5 月 12 日止。合同有效期内，李某首次向某老年服饰用品公司进货不得低于 5 万元，年进货量不得低于 15 万元。（4）某老年服饰用品公司向李某提供开店所需授权文书、

牌证、店柜装修方案及相关系列形象标识。（5）协议签订之日起如果李某连续两个月没有补进货物，则视为违约，某老年服饰用品公司有权单方面终止协议，视李某某自动放弃"×××"经营权。某老年服饰用品公司可在该区域重新设立专卖店。（6）合同终止或解除后，李某不得以任何理由再使用×××商标、标识。某老年服饰用品公司拆除李某所有带有"×××"的商号、标识、商标、服务标志等的装饰用品、店面装修、灯箱、宣传品，费用由李某自行承担。

2007年4月13日李某向某老年服饰用品公司交付2万元保证金，4月19日李某向某老年服饰用品公司预付5万元货款。某老年服饰用品公司分别于7月21日、8月16日和9月30日向李某供货三次。后李某发现某某老年服饰用品公司没有国家规定的特许加盟资格，某老年服饰用品公司以其并不具有专用权的商标进行授权经营，其违反了《商业特许经营管理条例》的规定，属于欺诈行为，遂起诉至法院，请求法院判决某老年服饰用品公司退还保证金2万元，货款余额315.2元，并赔偿损失3万元。

某老年服饰用品公司辩称李某某先存在违约行为，合同在李某违约时已经解除，某老年服饰用品公司不应该返还李某货款及其他费用。

法院审理

法院认为：李某与某老年服饰用品公司签订的合同系双方当事人意思表示一致订立，未违反法律、行政法规的强制性规定，应认定为有效的特许经营合同。合同中虽约定了某老年服饰用品公司在一定的条件下有解除合同的权利，但根据《合同法》相关规定，当事人约定的合同解除条件成就，解除权人解除合同的，应当通知对方，合同自通知到达对方时解除，因某老年服饰用品公司无证据证明已经通知李某解除合同，因此，即使李某确有违约，由于某老年服饰用品公司未依法行使其解除权，合同并未提前解除，而是履行至期满终止。在合同履行期满终止的情况下，保证金应于双方手续交接清楚并拆除已设有关"×××"的标志后退还。现李某提供的证据能够证明其店铺中含有"×××"的相关商标已经被拆除，并表示当庭返还授权书以及牌证，但某老年服饰用品公司拒绝接受，应当认为某老年服饰用品公司以不作为方式阻碍返还保证金的条件成就，应视为条件已成就。缔约欺诈与违约系不同的法律概念，李某如果认为某老年服饰用品公司在缔约过程有隐瞒事实、虚构事实的行为，可以要求对方承担缔约过失责任，而不能要求对方承担违约责任。某老年服饰用品公司单方提高订货额度，致使李某提交的《×××2007秋冬款订货说明》以及证人证言，能够证明某老年服饰用品公司在2007年秋冬服装订货会上确实设置了合同之外的条件，增加了李某的合同义务，佐以李某自2007年9月30日之事再无进货的事实，可以认定某某老年服饰用品公司擅自提高进货额度标准，确定对李某履行合同造成了影响，存在一定程度的违约。某老年服饰用品公司应当承担与自己违约程度相当的赔偿责任。李某认为赔偿责任范围包括其经营期间所有支出以及预期可得利益，由于某老年服饰用品公司构成根本违约，其违约行为给李某造成的经营损失无法精确计算，加之商业经营本身即存在风险，因此，本院酌定此部分的损失为1万元。故判决如下：

一、某某老年服饰用品公司于本判决生效之日起十日内返还李某保证金2万元及货款315.2元；

二、某老年服饰用品公司于本判决生效之日起十日内返还李某经济损失1万元；

三、驳回李某其他诉讼请求。

案件评析

本案的焦点问题是：

一、合同解除权的行使

《合同法》第九十六条规定，当事人一方因合同约定的解约条件成就主张解除合同的，应当通知对方。合同自通知到达对方时解除。实践中，大量的特许经营合同中均约定了与本案所涉合同相似的条款，赋予当事人在满足一定条件的情况下有权单方解除合同。本案无疑对解除权人切实享有、有效行使权利的重要启示："有权"并不代表行使权利所能带来的法律效果能够自然实现；履行法定程序，是当事人实现"单方解约权"的必备要件。当约定的解约条件成就时，当事人应当向对方发出解除合同的书面通知，并应当保留通知已经到达对方的证据，方可实现合同解除的法律效果。

二、行为性质的界定及问责理由的确定

当事人一方不履行合同义务或者履行合同义务不符合约定的，应当承担违约责任。可见，违约责任以合同生效为前提，只能由当事人一方在合同履行过程中的不当行为引发。合同生效前、终止后，因当事人之间的民事合同法律关系尚未形成或已经结束，以"违约"为由追究对方的相关行为责任，即缺失法律依据。就本案而言，对于李某某所主张的"某老年服饰用品公司公司以其并不具有商标进行授权经营违反了《商业特许经营管理条例》规定，属于欺诈行为，并使得李某作出错误意思表示"的情形，李某某可以依据相关法律规定，向法院提起合同撤销之诉、缔约过失责任追究之诉；如果李某某有证据证明该欺诈行为同时导致国家利益受损的，还可向法院提起确认合同无效之诉。但因该"欺诈"情形产生于合同订立之前，故李某某以将其作为要求某某老年服饰用品公司承担违约责任的依据，过于牵强。

二、违反法律、行政法规的强制性规定的合同

1. 特许人不符合《条例》强制性规定签订合同的效力问题

郝某与北京某某科技有限公司特许经营合同纠纷案

案情介绍

2007年3月13日，北京某某科技有限公司（以下简称"某某科技公司"）成立。2007年9月8日，某某科技公司（甲方）与郝某（乙方）签订《代理合同》。合同约定，甲方推出"A用品连锁加盟"代理计划；甲方应乙方申

请，授予乙方为江苏省××市总代理，代理销售 A 产品，代理甲方发展加盟商，销售甲方产品；特许经营代理权许可期限自 2007 年 9 月 8 日起至 2008 年 9 月 8 日止；乙方在该期限内可以使用"A 用品连锁专卖"的商标、商号并以 A 连锁机构的经营方式和风格经营 A 系列产品；乙方向甲方支付代理金 12 万元，甲方赠送价值 1.8 万元的产品。合同还约定了双方的权利义务、保密条款等内容。同日，××科技公司向郝某颁发《A 授权书》。合同签订后，郝某依照合同约定支付代理金 12 万元，某某科技公司亦向郝某免费配送市值 1.8 万元的货物。此后，郝某在江苏省某某市销售 A 产品。

但在开业后不久，郝某即发现某某科技公司没有自己的注册商标、没有至少两个直营店且经营时间超过一年、没有以书面形式向其进行信息披露、提供的货物存在严重质量问题。郝某认为××科技公司的行为严重违反了行政法规的强制性规定，所以双方签订的合同应属无效，合同无效后，因该合同取得的财产，应当予以返还，造成损失的，还应予以赔偿。对此，郝某多次与某某科技公司协商未果，故诉至法院，请求判令：1. 确认双方签订的《代理合同》和《A 授权书》无效；2. 被告退还代理金 12 万元以及货款 7566.45 元，赔偿原告房屋租金 8400 元、广告费 4560 元、店铺装修费 1.3486 万元，合计 15.401245 万元；3. 诉讼费用由被告承担。

某某科技公司辩称并反诉：我方不同意原告的诉讼请求，理由如下：1. 代理合同是双方平等自愿情况下签订的，且我方完全按照合同的约定履行了自己的义务，不存在根本违约的情况，我方认为该合同是有效的；2. 代理合同的性质实际是一种买卖契约，但也包含了一些其他服务，例如有提供店面装修设计方案、允许原告使用标识等，这是为了原告产品销售和招商工作的需要，原告因此就认为合同性质属于特许经营合同，不符合签约时的初衷；3. 我方一直都是按照合同的规定提供质量合格的产品，原告说我方提供的货物存在严重质量问题的说法，不符合客观事实，也没有证据证明；4. 原告无故中止履行合同的行为，给我方造成了损失。我方招商广告都是依照代理商的数量、规模来确定的，原告终止履行合同的行为给我方带来了广告费用的额外支出，也令我方失去了同他人订立合同的机会。故我方提起反诉，请求法院判令：1. 原告赔偿我公司利润损失 6 万元、广告费 6 万元，返还赠货款 1.8 万元，合计 13.8 万元；2. 诉讼费用由原告承担。

郝某针对某某科技公司的反诉辩称：我方不同意被告的反诉请求，理由如下：1. 双方签订的合同是无效的，无效合同不存在我方违约的问题；2. 导致合同无效的责任在被告，因为被告不具有市场准入的资格，导致的损失应由被告自己承担；3. 被告主张的所谓损失，一是不存在，二是与本案没有关系，且被告经营范围很广，这些费用不能证明是专为我公司产生的。请法院驳回被告的反诉请求。

法院审理

郝某与某某科技公司签订的合同系双方当事人真实意思表示，且未违反国家法律及行政法规的强制性规定，为有效合同。从双方约定的内容看，合同名为代理合同，实为特许经营合同。故双方从事特许经营活动不仅应受《合同法》的约束，而且应遵循国务院《商业特许经营管理条例》的规定。现郝某要求确认特许经营合同无效的诉讼请求，应严格依照合同法的相关规定进行判定。

根据合同法规定，存在违反法律、行政法规的强制性规定情形的，合同无效。而强制性规定区分为管理性规范和效力性规范。管理性规范系法律及行政法规未明确规定违反此类规范将导致合同无效的规范，此类规范旨在管理和处罚违反规定的行为，但并不否认该行为在民商法上的效力。效力性规范系法律及行政法规明确规定违反此类规范将导致合同无效的规范，或者虽未明确规定违反之后将导致合同无效，但若使合同继续有效将损害国家利益和社会公共利益的规范，此类规范不仅旨在处罚违反之行为，而且意在否定其在民商法上的效力。因此，只有违反了效力性的强制规范，才可认定合同无效。

本案中，郝某要求确认特许经营合同无效，基于四点理由：即某某科技公司没有自己的注册商标；没有至少两个直营店且经营时间超过一年；没有以书面形式进行信息披露；提供的货物存在严重质量问题。首先，某某科技公司成立于 2007 年 3 月，并于当年 9 月就与郝某签订特许经营合同，开始从事商业特许经营活动，显然未遵循《条例》对"两店一年"的规定。根据《条例》第七条第二款规定："特许人从事特许经营活动应当拥有至少两个直营店，并且经营时间超过一年。"但如前所述，该款规定当属管理性的强制规范，违反该款规定从事特许经营活动的，可由商务主管部门依据《条例》第二十四条第一款规定进行处罚。但不产生合同无效的法律后果。其次，郝某提出某某科技公司没有注册商标、没有以书面形式进行信息披露、提供的货物存在严重质量问题等理由，均不构成合同无效的法定事由。因此，郝某要求确认合同无效、退还代理费并赔偿损失的诉讼请求，本院不予支持。某某科技公司在反诉中要求郝某赔偿利润损失，但未提供证据证明，对其该项诉讼请求，本院不予支持。某某科技公司要求郝某赔偿广告费损失并返还赠货款的诉讼请求，无事实及法律依据，本院亦不予支持。据此，判决如下：

一、驳回郝某的诉讼请求。

二、驳回某某科技公司的反诉请求。

案件评析

本案的焦点问题是双方签订的合同是否为无效合同及无效合同的认定的问题。

首先，我国《合同法》对合同无效的情形及法律后果作了如下规定，第五十二条规定"有下列情形之一的，合同无效：（一）一方以欺诈、胁迫的手段订立合同，损害国家利益；（二）恶意串通，损害国家、集体或者第三人利益；（三）以合法形式掩盖非法目的；（四）损害社会公共利益；（五）违反法律、行政法规的强制性规定"。第五十八条规定"合同无效或者被撤销后，因该合同取得的财产，应当予以返还；不能返还或者没有必要返还的，应当折价补偿。有过错的一方应当赔偿对方因此所受到的损失，双方都有过错的，应当各自承担相应的责任"。第五十九条规定"当事人恶意串通，损害国家、集体或者第三人利益的，因此取得的财产收归国家所有或者返还集体、第三人"。也就是说，根据《合同法》的规定，只有在上述五种情况下才能确认合同无效，而一旦在确认合同无效后，合同未履行的，双方也未因此遭受损失的，双方均不承担民事责任；合同已经履行的，双方应将依照合同从对方取得的财产予以返还。对于因合同无效而造成的损失，如属一方过错造成，有过错的一方应承担自己的损失并赔偿无过错方的损失；如属双方过错，根据过错程度各自承担相应的损失。

其次，在本案中，郝某起诉的依据是××科技公司违反了法律、行政法规的强制性规定，即违反了国务院制定的《条例》，合同应属无效。而强制性规定又可区分为管理性规范和效力性规范，又根据《最高人民法院关于适用〈中华人民共和国合同法〉若干问题的解释（二）》第十四条规定"合同法第五十二条第（五）项规定的'强制性规定'是指效力性强制性规定"，由此可知，违反管理性规范并不导致合同无效的法律后果，只有在违反效力性规范时合同才能被认定为无效。而《条例》中关于违反从事商业特许经营活动的处罚条款属于管理性规范而非效力性规范，因此，郝某与××科技公司签订的合同属于有效合同，当然郝某诉请合同无效就不能得到法院支持。

其次，再来分析一下特许企业没有注册商标是否就不能从事商业特许经营活动。根据《条例》第三条的规定"本条例所称商业特许经营，是指拥有注册商标、企业标志、专利、专有技术等经营资源的企业（以下称"特许人"），以合同形式将其拥有的经营资源许可其他经营者（以下称"被特许人"）使用，被特许人按照合同约定在统一的经营模式下开展经营，并向特许人支付特许经营费用的经营活动"。由该条规定可知，特许人从事特许经营时，不是一定需要拥有注册商标这一项经营资源，而拥有企业标志、专利、专有技术等经营资源也可从事特许经营的。

再次，因郝某要求确认合同无效的诉讼请求没有得到法院支持，双方的合同为有效合同，所以其要求退还代理费及赔偿损失的诉讼请求，亦得不到法院的支持。而××科技公司在反诉中要求郝某赔偿利润损失的请求，因未提供证据证明，法院也不予支持。所以，本案件双方的合同是合法有效的，并不触犯法律规定的合同无效的情形，法院的判决我们认为是正确的。

2. 个人作为特许人签订商业特许经营合同是否有效?

李某诉胡某某特许经营合同纠纷案

案情介绍

2010 年 6 月 28 日，李某与胡某某签订了《加盟合同》，合同约定：由李某加盟胡某某的"租××"连锁店；加盟费人民币 3 万元，保证金 2 万元；加盟期限 3 年；并约定胡某某对李某分店做商业投资评估、收益评估以及提供"租××"系统操作平台、培训店员、创意策划等内容。合同签订后，李某按照约定向胡某某支付了加盟费和保证金共计 5 万元，其中 3 万元加盟费以转账方式支付至胡某某账户，2 万元保证金以现金方式支付，但胡某某拒绝开具收条。

李某在合同签订后了解到，胡某某不具备商业特许经营的特许者资格。胡某某与其订立的《加盟合同》违反了法律法规的规定，应当认定为无效，胡某某因该合同所取得的财产应当予以返还。据此，李某请求法院：1. 判令双方签订的《加盟合同》无效；2. 判令胡某某返还加盟费和保证金共计 5 万元；3. 判令胡某某支付李某利息损失（按中国人民银行同期贷款利率计算，自 2010 年 6 月 28 日至判决之日止）；4. 本案诉讼费由胡某某承担。

胡某某未作答辩。

法院审理

李某、胡某某双方于 2010 年 6 月 28 日签订的《加盟合同》，约定胡某某为"租××"连锁店总部和"租××"商标权持有人，李某加盟租××分店并支付加盟费和保证金，胡某某对李某分店做商业投资评估、收益评估以及提供"租××"系统操作平台、培训店员、创意策划等内容，表明该《加盟合同》是特许经营合同。但胡某某作为特许人与李某签订的《加盟合同》，违反了《商业特许经营管理条例》关于"企业以外的其他单位和个人不得作为

67

特许人从事特许经营活动"的强制性规定，因而该《加盟合同》无效。现胡某某无证据证明其在合同履行过程中向李某提供了约定的相关服务，故胡某某因《加盟合同》收取的加盟费和保证金应当返还李某。但考虑到李某实际使用了胡某某的"租××"商标等经营资源，故李某应酌情向胡某某支付经营资源使用费，具体金额由本院根据李某使用胡某某经营资源的内容、时间等因素来确定，并在胡某某应返还的加盟费中予以扣除。虽然合同无效的原因是胡某某不具有特许经营资格，但李某作为被特许人，在签订合同时应当知晓相关情况，李某、胡某某双方对合同无效均有过错，故本院对李某要求胡某某支付利息损失的诉讼请求不予支持。

依照《中华人民共和国民事诉讼法》第一百三十条、《中华人民共和国合同法》第五十二条第（五）项、第五十八条、《商业特许经营管理条例》第三条之规定，缺席判决如下：

一、李某与胡某某在 2010 年 6 月 28 日签订的《加盟合同》无效；

二、胡某某应于本判决生效之日起十日内，返还李某加盟费人民币 2 万元和保证金人民币 2 万元。

三、驳回李某要求胡某某支付利息损失的诉讼请求。

案件评析

《商业特许经营管理条例》对作为特许人的资格做了明确的规定，即特许人必须是企业，非企业则不能从事特许经营活动。《条例》第三条规定：本条例所称商业特许经营（以下简称"特许经营"），是指拥有注册商标、企业标志、专利、专有技术等经营资源的企业（特许人），以合同形式将其拥有的经营资源许可其他经营者（被特许人）使用，被特许人按照合同约定在统一的经营模式下开展经营，并向特许人支付特许经营费用的经营活动。企业以外的其他单位和个人不得作为特许人从事特许经营活动。

而只有在工商局登记注册的，才能称为企业，行政单位、事业单位、社会团体或者非企业性单位不能以"企业"来称呼。以企业登记的角度来看，企业分为以下几个类型：一、有限公司，包括有限责任公司和股份有限公司两种。二、个人独资企业（由一个自然人投资设立），它下设分支机构性质为"个人独资企业分支机构"。三、合伙企业，它分为普通合伙和有限合伙。如下设分支机构，性质为"合伙企业分支机构"。四、全民所有制企业。"国有"和"全民"统称为全民所有制。五、集体所有制企业。它也分为企业法人和营业单位两种。六、农民专业合作社。（这是个新类型，以前没有）。"个体工商户"不是企业，不能以企业来对待。

本案中，胡某某作为特许人与李某签订的《加盟合同》，违反了《条例》中关于"企业以外的其他单位和个人不得作为特许人从事特许经营活动"的强制性规定。而强制性规定又可区分为管理性规范和效力性规范，管理性规范系法律及行政法规未明确规定违反此类规范将导致合同无效的规范，此类规范旨在管理和处罚违反规定的行为，但并不否认该行为在民商法上的效力。效力性规范系法律及行政法规明确规定违反此类规范将导致合同无效的规范，或者虽未明确规定违反之后将导致合同无效，但若使合同继续有效将损害国家利益和社会公共利益的规范，此类规范不仅旨在处罚违反之行为，而且意在否定其在民商法上的效力。因此，只有违反了效力性的强制规范，才可认定合同无效。而《条例》中关于商业特许经营中特许人资格的条款属于效力性规范，不符合该条规定将导致合同无效的法律后果，因而胡某某与李某签订的《加盟合同》应为无效。

3. 虚构企业签订特许经营合同的效力

上海某某零售有限公司诉卞某某特许经营合同纠纷案

案情介绍

上海某某零售有限公司（以下简称"零售公司"）是"××天天"连锁超市的特许人。2009年5月15日，零售公司（甲方）与卞某某（乙方）签订《意向书》，约定卞某某须于《特许经营合同》签订前向零售公司提交以其为法定代表人的公司法人营业执照，并以该公司法人为主体经营的特许加盟店；如果卞某某不能如期取得该法人营业执照，零售公司将不与卞某某签订加盟合同，并不退还 2 万元意向定金。后卞某某向某某零售公司提交了上海瑞×贸易有限公司的营业执照复印件，公司法定代表人为卞某某，公司注册地为上海市××区××村××号底层。6 月 12 日，卞某某便以上海瑞×贸易有限公司（被特许人）的名义与零售公司（特许人）签订了《特许经营合同》。该合同约定：特许人授权被特许人（上海瑞×贸易有限公司）在××区××村××号底层，自负盈亏开办经营"××天天"折扣超市加盟门店。被特许人应明确保证其拥有加盟门店合法开业、运营所必需的加盟门店经营范围要求的各种执照、许可。被特许人每月应向特许人支付 2500 元宣传品使用费。特许人向被特许人提供最多不超过 10 万元的初始存货贷款，由被特许人自收到首批货物起分 12 个月每月等额 8333.35 元支付给特许人，被特许人每月的付款日为 30 日。被特许人在本合同签订的同时应向特许人交纳特许经营保证金 15 万元。本合同自双方签署之日起生效，有效期五年。2009 年 6 月 20 日，卞某某实际经营的"××天天"门店开始营业。

经过一段时间的经营，零售公司发现卞某某在货款支付、验货方面出现诸多问题，严重影响了加盟合同目的的实现，某某零售公司多次敦促卞某某及时妥善履行义务，但无果。2010 年 3 月，就在零售公司准备向法院提起诉讼时，发现上海瑞×贸易有限公司并不存在。据此，某某零售公司向卞某某发函，通知其终止加盟合作、返还设备、结清款项、拆除加盟标识等，但卞××不予配合，故某某零售公司向法院提起诉讼，请求法院判令：一、确认《特许经营合同》无效；二、卞某某返还 POS 收银机、扫描仪、调制解调器两套；三、卞某某拆除加盟店标识；四、卞某某配合拆除光大银行自助缴费机一台。

被告卞某某辩称：上海瑞×贸易有限公司确实不存在，但双方合同有效。并提出反诉称：加盟合同仅履行了 10 个月，在无任何证据证明的情况下，零售公司即以其暴力威胁其工作人员的人身安全为由，于 2010 年 3 月 23 日起停止对门店的供货。期间，本人曾按正常订货流程发出订单，并多次上门交涉，但零售公司坚持不恢复供货。故请求法院判令：零售公司赔偿经济损失 113.0486 万元并返还加盟保证金 10 万元。

法院审理

法院认为，行为人应当具有相应的民事行为能力是民事法律行为应当具备的条件之一。设立公司，应当依法向公司登记机关申请设立登记。公司经公司登记机关依法登记，领取《企业法人营业执照》，方取得企业法人资格。未经公司登记机关登记的，不得以公司名义从事经营活动。卞某某利用伪造的上海瑞×贸易有限公司的营业执照与某某零售公司签订《特许经营合同》，该合同签订后，卞某某经营的门店一直未取得营业执照，处于违法经营的状态。《中华人民共和国合同法》第五十二条第（五）项规定，违反法律、行政法规的强制性规定的合同无效，故卞某某以上海瑞×贸易有限公司的名义与零售公司以双方签订的《特许经营合同》无效。卞某某应当返还零售公司提供的 POS 收银系统等财物，并拆除"××天天"标识。零售公司为卞某某提供货物，卞某某应支付相应的对价，卞某某交付给零售公司的保证金，零售公司扣除卞某某应付的货款后，剩余部分应当予以返还。

2009 年 12 月份、2010 年 1 月份及 2010 年 2 月份的月度货款明细表都有卞某某或其代理人签字确认，2009 年 12 月份前的部分月度货款明细表虽没有卞某某的签字确认，但上述表单的货款金额与某某零售公司开具的发票金额相符，且所有月度明细表中的每月的期末数与下月的期初数相符，即上述月度明细表中的数据是连续的，故零售公司关于 2010 年 3 月 1 日之前的货款已经进行了结算的主张本院予以采纳。根据 2010 年 2 月份的货款明细表，可认定至 2010 年 2 月底，卞某某欠零售公司钱款总计 7.035056 万元。关于 2010 年 3 月 1 日后的货款，本院认定如下：（一）零售公司仓库供货的货款。双方一致确认该货款为 9.374274 万元，对该金额，本院予以确认。（二）直送供应商货款。零售公司表示放弃部分货款，零售公司根据 2010 年 3 月的直送供应商供货单，主张货款 1.471994 万元。上述货款由零售公司提供的发货单等证据予以佐证，卞某某未提出相反证据，本院予以确认。（三）零售公司主张三月份退货、买赠补偿、差异调整等共计 - 1.798971 万元，及累计未结买赠补偿 - 4015.92 元。零售公司关于退货、买赠补偿等的陈述系对己方不利的陈述，且卞某某未提供相反证据，故本院对上述金额予以确认。2010 年 3 月，零售公司从卞某某银行账户扣款 9.45 万元，故卞某某还应付零售公司 6.230761 万元，零售公司表示仅主张 5 万元。该主张与法不悖，本院予以支持。卞某某交付给零售公司的 10 万元保证金抵扣 5 万元货款后，零售公司应退还卞某某 5 万元。由于卞某某提供虚假的营业执照致使合同无效，卞某某应自行承担由此造成的损失，故卞某某要求某某零售公司赔偿损失的诉讼请求本院不予支持。

此外，某某零售公司与卞某某还签订了《自助缴费机布放及业务合作协议》，该协议依法成立并生效。根据该协议的约定，零售公司协调光大银行在卞某某经营的门店安装了一台自助缴费机。《中华人民共和国合同法》第九十三条第二款规定，当事人可以约定一方解除合同的条件；解除合同的条件成就时，解除权人可以解除合同。《自助缴费机布放及业务合作协议》约定，任何一方均可以提前两个月向对方发出书面通知的方式终止本合同，故零售公司有权要求提前终止合同，卞某某应协助零售公司拆除光大银行自助缴费机。

综上所述，根据《中华人民共和国民法通则》第五十五条、《中华人民共和国合同法》第五十二条第（五）项、第五十八条、第九十三条第二款、第九十七条、《中华人民共和国公司法》第六条第一款、《中华人民共和国公司登记管理条例》第三条的规定，判决如下：

一、确认被告（反诉原告）卞某某以上海瑞×贸易有限公司名义与原告（反诉被告）零售有限公司签订的《特许经营合同》无效；

二、被告（反诉原告）卞某某于本判决生效之日起十日内返还原告（反诉被告）零售有限公司 POS 收银机、扫描仪、调制解调器各两套；

三、被告（反诉原告）卞某某于本判决生效之日起十日内拆除上海市××区××村××号底层门店所使用的"××天天"标识；

四、被告（反诉原告）卞某某于本判决生效之日起十日内配合原告（反诉被告）零售有限公司拆除光大银行自助缴费机一台；

五、原告（反诉被告）上海某某零售有限公司于本判决生效之日起十日内返还被告（反诉原告）卞某某保证金人民币 5 万元；

六、驳回被告（反诉原告）卞某某的其余诉讼请求。

案件评析

本案的争议焦点是被告卞某某虚构公司的行为是否导致合同无效。

根据《商业特许经营管理条例》第三条第二款的规定，企业以外的其他单位和个人不得作为特许人从事特许经营活动。由此可知，在特许经营合同关系中，《条例》对特许人的主体资格做了明确规定，即特许人只能是企业，其他单位和个人不得成为特许人，但对被特许人的主体资格没有限制，企业或个人均可成为被特许人。那么，本案中即使卞某某以个人名义与某某零售公司签订特许经营合同也是不违反法律法规规定的。

但由于双方在签订《意向书》时即已约定卞某某应以公司名义与某某零售公司签订《特许经营合同》，并以该公司法人为主体经营某某特许加盟门店，在随后签订的《特许经营合同》中，被特许人是卞某某虚构的上海瑞×贸易有限公司。因特许经营合同关系亦是合同关系，该意向书约定的内容没有违反法律法规的规定，亦是双方当事人真实意思表示的结果，因此，卞某某应按照意向书的约定在签订《特许经营合同》时以公司法人为被特许人，而卞某某以虚构的上海瑞×贸易有限公司与零售公司签订合同，依据最高人民法院《关于贯彻执行〈中华人民共和国民法通则〉若干问题的意见》第68条之规定，卞某某虚构公司名称的行为属于欺诈。因为卞某某隐瞒了其不具备有法人主体身份的真实情况，属于"一方当事人故意告知对方虚假情况，或者故意隐瞒真实情况，诱使对方当事人作出错误意思表示的"，故可认定为欺诈。对于欺诈的，根据《中华人民共和国合同法》第五十四条规定，合同属于可变更、可撤销的合同。即本案中，零售公司对该合同可以主张变更或撤销，该合同的效力取决于零售公司，合同并不当然无效，法院的判决有待商榷。

第二章　特许经营合同的可撤销

一、重大误解订立的合同

李某诉北京某服装设计公司特许经营合同纠纷案

案情介绍

北京某服装设计公司系 K 品牌的商业特许经营者，在本案立案以前，北京某服装设计公司已经完成了商业特许经营的备案手续。2008 年 2 月 28 日北京某服装公司与李某签订了《合同书》，约定李某向北京某服装设计公司缴纳 4 万元的代理权使用费，北京某服装设计公司授权李某为河北省霸州市区域内的代理商，李某有权在上述区域内依法招收下级代理和专卖店及供货，合同期限为两年。签约当日李某问及北京某服装设计公司河北省霸州市区域内是否仍然有其他的代理商，北京某服装设计公司业务员口头告知李某，在河北省霸州市区域内李某是唯一的代理商，李某听后非常满意，并于签约的当日即向北京某服装公司缴纳了 4 万元的代理权使用费。

随着合作的深入，李某发现北京某服装设计公司与其签订合同前早已授权他人在河北省霸州市区域内经营 K 品牌。于是李某于 2008 年 6 月 7 日将北京某服装设计公司诉至法院，以北京某服装设计公司向其作出系该区域内唯一代理商的承诺，存在欺诈行为，致使其对合同产生重大误解而签订《合同书》，要求法院撤销该合同。庭审中，北京某服装设计公司辩称：从未对李某承诺其为霸州市唯一的代理商，合同中也未约定李某是霸州市的唯一代理商。

法院审理

法院审理认为，双方签订的《合同书》系双方真实意思表示，双方均应严格按照约定履行。李某称北京某服装设计公司曾承诺其系该区域内唯一代理商，未提供证据且北京某服装设计公司予以否认，对该陈述本院不予认定。由此，对李某关于北京某服装设计公司在订立合同时存在欺诈行为以及由此致使其对合同产生重大误解的主张，本院不予采信。综上，双方签订的合同不存在撤销事由，对李某的诉讼请求，本院不予支持。

案件评析

本案涉及的是合同撤销的法律问题。关于合同的撤销，有两大问题需要引起注意：一是合同撤销的法定事由；二是合同撤销的除斥期间。而本案所涉及的便是前一问题。合同撤销的法定事由有：（一）因重大误解而订立的合同；（二）在订立合同时显失公平的；（三）一方以欺诈手段订立，但没有损害国家利益的合同；（四）一方以胁迫手段订立，但没有损害国家利益的合同；（五）一方乘人之危而订立的合同。只要符合上述五项事由之一，合同就可被撤销。

所谓"重大误解"，是指误解人作出意思表示时，对涉及合同法律效果的重要事项存在着认识上的显著缺陷，其后果是使误解人受到较大损失，以至于根本达不到缔约目的。而显失公平的合同是指一方在情势紧迫、缺乏经验的情况而订立的权利义务关系明显不符合权利义务对等原则的合同。从举证的角度来看，如果当事人以此为由请求撤销合同，在举证方面是比较困难的。本案中，正是因为李某所提供的证据不能证明"重大误解"和"显失公平"

的事实存在，因此没有被人民法院所采信。而本案李某在起诉书中诉请撤销合同，在"事实和理由"中却陈述了三条合同撤销的事由。实际上，这样做也未尝不可，但是太多也有画蛇添足之嫌，因为这样无疑加重了李某自己的举证责任。

本案的北京某服装设计公司在同一区域内发展两家代理商，对后发展的代理商来说，是否构成合同欺诈呢？所谓欺诈，是指以使他人陷入错误并因而为意思表示为目的，故意陈述虚假事实或隐瞒事实真实情况的行为。在李某提供的合同及其他证据中，没有任何条款表明北京某服装设计公司授权李某"是霸州市的唯一代理商"。也就是说，北京某服装设计公司对李某的授权并非独占或排他的授权。李某主张北京某服装设计公司对此有口头承诺，却没有证据证明这一事实，北京某服装设计公司亦否认这一事实。最后，人民法院判决驳回李某的全部诉讼请求，理所当然是完全正确的。

从以上可以看出，作为特许人，如果已经授权某一被特许人在某一区域的独家经营权，并且合同还在履行中，就不能同时再授权其他被特许人在该区域的任何经营权；如果已经授权某一被特许人在某一区域的普通经营权，并且合同还在履行中，就不能同时再授权其他被特许人在该区域的独家经营权，当然授权普通经营权并无不可。对于被特许人，如果在签订合同前特许人有何承诺，一定要要求被特许人将该承诺以书面的形式说明。

二、欺诈、胁迫的手段或者乘人之危

1. 特许人虚假宣传特许经营合同能否撤销

蔡某诉北京 A 公司特许经营合同纠纷案

案情介绍

北京 A 公司系 2005 年 8 月 29 日在北京注册成立的有限责任公司，该公司成立后一直从事发展服装销售加盟店的业务。为了吸引投资，A 公司通过电视、杂志、网络等各种传媒方式进行广告宣传，在各类宣传中，A 公司对外宣称自己系由韩国某国际企业集团（以下简称"韩国集团"）创办成立的，这一韩国集团系拥有"F 牌服饰"的著名服装服饰品牌的国际化大企业，在韩国集团的领导下，A 公司创造出"F 品牌"店铺经营模式，计划五年内把店铺开遍中国，确保加盟商盈利。2007 年 1 月 12 日，A 公司向国家工商行政管理局商标局申请在 25 类商品上注册"F"品牌及图形商标。国家工商行政管理局商标局于 2007 年 6 月 12 日正式受理该申请。但是直至本案审结 A 公司现对任何注册商标仍然不享有专用权。而且北京 A 公司自成立至今，均在从事特许经营活动，但一直没有开设直营店从事经营。

蔡某在看到媒体招商广告后，于 2007 年 11 月 20 日至 A 公司签署《授权经营合同书》。约定蔡某向 A 公司支付 20 万元，成为北京 A 公司的湖北省总代理，有权在湖北省范围内发展或授权发展"F"品牌设立直营店或发展专营店，北京 A 公司按合同成交额的 40％奖励蔡某，合同期内蔡某有权获得代理区域专营店总进货额 8％的返利，并享受 2.5 折进货，区域内累计销货达一定额度时可获数额不等的奖励。合同中还注明北京 A 公司拥有"F"品牌的商号、商标和系列产品，并授权蔡某使用"F"品牌的商号、商标和系列产品。合同签订后，蔡某交纳 20 万元加盟费。北京 A 公司分批次免费向蔡某提供市场标价为 4.46097 万元的货物。除该批货物之外，蔡某未另行从北京 A 公司处进货。为了经营"F"品牌直营店，蔡某还承租了李某的房屋，并对该房屋进行了装修，共花费租赁费、装修费、物业费等共计 40 多万元。

2007 年 12 月，蔡某发现北京 A 公司并非韩国某集团公司下属公司，"F"商标并非注册商标，北京 A 公司不具有中国连锁经营协会的证书，不具有特许经营资格。经过核实，蔡某得知北京 A 公司早在 2007 年 3 月曾因虚假宣传被处以行政处罚。得知北京 A 公司的上述情况后，蔡某即开始与北京 A 公司协议解除合同并退款赔损的问题，但是双方就该问题不能达成一致意见。协商解除合同期间，恰逢北京 A 公司进行年度加盟商业绩奖励大会，依照合同约定蔡某应获得 2007 年度加盟商业绩奖励金 1.192 万元，2008 年 3 月 17 日蔡某收取了该笔奖金。2008 年 4 月 15 日，蔡某以北京 A 公司发布虚假广告误导自己，用诈骗的手段骗取自己签订《授权经营合同书》为由，诉至法院，要求撤销该《授权经营合同书》，并要求北京 A 公司返还加盟费 20 万元，赔偿包括门店租赁费、装修费、物业费以及往返交通费等经济损失共计 5 万元。

对此，A 公司在应诉中辩称：1. 合同签订的过程并不存在诈骗的事实；2. 广告不是合同要约而是要约邀请，蔡某应对其投资行为负有合理注意义务；3. 蔡某在知道其主张撤销的事由后，仍于 2008 年 3 月接受北京 A 公司发放的业绩款，该行为表明蔡某已经放弃撤销权，并同意继续履行合同。

法院审理

法院审理认为：本案中，北京 A 公司并非韩国某国际企业集团下属企业，而是在国内注册成立的企业法人，而且韩国某国际企业集团并不存在，仅是北京 A 公司出于宣传推广之目的，故意虚拟出来以为招揽加盟之用。同样，"F" 商标并非韩国品牌，而是北京 A 公司尚处在申请注册过程中的商标。北京 A 公司虚构事实，隐瞒真相，具有欺诈的主观故意。上述内容系北京 A 公司主要的宣传点，对蔡某签约起到了诱导作用。故北京 A 公司的行为已经构成欺诈，蔡某选择要求撤销合同，具有法律依据，应予支持。

至于北京 A 公司辩称蔡某于 2008 年 3 月接受其支付业绩费 1.192 万元，可视为蔡某以其行为放弃撤销权一节，本院认为合同撤销权的消灭是基于享有合同撤销权当事人的明示放弃或以行为放弃，该放弃权利的行为应该是明确、肯定的。本案中，蔡某得知北京 A 公司的欺诈事由并与北京 A 公司在协商未果的情况下，接受北京 A 公司支付合同已经履行部分应予支付的业绩费，并不能当然得出蔡某放弃撤销权，同意继续履行合同，因为双方在协商过程中，并未就合同履行达成新的一致意见，蔡某也未有其他履行合同的行为，蔡某主张系出于减少损失之目的并无不当。

我国合同法规定，当合同被撤销后，因该合同取得的财产，应当予以返还；不能返还或没有必要返还的，应当折价补偿。有过错的一方应当赔偿对方因此所受到的损失，双方都有过错的，应当各自承担相应的责任。本案中，北京 A 公司依据双方签订的《授权经营合同书》，收取蔡某的加盟费 20 万元，应当予以返还。蔡某为履行其与北京 A 公司之间的合同，支出的租赁费、交通费等合理支出，均与北京 A 公司在缔约过程中存在欺诈行为的主观过错存在因果关系。北京 A 公司对此应予赔偿。但蔡某自 2007 年 12 月知晓北京 A 公司的欺诈事由后，负有防止损失扩大的义务，故此日期之后蔡某所支出的诸如装修费、租赁费，不属于蔡某为履行其与北京 A 公司之间合同所支出的合理费用，对该部分费用不予支持。

综上所述，依据《合同法》第五十四条第二款、第五十八条、第七十五条，《最高人民法院关于贯彻执行〈中华人民共和国民法通则〉若干问题的意见（试行）》第六十八条之规定，判决如下：

一、撤销原告蔡某与被告北京 A 公司于 2007 年 11 月 20 日签订的《授权经营合同书》。

二、被告北京 A 公司于本判决生效后十日内返还原告蔡某加盟费 20 万元。

三、被告北京 A 公司于本判决生效后十日内赔偿原告蔡某经济损失 2 万元。

案件评析

本案的焦点在于：特许人不真实的广告宣传是否构成合同诈骗？什么情况会构成撤销权的放弃？合同撤销的法律后果有哪些？

一、特许人不真实的广告宣传是否构成欺诈？

欺诈的目的是诱引对方与己订立合同，与合同无直接关系的欺诈不构成合同欺诈。"广告宣传"的合同法理论上属于"要约邀请"，广告宣传的内容如果存在虚假情形，仅仅属于"广告欺诈"。"广告欺诈"发生于合同成立之前，其目的通常是诱使他人与广告发布者订立合同，广告内容本身不会对合同相对人产生约束，因为即使是带有欺诈性质的广告也不过是要约邀请，可以被相对人否定，从而不产生欺诈的效果。只有在广告欺诈的内容与合同内容相符，并且合同相对人因广告欺诈产生误解签订了该合同的时候，广告欺诈才与合同诈骗产生联系，从而满足合同法对可撤销合同的规定。因此判断不真实的广告宣传是否产生合同诈骗，从而导致合同可以被撤销的结果。关键要看广告不真实的内容是否与合同的主条款相符，从而对合同相对人产生误导。本案判决认为，特许人的广告宣传对蔡某签订合同起到了诱导作用，从而认定构成合同法上的"欺诈"，实为有失偏颇。当然，法律并不会鼓励或纵容广告欺诈行为，这种行为只是在合同法中没有明确规定，但是在其他法律法规中，广告欺诈的行为同样因其违法性而受到制裁。

二、什么情况会构成撤销权的放弃？

就什么情况会构成撤销权的放弃，《合同法》并没有列举，这使得在审判实践中出现不同的见解和做法，导致同样存在欺诈的合同，有的被撤销，有的则不予撤销，造成司法裁决的不统一。根据司法实践及立法意旨，有下列情形之一的，可认定"以自己的行为"放弃了撤销权，撤销权消灭：①当事人在合同签订过程中知道撤销事由后，仍以积极的行为与对方继续订立合同，甚至为履行合同积极做准备；②当事人在合同履行过程中知道撤销事由后，仍以自己的行为积极履行合同，或积极要求对方履行合同义务；③一方当事人在知道撤销事由后，起诉对方当事人承担违约责任而不是申请撤销合同等。本案中，蔡某在知道撤销事由后，仍然接受特许人的业绩奖励，并和特许人协商合同继续履行事宜，至少是"积极要求对方履行合同义务的行为"。因此有人认为，蔡某曾经以其行为放弃了撤销权。但是并没有为法院所采纳。

三、合同撤销的法律后果有哪些？

合同一旦被撤销，就涉及加盟费返还和损失赔偿问题，这在合同法上是有具体规定的。但是在损失赔偿问题上，法院通常会考虑过错与损害之间的因果关系及蔡某所主张损失的合理性，从而确定损失的具体数额。本案在判决合同被撤销的前提下，判决赔偿的损失额为蔡某主张赔偿的损失额的 2/5，是比较恰当的。

2. 特许经营合同可撤销的法律适用

申某与天才某（北京）国际品牌管理顾问有限公司

特许经营合同纠纷案

案情介绍

2008 年 3 月 19 日，申某与天才某（北京）国际品牌管理顾问有限公司（以下简称"天才公司"）签订了《购销合同书》一份，双方约定：申某向天才公司交纳 2 万元保证金之后，加盟天才公司的"××"品牌童装，申某从天才公司处进货，在密云开店销售天才公司的服装。在合同签订之前，申某与天才公司的业务代表洽谈时，其工作人员隐瞒服装价格真实情况，夸大该品牌服装的营销状况，给申某虚假的低价进货承诺，并且天才公司展厅中的服装种类与仓库中的服装绝大部分不相符，仓库中并没有展厅中的服装，致使申某无法进到实际需要的服装品种，申某感到受骗上当之后，于 2009 年 2 月到××派出所报警，主办民警对天才公司的工作人员进行了询问，天才公司承认了申某所述事实情况，以欺诈手段与申某签订了合同。故申某以天才公司采用欺诈手段骗取了申某保证金 2 万元，使申某陷入合同不平等条款的约束之中为由诉至法院，请求判令撤销双方于 2008 年 3 月 19 日签订的《购销合同书》；返还申某保证金 2 万元，货款 1700 元，共计 2.17 万元。

被告天才公司辩称，合同是双方真实意思表示，天才某公司不存在欺诈。申某的撤销权已经过期，其起诉已经超过一年的除斥期间。

法院审理

本院认为：天才公司与申某签订的合同约定天才公司授权申某在指定地域使用天才公司的品牌、商标、外观设计、门店招牌等，以统一的经营模式开办××品牌童装超市，该合同属特许经营合同性质，反映了双方真实意思表示，未违反国家法律法规强制性规定，应确认有效。

申某表示，天才公司存在欺诈，与其承诺的衣服款式、价格不符，但其并未提供确实充分的证据对此予以证明，且申某表示其在 2008 年 3 月下旬已经发现了天才公司存在欺诈行为，但其并未在法定期限内依法行使相应的救济措施，且继续进货，直至合同期满。根据相关法律规定，具有撤销权的当事人自知道或应当知道撤销事由之日起一年内没有行使撤销权，撤销权消灭。申某在法定期间内并未行使其撤销权，其现已不享有该项权利，其要求撤销合同，返还保证金 2 万元的诉请，本院不予支持。依据双方合同约定，申某每累计进货达 2 万元，返还保证金 1000 元，现双方均认可，根据申某的进货量应返还保证金 1000 元，且天才公司表示同意给付，故本院对此不持异议。天才公司认可尚欠申某货款 1700 元并同意退还，故本院对申某相应诉请，亦予支持。综上所述，本院依照《中华人民共和国合同法》第八条、第五十五条第（一）项之规定，判决如下：

一、被告天才某（北京）国际品牌管理顾问有限公司于本判决生效之日起十日内返还原告申某保证金 1000 元；

二、被告天才公司于本判决生效之日起十日内退还原告申某货款 1700 元；

三、驳回原告申某其他诉讼请求。

案件评析

本案涉及的是合同撤销的相关法律问题，其主要是：一、我国《合同法》及《商业特许经营管理条例》中合同撤销的法定事由；二、《合同法》规定的合同撤销的除斥期间。

一、关于合同撤销的法定事由

我国《合同法》第五十四条规定"下列合同，当事人一方有权请求人民法院或者仲裁机构变更或者撤销：（一）因重大误解订立的；（二）在订立合同时显失公平的；一方以欺诈、胁迫的手段或者乘人之危，使对方在违背真实意思的情况下订立的合同，受损害方有权请求人民法院或者仲裁机构变更或者撤销。当事人请求变更的，人民法院或者仲裁机构不得撤销"。

所谓欺诈是指一方当事人故意实施某种欺诈他人的行为，并使他人陷入错误而订立合同。最高人民法院《关于贯彻执行〈中华人民共和国民法通则〉若干问题的意见（试行）》第六十八条规定："一方当事人故意告知对方虚假情况，或者故意隐瞒真实情况，诱使对方当事人作出错误意思表示的，可以认定为欺诈行为"，这是对欺诈所作出的准确定义。构成欺诈行为一般必须具备以下四个要件：（1）欺诈人有欺诈的故意。（2）欺诈人实施了欺诈行为。（3）被欺诈人因欺诈而陷入错误。（4）被欺诈人因错误而为意思表示。

本案中，在合同签订之前，申某与天才公司的业务代表××洽谈时，其工作人员隐瞒服装价格的真实情况，夸大该品牌服装的营销状况，给申某虚假的低价进货承诺，并且天才公司实际展厅中的服装种类与仓库中的绝大部分不相符，仓库中并没有展厅中的服装，致使申某无法进到实际需要的服装品种。被告为了促成与原告签订《购销合同书》而故意隐瞒商品价格，夸大品牌服装的影响状况并承诺给予原告低价进货的优惠条件，存在欺诈的故意，并实施了欺诈行为，原告由于被告的欺诈行为而陷入错误的认识缴纳了保证金及订货款并与原告签订《购销合同书》，符合欺诈的构成要件，但由于本案中原告并未提供相关证据证明自己是由于被告的欺诈行为而与之签订的《购销合同书》，导致法院不支持原告的诉讼请求。

二、撤销权的除斥期间

除斥期间是指法律规定某种民事实体权利存在的期间。权利人在此期间内不行使相应的民事权利，则在该法定期间届满时导致该民事权利的消灭。《合同法》第五十五条规定，有下列情形之一的，撤销权消灭：（一）具有撤销权的当事人自知道或者应当知道撤销事由之日起一年内没有行使撤销权；（二）具有撤销权的当事人知道撤销事由后明确表示或者以自己的行为放弃撤销权。

本案中原告表示，天才公司存在欺诈，其承诺的衣服款式、价格不符，但其并未提供确实充分的证据对此予以证明，且申某表示，其在2008年3月下旬已经发现了天才公司存在欺诈行为，但其并未在法定期限内依法行使相应的救济措施，且继续进货，直至合同期满。原告从收到首批货物时就知道货物质量与被告宣称的相差甚大，但一直没有采取相应救济措施，致使向法院起诉时已超过一年的行使撤销权的除斥期间。因此，根据《合同法》第五十四条的相关规定，原告的权利不能得到法律的保护。

在此，需要提醒被特许人的是，在签订合同的过程中，被特许人应该注意以下几点：

1. 仔细审核合同相关条款，以查明合同双方的权利与义务是否明确；

2. 合同相关条款与特许人在宣传时是否符合或者是否将宣传内容列入合同条款；

3. 产品质量、价格条款、保证金返还方式是否明确，如不明确可签订补充条款加以说明或修改合同相关条款。这样才可以保证被特许人在受到欺诈时有相关证据证明特许人的欺诈行为，维护自己的合法权益。

3. 商业特许经营合同欺诈的认定

徐某诉北京某科技有限公司合同撤销一案

案情介绍

2007 年 6 月 8 日，北京某科技有限公司（以下称"某科技公司"）成立。2007 年 6 月 15 日，美国 B 集团有限公司（以下简称"美国 B 集团"）在美国某州设立。2007 年 6 月 18 日，某科技公司申请注册"H"文字、"H"图形商标。2007 年 6 月 29 日，美国 B 集团委托某科技公司负责 H 产品在中国的销售工作，委托有效期为十五年。后某科技公司在其对外发布的宣传中，称美国 B 集团系 1999 年第一个进入中国市场的国外化工知名企业，其创造的 H 品牌系享誉国际的，现在美国 B 集团为了开发中国及东南亚业务，特授权某科技公司全面接手美国 B 集团在中国及东南亚业务，掌管 H 产品在中国及附近地区宣传推广及业务扩张。

2007 年 9 月 16 日，徐某与某科技公司签订了《特许经营合同》，某科技公司授权徐某作为广东省广州市的代理商，授权徐某代理"H"产品及服务在广州的业务。为此徐某须向某科技公司一次性支付代理费 4 万元及合同履约金 4 万元。某科技公司向徐某一次性送价值人民币 5200 元开业赠品，并一次性免费送市场价为 9.9 万元的 H 牌产品损耗材料，该合同的有效期为 2007 年 9 月 16 日至 2008 年 9 月 15 日。合同履行期间，徐某发现某科技公司对外宣传的美国 B 集团是一个空壳公司，并非国际知名企业。某科技公司提供的 H 牌产品也是没有生产厂家、生产许可证及生产日期的三无产品。2008 年 2 月 6 日徐某将某科技公司诉至法院，以某科技公司进行虚假宣传致使徐某受骗，在违背真实意思情况下签订了《特许经营合同》，要求撤销《特许经营合同》，退还其向某科技公司缴纳的代理费 4 万元及合同履约金 4 万元。对此某科技公司庭审中辩称：被告在广告中不存在虚假宣传，即使广告中虚假宣传也不导致合同撤销，因为广告只是要约邀请，没有形成合同条款，对合同双方没有法律约束力，广告虚假不等同于合同欺诈。

法院审理

徐某与某科技公司签订的合同符合商业特许经营合同的特征，其性质应为特许经营合同。我国《合同法》明确规定：一方以欺诈、胁迫的手段或者乘人之危，使对方在违背真实意思的情况下订立的合同，受损害方有权请求人民法院或者仲裁机构变更或者撤销。本案中，某科技公司在招商过程中所称美国 B 集团的成立时间、公司业绩及影响力等与真实情况严重不符；H 及图形商标系某科技公司申请的商标，但在授权书中却称 H 品牌及标识属美国 B 集团全权拥有。徐某受某科技公司上述虚假陈述的影响，与某科技公司签订了合同。据此，本院可以认定某科技公司以欺诈的手段，使徐某在违背真实意思的情况下与其订立合同。徐某作为受损方，有权请求法院撤销该合同，故徐某请求撤销与某科技公司签订的《特许经营合同》诉讼请求，应予以支持。合同被撤销后，因该合同取得的财产，应当予以返还，故徐某请求某科技公司退还其品牌代理费 4 万元及履约金 4 万元的诉讼请求，本院予以支持。

综上，依据《中华人民共和国合同法》第五十四条第二款、第五十八条之规定，判决如下：

一、撤销徐某与北京某科技有限公司于 2007 年 9 月 16 日签订的特许经营合同；

二、北京某科技有限公司于本判决生效后十日内返还徐某品牌代理费 4 万元、履约金 4 万元，共计 8 万元；

三、驳回徐某的其他诉讼请求。

案件评析

本案的焦点在于：特许人不真实的广告宣传是否构成合同欺诈？首先本案件的合同认定为商业特许经营合同是正确的，商业特许经营是特许当事人双方通过签订特许经营合同，特许人将有权授予他人使用的商标、商号、经营模式等经营资源，授予被特许人使用；被特许人按照合同约定在统一经营体系下从事经营活动，并向特许人支付特许经营费的一种现代流通方式。本案中，徐某与某科技公司签订的合同中确实涉及商标、商号等实质问题，所以认定为商业特许经营合同是没有问题的。

根据我国《商业特许经营管理条例》第十七条的规定可知，特许人在推广、宣传活动中，不得有欺骗、误导的行为，从而明确了特许人在进行宣传过程中禁止虚假宣传或欺诈被特许人的规定，但《条例》中并未规定特许人以欺骗的手段诱导被特许人签订合同的情况下应如何处理的问题，因此，可以根据我国《合同法》中的相关规定处理。

《合同法》第五十四条规定"下列合同，当事人一方有权请求法院或仲裁机构变更或撤销：（一）因重大误解订立的；（二）在订立合同时显失公平的。一方以欺诈、胁迫的手段或乘人之危，使对方在违背真实意思的情况下订立的合同，受损害方有权请求人民法院或仲裁机构变更或撤销。欺诈的目的是诱引对方与已订立合同，与合同无直接关系的欺诈不构成合同欺诈。"广告宣传"的合同法理论上属于"要约邀请"，广告宣传的内容如果存在虚假情形，仅仅属于"广告欺诈"。"广告欺诈"发生于合同成立之前，其目的通常是诱使他人与广告发布者订立合同，广告内容本身不会对合同相对人产生约束，因为即使是带有欺诈性质的广告也不过是要约邀请，可以被相对人否定，从而不产生欺诈的效果。只有在广告欺诈的内容与合同内容相符，并且合同相对人因广告欺诈产生误解签订了该合同的时候，广告欺诈才与合同诈骗产生联系，从而满足合同法对可撤销合同的规定。因此判断不真实的广告宣传是否产生合同诈骗，从而导致合同可以被撤销的结果，关键要看广告不真实的内容是否与合同的主条款相符，从而对合同相对人产生误导。

　　本案某科技公司在广告中虚构美国 B 集团的声誉，并用自己注册的 H 品牌伪装为美国 B 集团的品牌，而且将 H 品牌进一步虚构为国际知名品牌的广告宣传明显构成广告诈骗。该项广告诈骗所产生的效果是让徐某对某科技公司产生信任感，触发相对人与某科技公司订立合同的动机。不仅如此，更重要的是本案的广告诈骗使徐某对 H 品牌的价值产生了误解，认为 H 品牌作为国际知名品牌是具有很高价值的，因此愿意与某科技公司签约，支付 8 万元的价款向某科技公司购买 H 品牌的代理权，H 品牌的价值是本案《特许经营合同》的主要条款体现的精神，因此本案某科技公司不真实的广告宣传足以对徐某产生误导从而签订《特许经营合同》，对这种以欺诈手段签订的合同，依法是可以被撤销的，所以本案法院的做法，我们认为是正确的。

4. 特许经营合同撤销权行使期限的认定

于某诉北京某投资顾问公司特许经营合同纠纷案

案情介绍

　　2006 年 3 月 31 日于某与北京某投资顾问公司（以下称"投资公司"）签订《K 服饰区域代理合同》，合同约定："甲方（某投资公司）授权乙方（于某）为 K 品牌服饰在邢台市清河县的总代理，推广及销售 K 品牌服饰。在合同履行期内，乙方有权在合同规定的范围内使用 K 品牌、商标、商号、CIS 系统等知识产权等产品。乙方向甲方取得区域特许代理权，须一次向甲方交纳区域代理费 35 万元，代理费与加盟费不予退还；品牌保证金 1 万元。合同期限为一年，从 2006 年 3 月 31 日起至 2007 年 3 月 30 日止。"签约当天，投资公司为于某出具授权书，授权书中写明 K 商标和商号为投资公司在中国注册且全权拥有。2006 年 3 月 31 日，于某支付投资公司代理定金 3 万元。2006 年 4 月 6 日，于某支付投资公司 33 万元，其中写明补代理费 32 万元，保证金 1 万元。2006 年 4 月 14 日，于某收到投资公司提供的第一批货物，此后于某开始经营 K 服饰专卖店。

2007 年 7 月 23 日，于某通过中国商标网查询，K 商标申请人为 B 公司，申请日期为 2005 年 11 月 21 日，该商标至今尚未注册。2007 年 7 月 4 日 B 公司将该商标申请权转让给投资公司。2007 年 8 月 7 日于某将某投资公司诉至法院，主张撤销 2006 年 3 月 31 日于某与投资公司签订的《K 服饰区域代理合同》。理由是：1. 投资公司没有注册商标，不具备特许经营的资格；2. 投资公司的诈骗行为，致使自己误以为其拥有 K 品牌的注册商标，由此所签订的《K 服饰区域代理合同》应该被撤销。

庭审中，投资公司辩称：1. 特许经营不一定必须具有注册商标，非注册商标也可以；2. 某投资公司从没有在宣传册和合同中宣称"×××"是注册商标，于某认为某投资公司虚构事实、隐瞒真相的说法不成立；3. 于某于 2006 年 4 月 14 日收到货物时已经了解到并非注册商标的事实，现在行使撤销权已过法定行使期限。

法院审理

法院审理认为，按照我国法律规定，合同撤销是指因意思表示不真实，通过撤销权人行使撤销权，使已经生效的合同归于消灭。撤销权属于形成权，其行使有赖于撤销权人的主张。撤销权的行使有除斥期间的限制，具有撤销权的当事人自知道或应当知道撤销事由之日起一年内行使撤销权。

本案中，于某与投资公司签订的合同可以认定，投资公司在订立合同时宣称其在中国注册及全权拥有 K 商标和商号，而其实际上并不拥有该权利，正是由于投资公司隐瞒真实情况而使于某作出错误的意思表示，与其签订了合同。根据我国法律规定，一方以欺诈手段，使对方在违背真实意思的情况下订立的合同，受损害方有权要求人民法院或者仲裁机构变更或者撤销。撤销权形成于享有撤销权的撤销权人一方，据此于某依法享有撤销权。案中，于某可以主张投资公司存在欺诈而主张撤销合同来保护自身权利。但于某具有完全民事能力，按照一般规律及常理，于某在签订加盟代理时，应对加盟代理的情况有一般了解，于某在第一次进货后就充分意识到投资公司提供货物所存在的问题，且双方就 K 商标的使用有明确的授权，故于某在第一次收货时，即已经知道或者应当知道投资公司存在欺诈的事由，因而，于某行使撤销权的期限应从 2006 年 4 月 15 日起算，至其起诉时已经超过一年的除斥期间，故本院对于其主张合同的撤销权的诉请不予支持。对于于某基于撤销权而提出的损失赔偿请求，因基础权利的缺失，本院亦不予支持。

案件评析

本案的焦点问题是撤销权的行使期限问题。

本案是典型的过期行使权利导致败诉的案例，由此提醒特许人及被特许人权利应当及时行使。为促使权利人尽早行使权利，我国法律特别规定了诉讼时效和除斥期间制度。法律要求权利人在一定时间内行使自己的权利，否则"有权不用，过期作废"，即导致"权利睡眠"。"权利睡眠"的后果并不是权利人"诉权"的丧失，而是其"胜诉权"的丧失。一字之差，天壤之别。

我国《合同法》第五十五条明确规定："有下列情形之一的，撤销权消灭：(1) 具有撤销权的当事人自知道或者应当知道撤销事由之日起一年内没有行使撤销权；(2) 具有撤销权的当事人知道撤销事由后明确表示或者以自己的行为放弃撤销权"。这两种撤销权消灭的情形，简而言之就是"一年内没有行使撤销权"和"放弃撤销权"。

在第一种情形中，"一年"从什么时候起算，是比较关键的问题，也是本案的争议焦点之一。"知道或者应当知道"本来就是一个比较模糊的概念，法官在审理案件中对此享有一定的自由裁量权，但通常会综合考虑各种因素予以平衡。在特许经营合同纠纷的司法实践中，法官可能会考虑到权利人在签订合同之前和之时的注意义务，从而认定在签订合同的当日就知道或者应当知道撤销事由。那么，权利人要行使合同撤销权，就应当自合同签订之日起一年内行使。如果是特许产品质量与特许人之前描述或展示的产品质量大相径庭，并存在撤销事由，法官也可能会认为权利人自第一次收到特许产品时，就"知道或者应当知道"，从而把这个时间作为"一年除斥期间"的起算点。本案正是把于某第一次进货的时间作为"一年除斥期间"的起算点来计算的。于某超过一年提起诉讼，当然不会得到人民法院的支持。法院的判决毫无不妥。

在第二种情形中，"明示放弃"容易理解，但如何"以自己的行为"放弃呢？根据司法实践及立法意旨，有下列情形之一的，可认定"以自己的行为"放弃了撤销权，撤销权消灭：①当事人在合同签订过程中知道撤销事由后，仍以积极的行为与对方继续订立合同，甚至为履行合同积极做准备；②当事人在合同履行过程中知道撤销事由后，仍以自己的行为积极履行合同，或积极要求对方履行合同义务；③一方当事人在知道撤销事由后，起诉对方当事人承担违约责任而不是申请撤销合同等。

5. 特许人资格的认定

张某诉御×化妆品有限公司特许经营合同纠纷案

案情介绍

2008 年 7 月 16 日，御×化妆品有限公司（以下简称"化妆品公司"）向国家工商行政管理总局商标局提出商标注册申请，申请在第 35 类商品上注册"ya××某品牌及图"商标，申请号为 68436＊＊＊。2008 年 8 月 18 日，国家工商行政管理总局商标局正式受理该注册申请。

2009 年 3 月 9 日，张某与化妆品公司签订《折扣店合同书》，约定化妆品公司同意张某冠名使用"某品牌化妆品折扣专卖店"、公司的经营技术资产。御某公司授权张某的区域经营范围是在河北省文安镇；御某公司负责国内市场开发、推广及品牌形象的宣传、产品的供应、监督和检查张某的经营情况、负责对张某进行终端经营的相关培训；明确化妆品公司的经营技术资产包括品牌字号形象标识、营运和促销方案、形象识别 CIS 系统、企业文化和荣誉、统一的广告资源和广告效应、营运手册和教育培训、店堂装修、商品陈列方案等。签约当日，张某向化妆品公司交纳"标准店首付款"2.88 万元。该合同书首页上端标注有"ya××法国某品牌集团（中国）事业总部御×（北京）

化妆品有限公司"字样。

2009年4月7日，化妆品公司在中华人民共和国商务部进行商业特许经营备案登记，备案号为011150090090＊＊＊＊，其设立首家加盟店时间为2006年12月5日，加盟店分布区域为北京、天津、河北、山西等27个省（自治区）或直辖市。后原告向工商部门核实，被告根本不具备特许人的法定资格，故原告诉至人民法院，认为被告存在虚假宣传的欺骗行为，要求与被告解除双方签订的加盟合同，并赔偿原告的损失。

庭审中，被告辩称：被告具备特许人经营资格，原告的诉讼请求没有法律依据，请求人民法院予以驳回。

法院审理

法院审理认为，化妆品公司不适用《商业特许经营管理条例》关于两店一年的相关规定，认定化妆品公司从事商业特许经营符合法律规定。张某主张化妆品公司不具备特许人经营资格并据此要求解除合同，缺乏事实和法律依据，本院不予支持。

化妆品公司未能提供相应证据证明其向张某披露了法国某品牌集团的经营资质、化妆品公司系法国某品牌集团（中国）事业总部、某品牌与法国集团存在某种特定联系等相关情况，却在化妆品公司与张某所签订的《折扣店合同书》首页标注"ya××法国某品牌集团（中国）事业总部御×（北京）化妆品有限公司"字样，致使张某误认为某品牌与法国集团存在联系。根据《商业特许经营管理条例》的上述规定，化妆品公司存在隐瞒有关信息或者提供虚假信息的行为，张某主张解除双方签订的《折扣店合同书》，于法有据，应以支持。《合同法》第九十七条规定，合同解除后，尚未履行的，终止履行；已经履行的，根据履行情况和合同性质，当事人可以要求恢复原状、采取其他补救措施，并有权要求赔偿损失。本案中，张某依约向化妆品公司支付了2.88万元"标准店首付款"，御×公司应予返还。

案件评析

本案的焦点问题是化妆品公司是否具备特许人的法定资格，以及是否存在虚假宣传的欺骗行为。

根据《商业特许经营管理条例》第七条第二款规定，特许人从事特许经营活动应当拥有至少两个直营店，并且经营时间超过一年。该条例第三十三条规定，本条例施行前已经从事特许经营活动的特许人，不适用本条例第七条第二款的规定，即成立时间在 2007 年 5 月 1 日以前的特许人，不适用关于两店一年的规定。本案中，化妆品公司在商务部进行了商业特许经营的备案登记，备案信息表明其设立首家加盟店时间为 2006 年 12 月 5 日，故化妆品公司不适用《商业特许经营管理条例》关于两店一年的相关规定，所以化妆品公司是具备特许人的法定资格。

《商业特许经营管理条例》第十七条第二款规定，特许人在推广、宣传活动中，不得有欺骗、误导的行为。第二十一条规定，特许人应当在订立特许经营合同之日前至少 30 日，以书面形式向被特许人提供本条例第二十二条规定的信息，并提供特许经营合同文本。第二十三条第三款规定，特许人隐瞒有关信息或者提供虚假信息的，被特许人可以解除特许经营合同。化妆品公司未能提供相应证据证明其向张某披露了法国某品牌集团的经营资质、化妆品公司系法国某品牌集团（中国）事业总部、某品牌与法国集团存在某种特定联系等相关情况，却在化妆品公司与张某所签订的《折扣店合同书》首页标注"ya××法国某品牌集团（中国）事业总部御×（北京）化妆品有限公司"字样，致使张某误认为某品牌与法国集团存在联系。根据《商业特许经营管理条例》的上述规定，化妆品公司存在隐瞒有关信息或者提供虚假信息的行为，张某主张解除双方签订的《折扣店合同书》，于法有据，应以支持。

6. 特许经营合同欺诈的法律后果

郑州某经贸公司诉北京某服装公司特许经营合同纠纷案

案情介绍

2007 年 3 月 20 日，郑州某经贸公司（以下简称"经贸公司"）与北京某服装公司（以下简称"服装公司"）磋商双方合作事宜，服装公司称其是西班牙××××服饰有限公司在中国地区的总代表，并向服装公司出具专用技术授权书，授权书中载明服装公司作为西班牙××××服饰有限公司在中国内地事务之唯一总代表，授权在中国大陆区域内开发推广"××"系列产品，授权日期为2006年12月5日，有效期为10年。服装公司于2006年12月14日向中华人民共和国国家工商行政管理总局商标局提出"××"商标注册申请。服装公司的宣传广告画刊及《大河报》、《妇女生活》等报刊都刊登有关于××××服饰的广告，广告称××××服饰由西班牙××著名服装设计师设计，整个海外市场单店数量达到436家，2006年，××作为西班牙女装品牌的领军代表正式进入中国，与服装公司携手，共同拓展亚洲最具潜力的市场。

2007年3月23日，经贸公司与服装公司签订了《××代理合同》，合同约定服装公司授予经贸公司"××"品牌的河南省代理权，并约定代理权许可期与合同期限相同，自2007年3月23日起至2009年3月22日止，有效期两年；经贸公司于本合同签订之日起，向服装公司支付代理费35万元，市场保证金15万元，代理费是经贸公司获得服装公司经营权许可和服装公司服务之费用，此费用不作返还；经贸公司可在本合同规定的代理区域内按区域专卖店发展计划发展代理商和加盟商，并收取相应的代理费和加盟费；合同的补充条款中约定本合同签订后，服装公司取消2007年1月以白××名义签订的加盟合同（白××系经贸公司职员），原合同作废，原合同所交纳的加盟费及经营保证金共计1.8万元，直接转入本次合同经贸公司的代理费用。同日，服装公司向经贸公司出具一份授权书，载明："××"之国内经营权为服装公司所有"××"之商标及商号，已在中国内地地区申请注册，兹授权经贸公司于河南省内代理"××"品牌，享有"××"许可的产品经营权和商标使用权。授权生效期为2007年3月23日，有效期两年。3月24日，经贸公司向服装公司交纳省代理费33.2万元，保证金15万元。

合同签订后，经贸公司发现服装公司并不具备国家规定的可以开展特许经营活动的条件，服装公司为了规避国家管理，也没有将合同在工商局备案。经贸公司是在服装公司虚假宣传情况下基于对西班牙商标品牌的信任才和服装公司签订加盟合同，合同签订后服装公司完全没有能力履行合同，且服装公司的行为已经表明其并不具备完全履行合同的能力。更严重的是由于服装公司违反了开展特许经营加盟义务，使经贸公司也不能合法地开展经营活动，给经贸公司的正常经营带来了巨大的影响，由此给经贸公司造成了巨大的经济损失。故经贸公司诉至法院，请求：1. 判令撤销双方签订的合同；2. 判令服装公司返还经贸公司代理费 35 万元及保证金 15 万元；3. 诉讼费用由服装公司承担。

服装公司辩称：第一，服装公司没有实施任何欺诈的行为，服装公司没有进行虚假广告宣传，服装公司的宣传广告上并未注明"××"是西班牙品牌，而且是否为西班牙品牌不是经贸公司与服装公司订立加盟合同的核心意思表示，并不能使经贸公司订立加盟合同的意思表示陷入错误。第二，经贸公司无权请求撤销合同。只有一方当事人采用欺诈手段签订的合同，相对方才有权请求撤销。经贸公司没有证据证明服装公司曾经告知其"××"是西班牙商标品牌等虚假事实或者故意隐瞒真实情况的事实。第三，《特许经营管理办法》不能作为撤销合同的依据。《特许经营管理办法》仅仅是商务部的一个部门规章，既不是法律也不是行政法规，即使本案中的特许人服装公司在签订并履行合同中有不符合上述部门规章之处，不仅不能引起合同无效，就更不能引起合同的撤销了。第四，服装公司的经营符合《特许经营管理条例》的规定。综上所述，双方签订合同是合法有效的，双方应该全面履行，请求法院驳回经贸公司的全部诉讼请求。

法院审理

本院认为，本案的争议焦点在于服装公司在与经贸公司签订代理合同时是否存在欺诈行为。根据我国法律相关规定，一方以欺诈的手段使对方在违背真实意思表示的情况下订立的合同，是可撤销的合同。本案中，双方当事人签订的代理合同，该合同以服装公司授权经贸公司为河南省总代理，服装公司许可经贸公司使用"××"的商标、商号、经营方式和风格经营"××"系列产品并招商为主要内容，该合同具有特许经营合同的性质。在特许经营合同的缔约过程中，特许人负有提供真实、准确的有关加盟信息的披露义务，其目的在于使加盟商在掌握真实加盟信息的基础之上对投资经营事项作出正确、合理的商业判断，防止商业欺诈，促进公平交易。因此，对特许人在签订合同时是否具有欺诈行为的判断，不应仅从合同的具体条款和权利义务来判断，在缔约过程中特许人是否如实披露加盟信息，也应当作为重要的评价标准。

在本案中，服装公司在宣传广告画刊、在《大河报》、《妇女生活》等杂志上刊登的广告的内容，应视为其对代理相关信息的披露。服装公司的宣传广告画刊上有如下描述"出生于巴塞罗那的×××从事服装设计已逾40年之久……20世纪70年代初期，××的旗舰店已遍布西班牙各大省府。2006年，××作为西班牙女装品牌的领军代表正式进入中国，与服装公司携手，共同拓展这一亚洲最具潜力的市场……"《大河报》、《妇女生活》等杂志上刊登的广告有如下描述"赶快加入西班牙×××女装专卖……品牌支持：西班牙×××服饰有限公司，品牌发展商服装公司"。上述事实加之服装公司的其他宣传，足以导致经贸公司确信"××"品牌是西班牙的国际知名品牌，其值得加盟经营该品牌产品。结合本案现有证据材料表明，拥有××商标的西班牙×××服饰有限公司系于2006年11月3日在香港注册成立的，并于2006年12月5日授权服装公司作为西班牙×××服饰有限公司在中国内地事务之唯一总代表。服装公司于2006年12月14日向中华人民共和国国家工商行政管理总局商标局提出×××商标注册申请，该申请尚未通过审批。服装公司亦未能说明西班牙×××或××商标除了在中国申请注册外，在其他国家或地区是否申请了注册。据此，可以认定宣传广告画刊以及在《大河报》、《妇女生活》等杂志上刊登的广告中有关"××"是西班牙女装品牌的描述是虚假的，而对代理品牌来源的描述显然是促使经贸公司选择代理经营的主要判断依据，故服装公司违反如实披露义务，提供的虚假信息，足以诱使经贸公司作出错误意思表示与其订立代理合同，该行为已构成欺诈。故经贸公司要求服装公司返还代理费35万元及保证金15万元的诉讼请求，本院予以支持。

综上所述，本院依照《中华人民共和国合同法》第五十四条第二款、第五十八条、《最高人民法院关于贯彻执行〈中华人民共和国民法通则〉若干问题的意见（试行）》第六十八条之规定，判决如下：

一、撤销经贸公司与服装公司于 2007 年 3 月 23 日签订的合同。

二、服装公司返还经贸公司代理费 35 万元及保证金 15 万元，均于本判决生效之日起十日内付清。

案件评析

本案的争议焦点是服装公司是否有欺诈行为，以及欺诈所导致的后果。

本案中经贸公司要求撤销原服装公司于 2007 年 3 月 23 日签订《××代理合同》，经贸公司认为服装公司没有在商务主管部门备案，不具有特许经营资格。服装公司对经贸公司存在欺诈行为的表现为：一是服装公司声称自己拥有注册商标，实际上此商标正在申请过程中；二是服装公司在广告中虚假宣传××品牌的来源地是西班牙，并对××品牌在国际上的影响力进行虚假陈述。

首先，根据事实情况来看，服装公司已经通过商务部备案，而且备案属于事后行政监督程序，不影响合同效力。另外，经贸公司提出服装公司没有注册商标、不符合两店一年的条件，不具备特许人资格。而《商业特许经营管理条例》中并没有规定特许人必须拥有注册商标，注册商标、企业标志、专利、专有技术等都可以作为特许人的经营资源，服装公司是否拥有注册商标并不影响服装公司作为特许人的资格。《条例》对"两店一年"的规定也属于管理性条款，不影响合同效力，双方合同是有效的。

其次，本案中导致法院判决撤销合同的关键原因在于服装公司对经贸公司存在欺诈，服装公司对经贸公司谎称自己拥有注册商标，在广告中宣传××品牌的来源地是西班牙，并虚假陈述了西班牙的影响力，虽然服装公司的欺诈行为并没有体现在双方签订的合同之中，但是，正因为服装公司对自己品牌做了虚假陈述，导致经贸公司在签订合同前作出不真实的意思表示，足以构成合同中的欺诈。

欺诈是指一方当事人故意告知对方虚假情况，或者故意隐瞒真实情况，诱使对方当事人作出错误意思表示。构成欺诈应当同时具备两种前提：一是一方当事人告知虚假事实；二是这种虚假事实足以导致另一方当事人作出错误意思表示。经贸公司之所以作出签订合同的意思表示就是因为其相信了服装公司是西班牙××××服饰有限公司在中国内地事务之唯一总代表及××品牌的来源地是西班牙，而服装公司并没有证据证明其所述事实，因此，法院判定服装公司违反如实披露义务，提供的虚假信息而构成欺诈，撤销合同是正确的。

根据我国《合同法》的相关规定，合同被撤销后，因合同取得的财产应当予以返还；不能返还或没有必要返还的，应当折价补偿。有过错的一方应当赔偿对方因此所受到的损失，双方都有过错的，应当各自承担相应的责任。因此，本案中法院判决服装公司返还经贸公司代理费及保证金均为合理合法。

7. 特许人虚假宣传的认定

陆某诉紫×服饰设计（北京）有限公司特许经营合同纠纷案

案情介绍

紫×服饰设计（北京）有限公司（以下简称"紫×公司"）于 2005 年 8 月 29 日成立。紫×公司成立后，没有开设直营店从事经营活动，而是发展加盟店，并通过电视、杂志、网络等传媒进行广告宣传。该公司的宣传内容显示，韩国紫×国际企业集团是一家集服装设计、生产、销售为一体的综合性跨国集团，经营以某品牌为主导的个性休闲系列服装，"某品牌数码美容创意坊"风靡韩国，加盟商有数倍利润空间、无限市场资源等。相关宣传中均注明紫×公司的企业名称、经营地址、电话、网址等信息。2007 年 1 月 12 日，紫×公司向国家工商行政管理总局商标局申请在国际商品分类第 25 类商品上注册某品牌文字及图形商标，该申请于 2007 年 6 月 12 日被受理，该商标到目前为止尚未被核准注册。2007 年 3 月 22 日，紫×公司与陆某签订《授权经营合同书》，后陆某发现紫×公司并不具有相关从事商业特许经营的资质，随即向法院提起诉讼，认为紫×公司存在欺诈行为，要求撤销合同并赔偿损失。一审法院的审理判决同意陆某的诉讼请求，紫×公司不服，提起上诉。

其主要上诉理由是：上诉人的广告只是要约邀请，没有成为合同的组成条款，对合同双方不具有约束力，与合同无直接关系的广告宣传不能构成合同欺诈。被上诉人是在经过充分的市场考察后，出于对上诉人经营的产品、上诉人的经营理念、营销模式等认可的基础上签订的加盟合同，并不是基于上诉人与韩国紫×国际企业集团具有隶属关系而签订加盟合同。被上诉人已实际加盟经营较长一段时间，期间亦销售了上诉人提供的产品、接受相关技术培训、参与上诉人组织的广告宣传，该行为表明被上诉人与上诉人签订加盟合同并未违背被上诉人的真实意思表示。因上诉人在签约过程中无欺诈行为，被上诉人无权行使合同撤销权。

法院审理

法院审理认为，紫×公司的广告宣传用语中存在所谓韩国紫×国际企业集团是一家综合性跨国集团、"某品牌服饰数码美容创意坊"风靡韩国、加盟商有数倍利润空间等内容。但是，北京市工商行政管理局东城分局在其作出的《行政处罚决定书》中明确指出，所谓韩国紫×国际企业集团并不存在，紫×公司发布的广告属于虚假广告，紫×公司与加盟商签订合同并收取加盟费、参股保险金的行为，构成利用虚假广告和信息诱人签订合同、骗取费用的违法行为。据此，本院认为，紫×公司作为特许人，在其推广、宣传活动中虚构事实、隐瞒真相，属于欺骗、误导的行为，违背了诚实信用的基本商业准则，具有欺诈的主观故意。我国合同法规定，一方以欺诈手段使对方在违背真实意思表示的情况下订立的合同，是可撤销合同。虽然前述虚假的宣传内容并未列入合同条款，但客观上起到了诱导陆某签约的作用，故陆某请求撤销《授权经营合同书》的主张，事实及法律依据充分，本院予以支持。紫某公司提出广告内容不是合同条款、与合同无直接关系、不构成欺诈的上诉主张，缺乏法律依据，本院不予采信。

关于被特许人的撤销权是否已经消灭的问题，合同法明确规定，具有撤销权的当事人自知道或者应当知道撤销事由之日起一年内没有行使撤销权的，撤销权消灭。紫×公司提出，被特许人陆某于 2007 年 3 月 22 日签订合同之时对其主张撤销的事由便应当知道，至其 2008 年 3 月 31 日起诉时已超过一年期限，其撤销权已经消灭。对此，本院认为，紫×公司如要证明被特许人在签订合同时即知道或者应当知道存在合同撤销事由，需提供相应的证据予以佐证。事实上，陆某是基于对紫×公司的信任才会签订涉案合同，因此陆某在签订合同时不可能知晓特许人存在欺诈的情节。由于紫×公司没有证据证明被特许人陆某在签订合同时知道或者应当知道存在撤销事由，因此其相应的上诉主张不具有事实依据，本院不予支持。虽然陆某于 2008 年 3 月从紫×公司处提走市场价值为 4816 元货物，且未支付货款，但该事实仅表明双方在合同履行过程中对某一具体问题达成一致，不能推定该行为是陆某放弃撤销权的意思表示。由于紫×公司未提交证据证明被特许人陆某在明知存在撤销事由的前提下依然作出放弃撤销权的意思表示，因此紫×公司提出的陆某以自己的行为放弃合同撤销权的上诉主张不具有法律依据，法院不予支持。

案件评析

本案的关键点在于紫×公司在签订合同的过程中是否存在欺诈行为。

商业特许经营是指拥有注册商标、企业标志、专利、专有技术等经营资源的企业，以合同形式将其拥有的经营资源许可其他经营者使用，被特许人按照合同约定在统一的经营模式下开展经营，并向特许人支付特许经营费用的经营活动。本案中，紫×公司许可被特许人使用其拥有的商标等经营资源，要求被特许人以统一经营模式进行经营，并收取相应费用，该公司与被特许人之间签订的《授权经营合同书》符合法律规定的商业特许经营合同要件，属于商业特许经营合同。

特许人应当向被特许人提供其注册资本额、经营范围、注册商标、企业标志、经营模式、特许经营费用、被特许人的数量及经营状况、财务会计报告摘要、审计报告摘要等信息，特许人向被特许人提供的信息应当真实、准确、完整，不得隐瞒有关信息，或者提供虚假信息。特许人在推广、宣传活动中，不得有欺骗、误导的行为，其发布的广告中不得含有宣传被特许人从事特许经营活动收益的内容。而紫×公司的广告宣传用语中存在所谓韩国紫×国际企业集团是一家综合性跨国集团、"某品牌服饰数码美容创意坊"风靡韩国、加盟商有数倍利润空间等内容。但是，从北京市工商行政管理局东城分局作出的《行政处罚决定书》中明确指出的内容可知，所谓韩国紫×国际企业集团并不存在，所以紫×公司发布的广告属于虚假广告，紫某公司存在欺诈情形，根据我国《合同法》第五十四条的规定，一方以欺诈、胁迫的手段使对方在违背真实意思的情况下订立合同的，受损害方有权请求人民法院或仲裁机构变更或者撤销。因此法院的判决，并无不妥之处。

8. 特许经营合同欺诈与撤销问题

何某诉某某服饰公司特许经营合同纠纷一案

案情介绍

2007年4月，何某通过山东卫视、山西卫视等媒体看到某某服饰公司对外发布广告，广告内容称其为韩国B国际企业集团下属公司，创办于2000年，公司坐落在时尚之都首尔的繁华商业区。2007年9月11日，何某与某某公司签订了《授权经营合同书》，支付参股保险金2.95万元。其后何某多次进货。自2008年1月开始，某某服饰公司以没有货源为由停止向何某供货。2008年4月20日，何某来京后才得知某某服饰公司并非韩国B国际企业集团投资设立，且曾于2007年3月27日受到北京市工商行政管理局东城分局的行政处罚（该行政处罚确认了被告的广告构成虚假广告）。故起诉要求撤销合同，由某某公司返还何某加盟费2.95万元，赔偿经济损失700元。

某某服饰公司辩称：首先，公司没有欺诈行为，何某并不具有撤销权。双方签约是基于市场考察之后作出的选择，公司是否是韩国B国际企业集团下属企业并不影响何某的选择。招商广告属于要约邀请，其内容不构成合同条款，对双方没有约束力。其次，何某行使撤销权已经超过法律规定的除斥期间。再次，在合同履行期内，何某违反约定连续三个月没有进货，现双方合同已经到期，因此不同意何某的要求。

法院审理

一审法院经审理查明：2005 年 8 月 29 日，某某服饰公司注册成立，股东两人，均系自然人。其经营初期曾在电视上投放广告，宣传内容为其系韩国 B 国际企业集团创办，韩国 B 国际企业集团拥有"依 Q. in 一派"知名服装服饰品牌，创造出"依 Q 服饰数码美容创意坊"店铺经营模式，计划 5 年内把店铺开遍中国，确保加盟商盈利等。某某公司自成立至今，均在从事特许经营活动，但没有开设直营店从事经营。2007 年 1 月 12 日，某某服饰公司向国家工商行政管理局商标局申请在 25 类商品上注册"依 Q. in 一派"及图形类似旋转风车的商标。国家工商行政管理局商标局于 2007 年 6 月 12 日正式受理该申请。某某服饰公司现对任何注册商标不享有专有权。

2007 年 3 月 27 日，北京市工商行政管理局××分局向某某服饰公司下发京工商×处字［2007］某某号行政处罚决定书，该决定书称：某某公司在互联网上发布广告所涉及的韩国 B 国际企业集团，是某某公司出资 3500 元，通过位于光华长安的离岸港商务（国际）有限公司办理的一个带有韩国 B 国际企业集团有限公司的文件，在韩国并无该企业集团，某某公司也不是韩国 B 国际企业集团投资成立，与其没有任何关系，该广告属于虚假广告。某某服饰公司与加盟商签订合同，并收取相应加盟费、保证金等。依据相关法律规定，责令其退回骗取的江苏邳州市加盟商孔某交纳的保证金、货款等共计 1.68 万元，并处以罚款 3 万元的行政处罚。某某服饰公司已经实际履行上述行政处罚决定。

一审法院认为：本案中，某某公司系以拥有一定经营资源的企业身份，就许可何×使用其商标等经营资源，要求何某以统一经营模式进行经营，并收取相应费用为目的，与何某签订的《授权经营合同书》。该合同符合法律规定的商业特许经营合同要件，属于商业特许经营合同。根据商业特许经营合同的性质，被特许人在选择是否加盟时，主要是依据特许人所提供的信息来判断投资行为是否可行，故特许人与被特许人获取信息的地位不对等。为此，我国相关法律明确规定特许人负有向被特许人提供其企业状况、经营资源、特许费用、特许规模等真实、准确、完整信息的义务，不得提供虚假信息。基于此，虽然本案涉及的《授权经营合同书》，未将某某服饰公司进行加盟宣传的相关内容列入合同条款，但其宣传内容是否对何某选择签约具有决定性影响，其宣传行为是否存在欺诈应是本案应予判断的争议焦点。根据我国法律规定，一方以欺诈手段使对方在违背真实意思表示的情况下订立的合同，是可撤销合同。一方当事人故意告知对方虚假情况，或者故意隐瞒真实情况，诱使对方作出错误意思表示的，可以认定为欺诈。本案中，某某服饰公司并非韩国 B 国际企业集团下属企业，而是两个自然人股东在国内注册成立的企业法人，而且韩国 B 国际企业集团并不存在，仅是某某公司出于宣传推广之目的，故意虚拟出来以为招揽加盟之用。某某服饰公司在向何某提供的货物标签上标注"韩国 B 国际企业集团"字样，显系虚构事实的行为，具有欺诈的主观故意。据此可以认定某某服饰公司向何某进行了内容虚假的宣传，该宣传事实上对何某签约起到了诱导作用。故某某服饰公司的行为已经构成欺诈，何某选择要求撤销合同，具有法律依据，原审法院予以支持。

关于某某服饰公司辩称何某的撤销权已经因除斥期间届满而消灭以及何某要求违约赔偿即是放弃撤销权的意思表示一节，根据我国相关法律规定，可撤销合同中，撤销权会基于除斥期间届满或撤销权人知道撤销事由后明示放弃或以行为放弃权利而消灭。本案中，某某服饰公司未能提供证据证明何某在签订合同时即知道或应当知道撤销事由，而何某要求赔偿的诉讼请求不能当然理解为放弃撤销权，故对某某服饰公司的该项抗辩理由，原审法院不予采信。

综上，一审法院依据《中华人民共和国合同法》第五十四条第二款、五十六条、第五十八条、第七十五条，《最高人民法院关于贯彻执行若干问题的意见（试行）》第六十八条之规定，判决：一、撤销何某与某某服饰设计（北京）有限公司于 2007 年 9 月 11 日签订的《授权经营合同书》；二、某某服饰设计（北京）有限公司于本判决生效后十日内返还何某参股保险金 2.95 万元；三、驳回何某其他诉讼请求。

二审法院经审理查明：2007年9月11日，何×来京与××公司签署《授权经营合同书》。翌日，某某公司向何某交付了该公司的营业执照、税务登记证、授权书等文件。该授权书落款为"某某服饰设计（北京）有限公司"，该落款左侧下方有韩文文字。某某公司未在签订涉案合同前至少三十日，向何某书面披露我国《商业特许经营管理条例》第二十二条所规定的相关信息。

案件评析

本案的争议焦点是被告某某服饰公司的欺诈行为是否导致合同被撤销。

某某服饰公司在其广告中宣传称某某公司乃韩国B国际企业集团下属企业，是由韩国B国际企业集团投资成立。而在其后的行政处罚决定书中可知，某某服饰公司只是两个自然人股东在国内注册成立的企业法人，且韩国B国际企业集团并不存在，仅是某某服饰公司出于宣传推广目的，故意虚拟出来以为招揽加盟之用的。根据我国《民法通则》及《合同法》的相关规定，一方当事人故意告知对方虚假情况，或者故意隐瞒真实情况，诱使对方作出错误意思表示的，可以认定为欺诈。一方以欺诈、胁迫的手段或乘人之危，使对方在违背真实意思的情况下订立的合同，受损害方有权请求人民法院或仲裁机构变更或撤销。因此，某某服饰公司的欺诈行为，何某可以请求法院撤销合同。

而本案属于商业特许经营合同性质，根据我国《商业特许经营管理条例》第十七条第二款的规定，特许人在推广、宣传活动中，不得有欺诈、误导行为，其发布的广告中不得含有宣传被特许人从事特许经营活动收益的内容。但《条例》对于特许人违反该条规定的处罚，只是从行政执法的角度即由工商行政管理部门对其进行处罚，而对于被特许人要怎样维护自己的权益没有明确规定。但商业特许经营合同也属于合同中的一类，也适用于合同法的相关规定，因此，根据合同法的相关规定，何某也是享有撤销合同的权利的，法院的判决毫无疑问是正确的。

第三章　特许经营合同的解除

一、一方迟延履行合同，经催告仍未履行

1. 特许合同到期后管理费收取的时效问题

A 公司诉虞某特许经营合同纠纷案

案情介绍

上海 A 有限公司（以下简称"A 公司"）与虞某于 2003 年 5 月 29 日签订《C 加盟合同书》，合同约定由 A 公司授权虞某按 A 公司加盟制度，在上海市闵行区以加盟主身份经营以 "C" 为名称的连锁门市店，合同期限自 2003 年 8 月 28 日至 2006 年 8 月 27 日。合同签订时，A 公司当日向虞某一次性收取加盟费 10 万元，培训辅导费 6 万元，经营保证金 10 万元；虞某开始营业之日起，A 公司每月 5 日前收取虞某管理费人民币 3000 元；虞某营业所需的原料、器具、服装及其他物料必须由 A 公司统一进货，品种以 A 公司首次备货单为准。虞某必须保证每月 5 日前支付上月进货货款，如逾期支付，每天支付 5‰的滞纳金；虞某实行独立核算、自主经营的经营方针，但要遵循 A 公司的经

营策略，如有重大改变，应征得 A 公司同意，否则解除合同。A 公司经营上如有重大调整、变更或新的产品上市时必须及时通知虞某，以便虞某作出相应调整；A 公司负责辅导虞某开业、培训吧台、厨师、外场等有关工作人员，辅导人员来往差旅费、住宿费、薪资由虞某负责支付，未经过 A 公司同意，分派到虞某的工作人员不得私自从其他加盟店带人到虞某处；合同期满十日内经双方同意，虞某向 A 公司交纳加盟金 10 万元办理续约手续，逾期未续，本约自然失效；合约期间若无违约情节，虞某交纳的 10 万元经营保证金于合约终止时无息退回；虞某如违反以上条约，A 公司可没收虞某经营保证金 10 万元，经友好协商仍无效，A 公司可无偿终止虞某的加盟关系，停止虞某使用"C"品牌。

签约后，虞某于同日向 A 公司交付了加盟费 10 万元、经营保证金 10 万元及培训费 6 万元。事后，虞某在 A 公司的指导下对经营场所进行了装修，并在 A 公司为虞某培训了包括厨师长、吧台长等第一批工作人员后以 C 之名开业经营。合同到期后，双方未续约，但虞某仍以"C"品牌之形象经营至今，且虞某从开业起就未向 A 公司支付过管理费。

遂 A 公司诉至法院，请求法院判决解除合同，撤换营业场所的装修、装饰，并且支付自 2003 年 8 月 28 日起至判决生效日止的管理费（暂算至 2007 年 6 月 27 日为 13.8 万元）及自 2003 年 10 月 6 日起至实际支付日止的逾期付款利息，暂算到 2007 年 6 月 30 日为 1.967427 万元。

虞某辩称：A 公司没有注册商标，权利存在瑕疵，未尽管理职责，构成重大违约，A 公司无权向虞某收取管理费；且 A 公司在 2005 年 6 月之前的管理费从未催讨过，故该日期以前的管理费已超过诉讼时效，A 公司无权向虞某催讨。但同时又承认双方在 2006 年年底曾洽谈过续订加盟合同事宜，A 公司要求虞某先交欠付管理费后再行续签加盟合同。

法院审理

原、被告双方签订的加盟合同系当事人真实意思表示，于法不悖，当事人均应严格按约履行各自的义务。按双方签订的合同约定，A 公司的主要义务是授权虞某使用"C"文字、图形以及商标标章；为虞某提供经营所需的原料、器具、服装及其他物料并实施管理。从 A 公司提供给各加盟店的"加盟须知"内容反映，A 公司有义务为各加盟店提供包括培训人员在内的各项服务。根据查明的事实及双方当事人提供的证据，可以确认，A 公司对第 2 类商标享有权利，A 公司在其享有的权利范围内与虞某签订了加盟合同，授权虞某在加盟期间使用其商标，并不存在瑕疵。由于各加盟店均独立经营，A 公司作为各加盟店的授权人，其对各加盟店的管理应当是一种广义的管理模式，包括维护"C"品牌的形象等。A 公司提供的其向各加盟店发出的系列函件能证实，A 公司已向各加盟店实施了管理义务，包括虞某在内。且虞某也承认其开业时 A 公司为其培训了相关的工作人员，故虞某辩称 A 公司未尽管理职责，无权向虞某收取管理费之理由法院不予采纳。

　　另 A 公司称其向虞某收取管理费的日期为虞某开业之日起即 2003 年 8 月 28 日，而虞某自称其开业时间为 2003 年 12 月 25 日，由于 A 公司未能提供虞某于 2003 年 8 月 28 日已开始营业的相关依据，故管理费计算的起算日期以虞某自认的开业日期为准。根据合同约定，管理费按月结算，每月 5 日前付清，虞某虽辩称 A 公司对 2005 年 6 月前的管理费从未主张过，但同时又承认双方在 2006 年年底曾洽谈过续订加盟合同事宜，A 公司要求虞某先交欠付管理费后再行续签加盟合同，由此可知，A 公司在 2006 年年底曾向虞某主张过管理费，诉讼时效因此而中断。因 A 公司未能提供证据证实其在此日期前向虞某主张过管理费，故 A 公司主张管理费的日期应从 2005 年 1 月起算。根据双方签订的加盟合同约定，加盟期限至 2006 年 8 月 27 日，到期后双方虽未续约，但虞某仍继续以"C"品牌在经营，且双方也曾就续约事宜进行洽谈，导致合同是否终止履行处于不确定状态，故虞某仍应参照合同约定的价格向 A 公司支付管理费。

　　综上所述，本院认为，原、虞某双方签订加盟合同后 A 公司已按约履行了自己的义务，虞某未按时向 A 公司支付管理费，已构成违约。合同到期后，虞某在未取得续约的情况下仍以"C"之品牌继续对外经营，损害了 A 公司的合法利益，应承担相应的民事责任。据此，依照《中华人民共和国合同法》

第六十条第一款、第九十七条、第一百零七条、第一百零九条的规定，判决如下：

一、解除 A 公司与虞某于 2003 年 5 月 29 日签订的《加盟合同书》；

二、虞某立即停止使用带有"C"字样的店牌及标识，停止使用"C"字样、图案的器皿、物品等从事商业经营活动；

三、虞某应于本判决生效之日起十日内向 A 公司支付自 2005 年 1 月至 2007 年 5 月止，按每月 3000 元计算的管理费 8.7 万元及按每月产生的管理费为本金，从当月 6 日起（如：2005 年 1 月虞某应付的管理费 3000 元从同年 1 月 6 日起算，以此类推）至本判决生效日止，按中国人民银行规定的同期贷款基准利率标准计算的逾期付款利息。

案件评析

本案的争议焦点在于 A 公司是否违约及诉讼时效的计算。

首先，我们来看看 A 公司是否构成了违约。根据我国《商业特许经营管理条例》第十四条规定"特许人应当向被特许人提供特许经营操作手册，并按照约定的内容和方式为被特许人持续提供经营指导、技术支持、业务培训等服务"。由此可知，特许人应当为被特许人提供经营管理方面的支持和帮助，包括为被特许人提供经营指导手册、技术应用支持、为被特许人及其员工对特许经营体系的理念、经营、管理进行培训和指导等等。这是特许人的一项法定义务，因此，特许人必须认真履行，若特许人违反或不履行经营指导义务，被特许人则可以根据特许经营合同中的约定以及我国《合同法》中关于违约责任的规定进行追究。本案中，虞某提出 A 公司未按合同约定履行经营管理义务，构成违约，遂不应支付管理费。但根据双方提供的证据可知，A 公司向虞某提供了"加盟须知"、注册商标证书以及各种管理沟通函件等，且虞某亦承认 A 公司在其开业时对其进行了开业培训，因此，A 公司已向虞某履行了经营管理义务，A 公司并未违约，而虞某未支付管理费的行为才属违约。

其次，由于虞某违约，A 公司主张其管理费的支付期限是 2003 年 8

月 28 日起至判决生效之日止，而虞某辩称 A 公司对 2005 年 6 月前的管理费从未主张过，该日期以前的管理费已超过诉讼时效，A 公司无权再行要求虞某支付。那么，究竟什么是诉讼时效呢？而诉讼时效又是如何计算的呢？

诉讼时效是指民事权利受到侵害的权利人在法定的时效期间内不行使权利，当时效期间届满时，人民法院对权利人的权利不再进行保护的制度。在法律规定的诉讼时效期间内，权利人提出请求的，人民法院就强制义务人履行所承担的义务。而在法定的诉讼时效期间届满之后，权利人行使请求权的，人民法院就不再予以保护。我国民法通则对普通民事诉讼时效期间规定为两年，即权利人从知道或应当知道自己的权利受到侵害时起算。但诉讼时效也会因发生法定事由而中断，使已经经过的时效期间统归无效，待中断事由消除后，诉讼时效重新计算。其中断的法定事由有如下几种：1. 提起诉讼，即包括民事诉讼法上的一切权利主张形式，如起诉、应诉，作为第三人参加诉讼，申请支付令、申报破产债权、申请强制执行等；2. 权利人主张权利，即权利人在诉讼程序外向义务人明确提出要求其履行义务的意思通知；3. 义务人同意履行义务，即权利人的相对人表示知悉该权利人的权利存在的行为。

本案中，虞某自开始加盟经营起从未支付过管理费，而根据合同约定，管理费按月结算，每月 5 日前付清，故 A 公司是明知自己的权利受到侵害的。虞某虽说 A 公司对 2005 年 6 月前的管理费从未主张过，已超过诉讼时效，但同时又承认双方在 2006 年年底曾洽谈过续订加盟合同事宜，A 公司要求虞某先交欠付的管理费后再行续签加盟合同，由此可确认，A 公司在 2006 年年底曾向虞某主张过管理费，诉讼时效因 A 公司主张权利中断而重新计算两年，因此 A 公司主张管理费的日期应从 2005 年 1 月起算。

又根据双方签订的加盟合同约定，加盟期限至 2006 年 8 月 27 日，因 A 公司的诉求明确要求解除合同，且合同实际约定的期限已到，所以法院即判决双方合同解除，我们认为法院的判决是正确的。

二、一方迟延履行合同，致合同目的无法实现

1. 被特许人单方解除合同的法律适用问题

刘某诉上海某某洗衣经营管理有限公司特许经营合同纠纷案

案情介绍

2010 年 11 月 9 日，刘某考察了某某洗衣经营管理有限公司（以下简称"某某洗衣公司"）的经营项目后，即与某某洗衣公司的业务代表李某某达成口头特许加盟意向，当日两人又查看了位于上海市松江区的商铺，刘某表示此地理位置可以设立某某洗衣公司的洗衣连锁店。双方遂签署意向书，次日刘某向某某洗衣公司汇款 3000 元。同月 11 日，刘某就上述商铺与上海某某资产投资管理有限公司（以下简称"某某资产投资公司"）签订了房屋租赁合同，每月租金为 8500 元。同月 13 日，刘某与某某洗衣公司签订了一份《某某洗衣连锁/某某洗衣生活馆特许经营合同》（以下简称"《洗衣连锁特许合同》"），约定合同期限为 2010 年 11 月 13 日起至 2013 年 11 月 12 日止。合同还约定某某洗衣公司为实现总体经营战略目标，有权要求刘某按要求对经营场所（店址）进行选择，并由某某洗衣公司进行核定；刘某应在店址选择、店面面积、店面装修等方面达到洗衣公司标准，店面装修应严格按照某某洗衣公司所提供的《VI 手册》以及《SI 装修标准》执行。刘某向某某洗衣公司购买价值为 8.4 万元的洗衣成套设备和道具。之后刘某依约又向某某洗衣公司汇款 1.7 万元。签约后，某某洗衣公司经设计向刘某出具了刘某的某某干洗店的平面图、接待形象立面图、系统图、给排水图、水洗台详图、门头图、电气布置图、水洗台立面图、接待台标准详图以及施工说明。但是刘某聘请的施工人员在装潢过程中发现上述设计无法施行，该店铺的一层及地下室没有排水管道，仅二层有排水管道，但二层层高较小，根本无法安置某某洗衣公司预备销售给刘某的洗衣设备。由于上述店铺无法作为洗衣店使用，故刘

某与某某资产投资公司协商解除了房屋租赁合同，刘某支付了某某资产投资公司违约金 2888 元。随后刘某多次联系某某洗衣公司要求解除《特许经营合同》，退还定金，但某某洗衣公司未予同意。刘某认为，某某洗衣公司作为专业的洗衣加盟连锁公司，却未积极履行合同义务，在确定店铺地址和进行装潢设计上均出现重大错误，导致刘某的租金损失，且某某洗衣公司未向刘某交付洗衣设备及辅助用品，某某洗衣公司已违约。另外，根据《商业特许经营管理条例》第十二条规定，特许人和被特许人应当在特许经营合同中约定，被特许人在特许经营合同订立后一定期限内，可以单方解除合同。而原、被告间签订的《特许经营合同》中没有该约定，且该合同系由被告提供的格式合同，因此应补充原告可以解除合同时间的约定。故刘某诉至法院，认为某某洗衣公司根本违约致使合同目的不能实现，并且某某洗衣公司未在商务部备案，不具备特许经营的要求，属违法经营，请求判令解除刘某与某某洗衣公司签订的《洗衣连锁特许合同》；某某洗衣公司返还刘某已支付的定金 2 万元，并赔偿刘某的租金损失 2888 元。

被告某某洗衣公司辩称：首先其并无确定商铺是否适宜开办洗衣店的义务，且被告代表李某也没有向原告确认过该商铺适宜开办洗衣店，李某所作的仅是商圈考察。其次，双方签订合同时没有约定送货地点和时间，而原告于 11 月 23 日就与出租方解除租赁合同，已经以实际行动表明其不履行合同，故致送货未成，被告不存在违约行为。

法院审理

法院审理认为，原、被告间签订的《某某洗衣连锁特许经营合同》系双方真实意思表示，合同合法有效，双方均应依约完全履行。《洗衣连锁特许经营合同》中明确约定被告义务为商圈考察评估、店铺设计与装潢监理等，未约定被告有确认商铺是否适宜开办洗衣店的义务，而原告也没有证据证明李某当时确认过该商铺适宜开办洗衣店。同时，原告现在也没有充分证据证明在其原租赁商铺内已完全无法开办洗衣店，在被告向原告出具相关设计图后，原告在没有与被告协商寻求解决方案的情况下即与商铺出租方解约，并未取得被告的确认，也就无法确定是否存在变通方式使原商铺可开办洗衣店。其次，双方在《洗衣连锁特许经营合同》中对成套设备、辅助用品的交付时间、交付地点、交付方式以及余款支付日期等尚未明确约定，且原告迄今也未支付余款，在此情况下即要求被告送货依据不足。且原告与出租方解约日尚在其与被告签订《某某洗衣连锁特许经营合同》之日起十五个工作日内，该解约的事实也导致了被告实际上在十五个工作日内无法送货。因此就交付成套设备、辅助用品这一合同义务上被告并未违约。另《洗衣连锁特许经营合同》中约定：被告为原告提供本合同所述的任何服务和履行本合同义务，是在原告解约期届满后开始。该条约定实际上即明确了在被告未向原告提供任何服务和履行合同义务前，原告有权解除合同。同时即使在《洗衣连锁特许经营合同》中未约定被特许人在合同订立后一定期限内可单方解除合同，也不影响到《某某洗衣连锁特许经营合同》的效力。

综上，原告没有证据证明被告在履约过程中存在延迟履行债务或者有其他违约行为，且上述行为致使不能实现合同目的，故其行使合同解除权没有事实和法律依据。同时，原告虽已退租，但双方签订的《洗衣连锁特许经营合同》中并未对原告的经营地点作明确约定，故原告可另行择址以继续履行合同。故对原告要求判令解除《洗衣连锁特许经营合同》的诉讼请求，应予驳回。原告的其他诉讼请求均基于解除合同这一法律后果，因合同未解除，故亦应予驳回。依照《中华人民共和国合同法》第九十四条第（四）项之规定，判决如下：

驳回原告刘某的诉讼请求。

案件评析

本案的争议焦点在于原告是否有权解除《洗衣连锁特许经营合同》。

本案原告主张被告的违约行为是：被告为原告选择的商铺无法作为洗衣店使用；且依据合同约定，洗衣的成套设备、辅助用品需于签约日起十五个工作日内交付，原告已支付定金2万元，但被告未履行该义务，致使合同目的无法实现；另外根据《商业特许经营管理条例》的规定，双方的合同未约定原告的单方解除权，以及被告未在商务部备案，不具备特许经营的要求。

首先，原告主张行使的是法定的解除权，依据《中华人民共和国合同法》第九十四条第（四）项的规定，因当事人一方延迟履行债务或者有其他违约行为致使不能实现合同目的的情形，另一方当事人可以解除合同。在本案中，原告认为被告有义务帮其选择洗衣店商铺，而被告的工作人员却没有尽到合理地选择商铺的义务，使得被选定的商铺不能作洗衣店用，被告的行为使得合同目的不能实现，因此要求解除合同。但根据双方签订合同的内容来看，合同中明确约定被告义务为商圈考察评估、店铺设计与装潢监理等，未约定被告有确认商铺是否适宜开办洗衣店的义务，也就是说，被告的义务只是为原告将要开办洗衣店的地理位置进行考评，并没有为原告洗衣店的具体商铺进行选择的义务，而被告也为原告选定的商铺位置进行了评定，被告履行了合同义务。另外，依据双方的合同约定，被告应在签约日起十五个工作日内交付洗衣的成套设备及辅助用品，而被告未交付的理由是因为原告在合同签订后的十五日内即解除了租赁合同，使得洗衣设备无法按照约定地址发送，被告无法履行义务，因此，原告主张解除合同的理由不能成立。

其次，根据《条例》的规定，特许人与被特许人签订合同时，应约定被特许人在合同订立后一定期限内，可以单方解除合同。但《条例》中并没有规定该一定期限的时间长短，也并没有规定特许人违反该条规定就应解除合同。而对特许人没有备案的法律责任《条例》中有明确规定，即由商务主管部门责令限期备案及罚款，并没有否定双方签订合同的效力，原告以此为解除合同的理由不能成立。

三、根本违约导致合同的解除

1. 特许人提供的产品不符合合同约定致使合同目的无法实现

李某诉北京某清洗技术公司特许经营合同纠纷案

案情介绍

2005 年 9 月 24 日，李某（乙方）与北京某清洗技术公司（甲方）签订加盟合同，由乙方加入甲方的某某环境污染检测治理连锁机构。双方在合同中约定，在乙方认同并接受甲方经营管理制度规范的基础上，甲方授权乙方在新疆乌鲁木齐市以"××"服务品牌及甲方代理的相关产品品牌经营；乙方于签约时一次性向甲方交纳人民币1万元，作为加盟费，获得甲方的正式授权，合同期限为一年。加盟费按乙方后期购货情况返还，每积累进货3万元返还加盟费3000元，直至返完为止，乙方根据自身资金等情况选择适宜的加盟级别，签订时乙方向甲方支付首次购货款12000元，乙方自取得甲方授权之日起每年向甲方支付管理费500元；合同还约定双方的权利和义务，在甲方的义务中约定，若乙方按甲方所规定的操作流程进行施工因产品质量造成了相关损失（包括交易药剂无效或二次污染等），由甲乙双方认定，甲方给予承担相关责任和损失。

合同签订后，李某向北京某清洗技术公司（以下简称"某清洗公司"）交纳了加盟费、管理费、购货款，在当地租赁了房屋并进行了装修、购买了办公设备、招募了员工，对加盟项目进行了宣传。李某于2005年10月至11月对客户钟某家进行了污染治理，后经乌鲁木齐市环境检测中心站检测未达到国家标准。为此，李某三次来京与某清洗公司交涉，要求某清洗公司返还加盟费、管理费、购货款2.3万元并将从某清洗公司处所购货物及仪器退还。某清洗公司于2005年12月7日返款给李某5000元，并收回双方所签订合同及加盟费、管理费、购货款发票等。李某不满意某清洗公司只返还5000元，于是将某清洗公司诉至法院，请求法院解除其与被告某清洗公司签订的加盟合同；判令被告某清洗公司返还购货款、加盟费、管理费及其他损失合计4.2505万元；诉讼费由被告承担。

被告某清洗公司认为，李某无权解除合同，其公司没有违约行为，原告李某提交的检验报告，存在明显的瑕疵不能证明其公司违约，该报告不能证明是使用其公司的设备处理过，不能排除原告造假的可能。双方于2005年9月25日在北京签订的加盟合同，合同期限一年，至2006年9月24日双方的合同关系已经消灭，所以原告请求解除合同没有法律依据。而且合同已经协商解决，其公司已经将款退还原告，原告已经将收款收据给其公司，显然双方的合同关系已经解除。如果原告手中持有收据，如构成退还加盟费的情形，其公司应予退还。但在本案诉讼前双方已经解除了合同，且原告没有加盟费收据原件，双方解除合同已经一年多。现原告起诉，是以不切实际的理由将其相关损失转嫁给其公司。请求法院驳回原告的全部诉讼请求。

法院审理

法院审理认为，原告与被告签订的加盟合同，系双方当事人真实意思表示，未违反法律法规，应为有效。鉴于双方合同履行期已届满，双方合同关系已消灭，但并不影响对双方合同存续期间争议的解决。原告使用被告提供的技术、药剂和设备为客户室内空气治理后，未能达到国家相关标准，应认定为原告签订加盟合同的目的不能实现。原告将其所购货物及仪器已退还给被告，被告应返还原告所缴纳加盟费、管理费、购货款；对原告因履行合同所遭受的直接经济损失，被告亦应予以赔偿。依据双方所签合同及唐某某、赵某的证人证言，能够证明李某所交纳的加盟费 1 万元、管理费 500 元，购货款 1.25 万元。原告为了履行加盟合同，所支出的 7800 元的工人工资、与被告交涉所支出的交通费 2501 元，属直接、必要的损失，被告应当赔偿；原告进行广告宣传所支出的广告材料费、租赁合同的房屋租金等，不属于直接、必要的损失，原告要求被告赔偿的理由不充分，对原告该项诉讼请求本院不予支持；对原告要求被告赔偿货物的托运损失，因其提交的"托运单"的收货人系冯某，不能证明托运的是退还被告的货物，故本院不予支持。被告辩称的"原告是以不切实际的理由将其相关损失转嫁给被告"的抗辩意见，因其缺乏证据支持，且于法无据，本院不予采纳。鉴于被告已退还原告 5000元，故应在被告返还原告加盟费等款项中，予以扣除。据此，依照《中华人民共和国合同法》第八条、第九十七条、第一百零七条之规定，判决如下：

一、被告北京某清洗技术有限公司返还原告李某加盟费、管理费、购货款 2.3 万元（已给付 5000 元，其余 1.8 万元于本判决生效之日起十日内给付）。

二、被告北京某清洗技术有限公司赔偿原告李某损失 1.0301 万元（于判决书生效之日起十日内给付)。

三、驳回原告李某的其他诉讼请求。

案件评析

本案中，原、被告双方争议的焦点在于合同履行期间，被告的技术、药剂和设备未能达到合同的约定，是否会导致合同的目的不能实现，从而构成根本违约；被告收回合同、加盟费、管理费发票及退款行为是否代表双方已经协议解除合同。

根据我国《合同法》第九十四条的规定"有下列情形之一的，当事人可以解除合同：(一)因不可抗力致使不能实现合同目的；(二)在履行期限届满之前，当事人一方明确表示或者以自己的行为表明不履行主要债务；(三)当事人一方迟延履行主要债务，经催告后在合理期限内仍未履行；(四)当事人一方迟延履行债务或者有其他违约行为致使不能实现合同目的；(五)法律规定的其他情形"。由此可知，一方当事人有违约行为致使不能实现合同目的的，另一方当事人可以解除合同。而合同目的即是指合同双方通过合同的订立和履行最终所期望得到的东西或者达到的状态，也就是说原告与被告签订合同的主要目的在于原告使用被告公司技术、产品、设备，治理室内有害气体，改善室内空气质量、减少室内气体污染。但是原告在对其客户家里治理完后，经过当地环境检测中心检测，室内气体未达国家标准，其产品、设备根本无法实现合同目的，所以，在本案中，被告的技术、药剂和设备未能达到合同的约定，导致原告签订加盟合同的目的不能实现，被告构成根本违约，因此，原告有权解除合同、要求被告退还相关费用并赔偿损失。

合同履行期间，原告将所有产品、设备、合同、缴费发票等退还给被告，并收取被告 5000 元退款，由于该事实目的不明，无法反映双方已协议解除该合同并就解除后的事宜处理完毕。

由于双方合同已因期限届满而失效，合同解除的前提之一是合同合法有效存在，而且解除已失效的合同没有法律意义，所以，原告要求解除合同的诉讼请求是得不到支持的；但由于被告未能举证证明双方已就该合同协商解除并将债权债务已处理完毕，所以，原告已将产品、设备返还，被告应当退还原告加盟费、购货款、管理费。

因此，特许经营企业的合同双方在解除合约时，一定要与对方签订书面的解除协议，就合同的债权债务等善后事宜约定明确，以免事后纠缠不清。

2. 特许经营合同一方当事人根本违约的认定

刘某诉北京某儿童用品公司特许经营合同纠纷案

案情介绍

2007年1月17日，刘某（原告）与北京某儿童用品公司（被告）签订合作协议书，被告授权原告开设并经营酷××精彩卡通屋。双方合同约定：酷××标志、标识及酷××精彩卡通屋企业VI形象，店面形象和空间设计系统属北京某儿童用品公司所有，未经授权，其他任何企业和个人不得使用。被告授权原告在辽宁省沈阳市××区开店并经营酷××精彩卡通屋，并可使用被告的标志标识、企业VI形象、店面形象和空间设计系统。原告应在授权经营地，从2007年1月17日起至2009年1月16日止，持续经营酷××精彩卡通屋，开店规模为店中店级别点。在协议签订时，原告需向被告交纳加盟费1.28万元，此费用在协议履约期内累计进货达到1万元时（从第二批进货起结算），被告返还加盟费人民币500元给原告，直至加盟费全部返还为止，若原告未达到规定进货量，则不享受加盟费返还政策。原告需向被告交纳协议履约保证金4000元，此费用在协议履约期满时被告一次性全额返还给原告。协议生效后，被告向原告提供授权铜牌、开店资格证、彩色宣传画、商标准用证等相关证件，有权要求原告按规定统一使用被告的企业形象识别系统等。被告有义务向原告提供经营指导、营销培训及帮助原告搞好内部管理。被告免费向原告提供统一的酷××卡通屋店面设计和空间装修方案。被告向原告免费提供开店初期的开业赠品，包括吊旗、海报、特价牌、贵宾卡、购物袋等。协议签订当日原告向被告交纳加盟费1.28万元及保证金4000元。

合同签订后，刘某陆续累计向北京某儿童用品公司支付货款2.7795万元，北京某儿童用品公司将货发给了刘某。刘某收到货以后，发现货物质量极差，与合同约定不符，与北京某儿童用品公司的宣传、承诺更是相差甚远。由于北京某儿童用品公司没有履行合同中约定的相应义务，其亦不具有特许人进行特许经营应当具备的最基本条件，致使刘某开业手续不完备，开业效果极差。刘某认为北京某儿童用品公司的行为构成根本违约，致使其不能实现合同目的。遂将北京某儿童用品公司诉至法院，请求法院：1. 判令解除刘某与北京某儿童用品公司于 2007 年 1 月 17 日签订的《合作协议书》；2. 判令北京某儿童用品公司退还刘某加盟费 1.28 万元、保证金 4000 元；3. 判令北京某儿童用品公司承担全部诉讼费用。

被告北京某儿童用品公司辩称，其没有违约行为，公司的宣传画册等商业广告是要约邀请，而不是要约。印制的宣传手册，是针对不特定人发出的，其目的在于邀请不特定的人订立合同，无须受宣传手册上内容的约束。提供的产品也是符合国家相关规定。货物交付后，在刘某验货并未提出质量异议的前提下，应该认定产品提供者已经完成了产品交付义务，并且产品质量符合合同约定。北京某儿童用品公司已履行协议约定的根本义务。刘某的诉讼请求没有法律依据。首先，北京某儿童用品公司签订的合作合同中没有约定合同解除权；其次，刘某不享有法定的合同解除权，本案中双方所签加盟合同的目的，是北京某儿童用品公司与刘某进行合作经营，北京某儿童用品公司授予刘某特许经营权并向其提供商品，刘某向北京某儿童用品公司支付特许经营费，这个合同目的已经实现了，在合同履行过程中如果出现质量不合格的违约情形，北京某儿童用品公司应承担采取补救措施或赔偿损失的责任，因这种违约行为不是合同解除的充分条件，故本合同不能解除，刘某的诉讼请求于理不合，于法无据，请求法院驳回刘某的诉讼请求。

法院审理

法院审理认为，判断合同的性质，主要应该根据合同所约定的具体内容来认定，而不是根据合同所冠以的名称。本案中，原告与被告签订的协议，名为合作，但其内容系被告将其拥有的产品标志、标识、企业形象、商标等经营资源许可原告使用，由原告在合同约定的经营模式下统一经营，原告为此支付相应费用，并不得超越许可范围和许可期限，上述约定完全符合特许经营合同的要素，故双方签订的《合作协议书》实质系特许经营合同。该合同反映了双方真实意思表示，且未违反国家法律法规强制性规定，应确认有效。本案合同签订于 2007 年 1 月，因此本案应当参照在此期间施行的《商品特许经营管理办法》以及相关法律规定。

原告作为被特许人，与特许人签订特许经营合同的主要目的，意在由特许人规定的统一系统或经营模式下开展经营活动，具体来说即是协议中所约定的享有被告所提供的专业经营指导、营销培训以及统一的酷××精彩卡通屋店面设计和空间装修方案，并有权获得被告提供的授权铜牌、开店资格证、彩色宣传画、商标准用证、开业赠品、企业形象识别系统等相关手续，原告在此基础上进行经营，从而实现特许经营的成功复制。被告在审理中以原告出示的销售出库单并未加盖公司公章为由从而否定货物的真实性，同理，其向法庭出示的开业赠品清单、培训及应用手册、培训教程、教案等资料亦未加盖公司公章，故在原告否认收到上述文件的基础上，本院对上述证据不予采信。至于被告出示的企业标志准用证、授权委托书、开店资格证，由于其并未提供原告的签收手续，故对于其将上述证书已提供给原告的主张本院不予采信。故此被告于本案中并未举证证明其于签约后向被特许人原告予以专业经营指导、营销培训及店面设计和空间装修方案，且不能证明已履行了诸如提供授权铜牌、开店资格证、彩色宣传画、商标准用证、开业赠品、企业形象识别系统的义务，尽管被告主张上述义务应系附随义务，但对此本院认为，特许经营合同并非一般的加盟代理合同，其主要特征之一即是受许人在特许人规定的统一系统或经营模式下开展经营活动，换言之，受许人所开展的经营能够与特许人所经营的模式相复制，具体来说，特许人必须向被特许人授予特许经营使用权并提供代表该特许体系的营业象征及经营手续，提供开业前的教育和培训，指导被特许者做好开店准备，提供长期的经营指导、培训和合同规定的物品供应，此并非合同的附随义务而系合同的主要义务，故被告作为特许人未履行上述主要义务，导致特许经营合同目的无法实现，已构成根本违约，原告因此而主张解除合同，理由正当，本院予以支持。合同解除后，尚未履行的，终止履行；已经履行的，根据履行情况和合同性质，当事人可以要求恢复原状、采取其他补救措施，并有权要求赔偿损失。现原告要求被告返还加盟费及保证金的诉讼请求，于法有据，本院予以支持。依照《中华人民共和国合同法》第九十四条第（四）项、第九十七条之规定，判决如下：

一、原告刘某与被告某某儿童用品（北京）有限公司于 2007 年 1 月 17 日签订的《合作协议书》终止履行；

二、被告某某儿童用品（北京）有限公司于本判决生效后七日内返还原告刘某加盟费 1.28 万元及保证金 4000 元。

案件评析

本案争议焦点在于被告是否构成根本违约。

我国《商业特许经营管理条例》第三条规定，"本条例所称商业特许经营是指拥有注册商标、企业标志、专利、专有技术等经营资源的企业，以合同形式将其拥有的经营资源许可其他经营者使用，被特许人按照合同约定在统一的经营模式下开展经营，并向特许人支付特许经营费用的经营活动。"具体来说就是统一的管理模式，统一的经营模式，统一的形象标志，统一的产品或服务渠道。而这些经营管理模式和经营资源就体现在门店的装修装潢、授权证书、经营指导和培训、监督等大量日常的工作当中。

特许经营合同主要特征之一即是被特许人在特许人规定的统一系统或经营模式下开展经营活动，换言之，被特许人所开展的经营能够与特许人所经营的模式相复制，具体来说，特许人必须向被特许人授予特许经营使用权并提供代表该特许体系的营业象征及经营手续，提供开业前的教育和培训，指导被特许人做好开店准备，提供长期的经营指导、培训和合同规定的物品供应，此系合同的主要义务。根据商业特许经营活动的特征，可以判定除了产品供应或技术服务传授之外，如何扶持被特许人成功运营复制过来的经营模式也是特许人的主要义务，这也是商业特许经营活动不同于一般商业活动的本质区别。

本案中，双方签订了《合作协议书》后，原告即向被告交纳了加盟费及保证金，被告也应按合同约定，向原告提供授权铜牌、开店资格证、商标准用证等相关证件以及交付开业赠品、彩色宣传画、企业形象识别系统等物品，并向原告提供经营指导及培训等义务，这是商业特许经营合同中被告需要履行的主要义务，虽然被告在答辩中称其已履行上述义务，但其并未能举证证明，因此根据举证规则的相关规定，法院判决被告败诉是正确的。

目前许多企业不重视为被特许人提供服务后，建立"签收回执或服务备案制度"，认为做了就行了，但恰恰这样做风险很大，所以，建立"签收回执制度和构建经营指导制度"是切实的，更是必要的。

3. 特许经营合同的法律关系的认定

史某诉北京某某文化传播有限公司特许经营合同纠纷案

案情介绍

2008 年 4 月 8 日史某与北京某某文化传播有限公司（以下简称"某某文化公司"）签订《经销合同书》，双方约定：史某向某某文化公司申请加入××时尚休闲服饰专卖经营体系，接受某某文化公司的经营理念模式及产品定位，某某文化公司授权史某地域范围是山东省济南市天桥区某某批发城、经营面积 15 平方米；合同签署当日史某向某某文化公司支付保证金 2.8 万元，某某文化公司向史某某一次性首批免费铺货价值达 2.8 万元。史某累计进货 10 万元，某某文化公司返还保证金 1 万元至返完为止；史某应提前将购货清单以电话形式告知某某文化公司，合同有效期为 2008 年 4 月 8 日至 2009 年 4 月 7 日。同日，史某向某某文化公司交纳了 2.8 万元的保证金。随后史某要求某某文化公司按照展厅展示样品供货时发现，某某文化公司库房中并没有史某事先选定的货，史某随后向某某文化公司提出退还保证金的要求，某某文化公司却只答应退还 65% 的保证金。后史某以某某文化公司现货中未有其预订的货物为由，要求解除双方签订的合同，某某文化公司予以拒绝，也未向史某发价值 2.8 万元的免费货物，双方签订的合同未实际履行。史某与某某文化公司协商未果，遂史某以某某文化公司诱导其签约的行为是一种欺诈为由诉至法院，请求法院判令解除合同，某某文化公司退还史某保证金 2.8 万元并赔偿原告损失 4010 元。

某某文化公司辩称，双方签订的合同合法有效，不存在欺诈，合同也并没有解除。被告不存在任何违约行为，没有铺货是因为双方在合同签订后就订货问题产生纠纷。原告是加盟商，被告是品牌运营商，我们是统一配发货，不可能根据某一个加盟商的要求生产相应的货物。保证金是履约保证金，双方在合同中已经约定了保证金的返还方式，要求返还保证金没有事实和法律的依据。原告的损失不能证明使用用途，也不能证明是原告使用，不同意原告的诉讼请求。

法院审理

法院审理认为，依法成立的合同受法律保护，当事人应当按照约定全面履行自己的义务。本案中原、被告签订的《经销合同书》是双方当事人真实的意思表示且未违反国家法律禁止性规定，合同应为有效。根据双方签订的合同内容来看，被告是根据原告方要求发货，因被告方不具备原告所需货物，致使原告方不能实现合同目的要求解除合同且已经通知被告，被告也未按照合同约定给原告配货，故双方签订的合同已经实际解除，合同解除后，被告应及时退还原告交纳的 2.8 万元。原告主张赔偿损失，证据不足，本院不予支持，被告抗辩理由不充分，本院不予采信。依照《中华人民共和合同法》第六十条、第九十四条、第九十七条、第一百三十条的规定，判决如下：

一、原告史某与被告某某（北京）文化传播有限公司于 2008 年 4 月 8 日签订的《经销合同书》终止履行；

二、被告某某（北京）文化传播有限公司于本判决生效后十日内返还原告史某人民币 2.8 万元整。

三、驳回原告其他的诉讼请求。

案件评析

本案的争议焦点在于原被告双方是什么样的法律关系，被告是否必须按照原告的要求供货？

在本案中法院已经查明，合同签署当日原告向被告支付保证金 2.8 万元，加入被告的特许经营体系，被告向原告一次性首批免费铺货价值达 2.8 万元。法院对双方合同性质并未作出认定，认为被告应该按照原告的要求向原告供货，现被告没有原告要求的货物，因此被告构成违约。

法院的判决是值得商榷的，尽管本案是以买卖合同纠纷为由立案，但是从双方的合同性质来看，原被告之间应该是商业特许经营方面的合同法律关系。在特许经营法律关系中，特许人和被特许人是相互享有权利和负有义务的，特许人收取了被特许人的加盟费用后，对被特许人负有经营指导义务，而被特许人除了享有、使用特许人品牌、获取特许人指导等权利外，还需要按照特许人的经营模式开展经营活动，服从特许人的指导。特许人与被特许人之间不是简单的货物买卖关系，在哪个时期主打何种产品，应该是由特许人根据市场行情确定的，而不是加盟商确定的。因此，在特许人产品不存在质量问题，仅仅是特许人没有按照被特许人要求发货的情况下认定特许人违约，是没有道理的。

而对于特许经营企业来讲，也不能单纯为了吸引招商，在展厅中陈列一些款式新颖、畅销的产品，以促使加盟者签订合同，但实际履行过程中，又只给加盟商发送一些款式落后、质量低劣产品，这样不利于特许人的长远发展，同时对于存在严重质量问题的，被特许人也可以以合同目的无法实现为由要求解除合同。

4. 行政行为导致特许合同目的不能实现，双方的责任承担

刘某某诉北京某某科技发展有限公司特许经营合同纠纷一案

案情介绍

2007 年 11 月 30 日，刘某某与北京某某科技发展有限公司（以下简称

"某某科技公司")签订《加盟合作协议》，加盟其"××口腔"连锁店，加盟费为22.88万元，并约定某某科技公司负责办理卫生许可证、工商营业执照，如果因其原因造成证照无法办理或者未办理完毕的，其应承担全部费用及退还刘某某所付款项。签约当日，刘某某依约向某某科技公司支付了加盟费。此后，刘某某按照某某科技公司的要求准备房屋、装修门店、制作户外灯箱并购买医疗器械、污水处理机和办公桌、保险柜等办公用品，同时还雇佣了两名工作人员，前后共花费数十万元，做好了加盟店营业的一切准备。按照约定，某某公司应当在合同签订后三个月内为刘某某办理卫生许可证。但是，某某科技公司却一直未能为刘某某办理卫生许可证，刘某某认为某某科技公司的行为已属严重违约，致使刘某某无法实现合同目的，给刘某某造成了巨大的经济损失。故刘某某诉至法院，请求解除双方签订的《加盟合作协议》，并判令某某科技公司返还加盟费22.88万元，赔偿损失91.150932万元，其中包括装修费用20.1万元、水电费4080.95元、医疗器械费用6.56万元、灯箱制作费3300元、污水处理机费用6000元、办公用品费用7200元、员工工资4.4万元以及2007年12月1日至2009年4月29日的房租损失58.032837万元。

某某科技公司辩称：首先，双方并未在合同中对办理证照的时间作出明确约定，不能推论我公司应在签约后三个月内办理完证照。其次，我公司积极履行了合同义务，在合同签订后即向××区卫生局递交了申请材料，至今未能办理证照是因为卫生局以区域卫生规划为由不予批准，责任并不在我公司。再次，双方合同的核心在我公司授予刘某某特许经营权，代办证照不是我公司的主要义务，在我公司知晓某某区卫生局因规划原因不予批准办证申请后，及时告知了刘某某并通知其更换经营地址，但刘某某坚持不更换，所以其至今未能开展经营，不应由我公司承担责任。

法院审理

法院认为：涉案《加盟合作协议》中除了第六章第三条外的其他条款系双方真实意思表示，内容亦不违反法律、行政法规的强制性规定，故该协议中其他条款合法有效，双方应依约全面履行各自的合同义务。而且第六章第三条不影响其他条款的效力。根据××区的区域医疗机构设置规划，从2005年开始，××区卫生局不再批准在××区设立新的医疗机构。因此，在涉案合同约定的经营地点设立××口腔门诊部已属不能。虽然刘某某和某某科技公司在协议中约定如因不可抗力致使位于合同约定地点的加盟店无法继续经营，在经某某科技公司认可后，刘某某可另选一间店铺继续经营。但某某区卫生局早在2006年就在其网站上对不再批准设立新的医疗机构的情况进行了公示，该情况并不属于双方合同中约定的不可抗力的情形，且刘某某亦不同意选择其他地点经营。因此，涉案合同无法继续履行，且某某科技公司在刘某某不同意更换经营地点的情况下，亦同意解除合同，故双方合同应当据此予以解除。合同解除后，尚未履行的，终止履行；已经履行的，根据履行情况和合同性质，当事人可以要求恢复原状、采取其他补救措施并有权要求赔偿损失。鉴于刘某某尚未实际进行经营，故某某科技公司在合同解除后应当返还刘某某交付的加盟费22.88万元。本案双方争议的焦点在于某某科技公司是否应当赔偿刘某某为履行涉案合同所支出的各项费用及房租损失。

在合同履行过程中，当事人应当遵循诚实信用的原则，根据合同的性质、目的和交易习惯履行通知、协助、保密等义务。本案中，首先，为刘某某办理医疗机构执业许可证是某某科技公司的合同义务，其在双方订立合同并收取刘某某的加盟费后，应当积极了解相关主管机关的规定和获批的可能性。其次，××区卫生局早在2006年就已经公布了其不再批准在××区设立新的医疗机构的情况，某某科技公司作为从事医疗卫生行业的特许人，对此完全有条件知晓，至少在签约后有机会及时了解到该情况。并且，某某科技公司在2008年年初到××区卫生局进行咨询时，××区卫生局已告知其不再受理设立新的医疗机构的申请。在此情况下，××科技公司应当及时通知刘某某，以减轻因此可能给刘某某造成的损失。但某某科技公司在明知的情况下，并未将上述情况告知刘某某，致使刘某某陆续进行了装修、制作了灯箱并购买了医疗设备和办公用品，且在刘某某进行装修时，某某科技公司还对刘某某的装修进行了指导。因此，某某科技公司对于上述损失的发生和扩大，存在过错，应当承担相应的赔偿责任。但刘某某本人对损失的发生亦存在一定责任。首先，刘某某作为市场经营者，在进入市场时亦应对相关的经营风险进行审慎考察，应主动了解有关的法律法规和主管部门的相应规定。对于某某区卫生局对医疗机构设置规划、行政审批程序等，刘某某亦有条件知晓。其次，刘某某在合同签订后，在未获得医疗机构执业许可证的情形下进行了装修，在其装修结束时距离合同订立已有三个月的时间，但仍未取得许可证，此时，刘某某对于后续的费用支出应当持谨慎的态度、以防止损失的进一步扩大，但刘某某在此后仍陆续制作了灯箱、购买了医疗设备和办公用品，故刘某某对于其损失的扩大亦存在一定的过错。

对于刘某某为履行涉案合同所遭受的装修费、灯箱制作费、医疗设备和办公用品购置费等损失，应当由双方根据各自的过错程度进行分担，对于某某科技公司应当赔偿的数额，本院将酌情予以确定。对于刘某某提出的水电费、污水处理机费、员工工资和房租损失，因缺乏事实依据，本院不予支持。

综上，依据《中华人民共和国合同法》第五十二条第（五）项、第五十六条、第六十条第二款、第九十四条第（二）项、第九十七条，《医疗机构管理条例》第二十四条之规定，判决如下：

一、解除原告刘某某与被告北京某某科技发展有限公司于 2007 年 11 月 30 日签订的《加盟合作协议》；

二、被告北京某某科技发展有限公司于本判决生效之日起十日内返还原告刘某某加盟费 22.88 万元；

三、被告北京某某科技发展有限公司于本判决生效之日起十日内赔偿原告刘某某损失 14 万元；

四、驳回原告刘某某的其他诉讼请求。

案件评析

本案双方争议的焦点在于某某科技公司是否存在根本违约，及其是否应当赔偿刘某某为履行涉案合同所支出的各项费用及房租损失。

首先，本案属于特许经营合同纠纷，从刘某某与北京某某科技发展有限公司签订的《加盟合作协议》中得知，刘某某加盟某某科技公司的"××口腔"作为其连锁店，向某某科技公司交纳加盟费 22.88 万元，某某科技公司向刘某某提供"××口腔"的商标和商号，并对刘某某进行装修指导、市场营销指导等经营指导义务，根据《商业特许经营管理条例》第三条"本条例所称商业特许经营是指拥有注册商标、企业标志、专利、专有技术等经营资源的企业，以合同形式将其拥有的经营资源许可其他经营者使用，被特许人按照合同约定在统一的经营模式下开展经营，并向特许人支付特许经营费用的经营活动"的规定，刘某某与某某科技公司签订的合同为特许经营合同。

其次，《条例》中对于被特许人享有解除权的规定有两条：一是被特许人在特许经营合同订立后一定期限内，可以单方解除合同；二是特许人隐瞒有关信息或提供虚假信息的，被特许人可以解除特许经营合同。本案中，某某科技公司明知××区卫生局不再批准在××区受理设立新的医疗机构的申请，却故意隐瞒该信息，与刘某某签订该合同，并承诺负责办理卫生许可证、工商营业执照，如果因其原因造成证照无法办理或者未办理完毕的，其应承担全部费用及退还刘某某所付款项。由此可知，刘某某根据《条例》的规定及《合同法》的相关规定，有权解除其与某某科技公司的合同，并要求其退还加盟费及赔偿损失。

四、违反信息披露规定

1. 特许人违反信息披露的法律后果

陈先生诉北京某公司特许经营合同纠纷案

案情介绍

2011 年 4 月，陈先生与北京一家公司签订了一份合作协议书，协议约定，陈先生向该公司交纳一笔保证金，获得一儿童早教项目的特约经销权。合同签订当日，陈先生向该公司交纳了保证金 2.28 万元。同日，该公司向其提供了加盖其公章的开店资格证、授权书、商标准用证和光盘各一份。陈先生没有想到，项目并没有如期开展，他和这家公司很快就对簿公堂。

陈先生告这家公司的理由是，签订特许加盟合同、交纳了加盟保证金后，他发现该公司在签约前没有按照《商业特许经营管理条例》的规定披露相关经营信息；其提供的产品种类、价格、服务方式，与签订合同时的口头承诺存在巨大差别，产品质量也不合格；该公司虽然授权他使用某早教品牌及标识，但其自身并没有取得该早教品牌的商标权。陈先生为此起诉至法院，请求解除双方签订的《合作协议书》，判令该公司返还保证金2.28万元，并赔偿相关损失。

该公司则辩称，首先，双方签订的合同不是特许经营合同，而是普通的销售代理合同，故不适用《商业特许经营管理条例》，公司没有信息披露的义务；其次，该公司在签约当天即向陈先生发放了经营手册，其中涵盖了信息披露的大部分内容，事实上也已经进行了信息披露，因而他们不同意陈先生的诉讼请求。

法院审理

法院审理认为，双方签订的合同符合特许经营的特征，属于商业特许经营合同。现有证据不能证明该公司在签订合同前依法履行了信息披露义务，故陈先生有权据此要求解除合同。法院最终判决：双方解除《合作协议书》；被告返还原告陈先生2.28万元。

案件评析

本案争议的焦点有两个：其一，双方签订的合同性质为何？其二，原告能否因为未进行信息披露而要求解除与被告的合同及赔偿损失？

本案系在合同双方当事人对所签订合同的性质及内容以及违约责任的承担方式持不同意见而引起的纠纷，法院审理主要围绕着双方签订的合同性质为何、原告能否要求解除与被告的合同及赔偿损失的判断而展开，因此在分析该案件时也需要从这几个方面来梳理线索：

首先，对于"双方签订的合同性质为何"的判定，此处主要涉及商业特许经营合同的界定方面的内容。

所谓商业特许经营是指拥有注册商标、企业标志、专利、专有技术等经营资源的企业，以合同形式将其拥有的经营资源许可其他经营者使用，被特许人按照合同约定在统一的经营模式下开展经营，并向特许人支付特许经营费用的经营活动。根据相关的法律规定可知，商业特许经营合同的特征在于在合同中当事人双方约定了特许人许可被特许人使用其拥有的经营资源、收取特许经营费以及被特许人遵循合同约定的统一经营模式进行经营的内容，因此判断合同的性质是否属于商业特许经营合同也以此为标准。

在本案中，双方签订的合同具有如下特点：第一，合同明确约定陈先生经被告授权享有某早教品牌系列商品的特约经销权，表明陈先生需按照约定的模式统一经营。第二，陈先生进行广告宣传须经该公司审核，且该公司有权对陈先生的经营管理进行监督，并提出整改建议。由此可知，该标识系被告所拥有的经营资源。第三，支付相应保证金是陈先生获得经营许可的费用和依约经营的保证，由此可知该笔保证金系特许经营费用的表现形式。故本案双方当事人签订的合同性质为特许经营合同。

其次，对于"原告能否要求解除与被告的合同及赔偿损失"的判定，此处主要涉及合同解除的后果方面的内容。所谓合同解除是指合同有效成立后，在一定条件下通过当事人的单方行为或者双方合意终止合同效力或者溯及地消灭合同关系的行为。合同解除后，尚未履行的，终止履行；已经履行的，根据履行情况和合同性质，当事人可以要求恢复原状、采取其他补救措施，并有权要求赔偿损失。

在本案中，由于陈先生所持宣传手册与被告所发手册内容有出入，且被告自认无直营店，这样被告就未依照法律规定履行其披露义务，因而根据"特许人提供的信息应当真实、准确、完整，隐瞒有关信息或者提供虚假信息的，被特许人可以解除特许经营合同"的法律规定，本案原告有权解除该合同，并要求返还财产。

2. 特许人未披露分特许人丧失特许权导致的法律后果

高某诉北京某某餐饮公司特许经营合同纠纷一案

案情介绍

2004 年 10 月 18 日，北京某技术开发有限公司（后又更名为某餐饮公司，以下简称"甲公司"）出具授权书，授权北京某某餐饮公司（以下简称"乙公司"）无偿独占使用×××注册商标，并准许乙公司为发展特许经营业务授予第三方（加盟商）使用×××注册商标标识。

2006 年 8 月 8 日，高某向乙公司提出申请，申请加入×××项目。当日，高某签署了《×××项目授予特许经营确认函》，表示认同×××培训系统要求、配送系统要求和装修验收系统要求，并交纳了 1.5 万元定金和 3 万元保证金。2007 年 1 月 8 日，高某与乙公司签订《特许经营合同》。双方约定：乙公司直接授予高某×××品牌特许经营权，高某依据授权设立加盟店；合同期限三年，自 2007 年 3 月 8 日至 2010 年 3 月 7 日；高某的加盟店位于河南省某某市；合同期限内，高某及其开设的加盟店共同向乙公司支付每年 3 万元的特许经营费，支付方式为首年度特许经营费于合同签订之日支付，之后应于每年度的 3 月 8 日前支付；保证金 3 万元，关于保证金退还事宜另行约定（双方确认没有就此进行另外的约定）；乙公司为高某提供开业前及开业后的服务与支持，包括但不限于选址、装修、培训、配送、经营指导等；高某不得授予第三方×××品牌特许经营权；未经乙公司许可本合同不得转让；在合同期限届满、高某严重侵犯公司利益，以及其他约定的终止情形出现时，合同终止。此外，双方还就合同的续签、签约地等事项进行了约定。高某此前支付的 1.5 万元定金转为特许经营费。此外，高某又于签约当日向乙公司支付了 1.5 万元的特许经营费。

签约后，高某即依据特许经营合同在河南省某某市开设了×××加盟店进行经营。2008 年 5 月底 6 月初，高某停止经营。高某称是因为了解到甲公司终止了对乙公司的授权，故停止了经营活动。甲公司在该情况说明中称：

经我公司与乙公司协商一致并签署书面文件确认，我公司原授予乙公司的×××注册商标的使用权已于2008年4月15日终止。高某认为乙公司的行为违反了《商业特许经营管理条例》第二十三条的规定，故诉请要求依据《商业特许经营管理条例》第十二条和第二十三条的规定，解除双方签订的特许经营合同，并退还保证金3万元。

乙公司答辩并反诉称：我公司依据与甲公司的授权使用×××注册商标，并在授权期间同高某签订了《特许经营合同》，该合同合法有效。甲公司从未声明对于其授权我公司对外签署的合同失效，即便其声明失效也不符合法律规定。而且，涉案合同签订在2007年1月8日，此时《商业特许经营管理条例》尚未生效，故该条例不应适用于本案。因此，高某要求依据该条例解除合同，不应得到支持。我公司不同意高某的诉讼请求。同时，因高某只交纳了一年的特许经营费，故我公司提出反诉要求高某支付2008年3月8日至2009年3月8日的特许经营费3万元。

高某对乙公司的反诉辩称：因乙公司已于2008年4月15日丧失了特许的权利，其没有交纳2008年3月至2009年3月的特许经营费，是行使不安抗辩权。因此，不同意乙公司的反诉请求。

法院审理

法院审理认为：高某与乙公司签订的《特许经营合同》系双方真实意思表示，内容不违反法律、行政法规的强制性规定，应属合法有效。该合同虽然签订于2007年1月8日，此时《商业特许经营管理条例》尚未颁布，但该合同有效期三年，截至2010年的3月7日，在合同履行期内，《商业特许经营管理条例》已经开始生效。而且，该条例只在第三十三条规定了不适用条例的情况。对于该条款规定以外的特许经营活动，如果特许经营期限延续到该条例生效后的，也可适用该条例。因此，乙公司关于本案合同不适用《商业特许经营管理条例》的答辩意见，法院不予支持。

根据该条例的规定，特许人向被特许人提供的信息发生重大变更的，应当及时通知被特许人。特许人隐瞒有关信息或者提供虚假信息的，被特许人可以解除特许经营合同。本案中，乙公司对外签订×××品牌特许经营合同，依据的是甲公司的授权。因此，乙公司与甲公司之间的授权关系是与合同相关的重要信息。现甲公司出具的情况说明显示，其与乙公司的授权关系已于2008年4月15日终止，但该情况说明并没有说明乙公司此前签署的特许经营合同的处理情况。而乙公司既不就甲公司情况说明中的内容进行解释，也没有向高某说明其与甲公司之间授权关系的实际情况。因此，乙公司违反了上述《商业特许经营管理条例》的规定，高某有权据此要求解除合同。

根据合同法的相关规定，合同解除后，尚未履行的终止履行，已经履行的，根据履行情况和合同性质，当事人可以要求恢复原状、采取其他补救措施，并有权要求赔偿损失。现高某要求退还3万元保证金，就此法院认为，高某和乙公司在合同中并未约定保证金保证的事项，也没有依据合同就退还事宜另行约定。因此，高某在合同解除后有权要求乙公司退还该3万元保证金。就乙公司要求高某支付2008年3月8日至2009年3月7日特许经营费的反诉主张，高某提出是基于了解到乙公司与甲公司之间授权关系终止，行使不安抗辩权而没有支付。就此，法院认为，根据合同约定，高某支付第二年即2008年3月8日至2009年3月7日特许经营费的期间为2008年3月8日，而甲公司出具的情况说明中所称的授权关系终止的时间为2008年4月15日，因此高某以此行使不安抗辩权，于法无据。甲公司情况说明中提出的授权关系终止时间为2008年4月15日，而乙公司又没有就授权关系终止后已签合同的处理提交证据证明。因此，乙公司仅有权主张2008年3月8日至2008年4月15日之间的特许经营费。

综上，依据《中华人民共和国合同法》第九十七条，《商业特许经营管理条例》第二十三条第二款、第三款的规定，判决如下：

一、解除高某与乙公司于2007年1月8日签订的《特许经营合同》；

二、乙公司于本判决生效之日起十日内退还高某保证金3万元；

三、高某于本判决生效之日起十日内支付乙公司特许经营费3250元；

四、驳回乙公司的其他反诉请求。

案件评析

《商业特许经营管理条例》第二十三条规定"特许人向被特许人提供的信息发生重大变更的,应当及时通知被特许人。特许人隐瞒有关信息或者提供虚假信息的,被特许人可以解除特许经营合同。"《合同法》第九十七条规定"合同解除后,尚未履行的终止履行,已经履行的,根据履行情况和合同性质,当事人可以要求恢复原状、采取其他补救措施,并有权要求赔偿损失。"

本案乙公司对外签订×××品牌《特许经营合同》,依据的是甲公司的授权。因此,乙公司与甲公司之间的授权关系是与《特许经营合同》相关的非常重要的信息,这关系到合同履行的基础,该授权信息一旦发生变化,将会对高某加盟店的经营产生至关重要的影响。所以,在该授权关系发生变更时,乙公司应当及时通知高某。甲公司向高某出具情况说明,其与乙公司的授权关系已于2008年4月15日终止,该授权关系发生了重大变更。而乙公司既未就甲公司情况说明中的内容进行解释,也没有及时向高某说明其与甲公司之间授权关系的真实情况。因此,法院判决乙公司违反了上述《商业特许经营管理条例》的规定,高某有权据此要求解除合同,是非常恰当的。

3. 特许经营合同终止后特许人事前违约的法律问题

孟某与某服饰公司特许经营合同纠纷一案

案情介绍

2003年3月13日,陈某申请注册A商标,商标编号为4407×××号,核定使用商品类别为第×××类。2007年10月21日,上海某服饰有限公司(以下简称"上海公司")经中华人民共和国国家工商行政管理总局商标局核准,依法受让A商标。其后,某公司以发展代理商、专卖店的形式从事商业特许经营活动。在招商广告手册中,上海公司宣称其经营的裤装品牌来自韩国,设计师队伍来自多个国家,而且计划于2007年斥资千万在央视、地方卫视等媒体进行广告宣传,打造女装第一品牌。

2008 年 5 月 15 日，公司因违反《商业特许经营管理条例》规定，在推广、宣传活动中，发布含有被特许人从事特许经营活动收益内容的广告，被工商管理部门予以行政处罚。2008 年 7 月 24 日，某公司在中华人民共和国商务部进行了商业特许经营的备案登记。

2008 年 8 月 15 日，上海公司（甲方）与孟某（乙方）签订一份《代理合同》。合同约定：甲方授权乙方在天津市某某区开办 A 品牌服饰销售。乙方只能在此区域内以店铺的形式从事经营销售，乙方未取得本合同之外的书面许可，不能开分店或以变相或类似变相形式设立分店。本合同签订时乙方应向甲方交纳服务费人民币 1.8 万元，首批铺货 1.98 万元，甲方厂价供货。本合同期限为 1 年，自 2008 年 8 月 15 日起至 2009 年 8 月 14 日止等内容，合同还对双方其他权利义务进行了约定。

合同签订后，孟某依约支付了品牌服务费 1.8 万元，获得了上海公司在天津市某某区的经营销售权。上海公司免费赠送孟某店员服装、专用裤架、专用手提袋等系列赠品。此后，孟某在授权区域范围内开设门店，从事 A 品牌女装的经营销售，货品由上海公司提供。

2008 年 9 月 21 日，上海公司（甲方）与孟某（乙方）签订《终止协议》，协议约定：在合同终止之日起，双方无任何合作关系及法律和经济纠纷。甲方同意乙方退出天津市某某区加盟店，并退还乙方保证金共计人民币 9365 元。后某公司依约退还了孟某保证金。

事后孟某发现某公司存在以下三方面的问题：第一，上海公司未依法经营，也不具有开展特许经营的资格，表现为其未依法备案、没有两家直营店。第二，公司隐瞒重要信息，有欺诈行为存在。表现为在签约前，声称自己是韩国企业，没有如实向我披露法定的企业信息，直接导致其在决定合同内容时产生了错误的理解。第三，某公司所提供的货品还存在质量不合格的情况。孟某认为某公司无视国家法规进行违法经营，已给其造成重大损失，故孟某诉至法院请求判令：1. 某公司返还孟某代理费 8635 元；2. 撤销与某公司签订的《代理合同》；3. 诉讼费用由某公司承担。

被告某公司辩称：我公司对双方签订的合同和收取的服务费没有异议。

我公司已与孟某在 2008 年 9 月 21 日签订了《终止协议》，并退回服务费 9365 元，且在《终止协议》中约定双方今后不存在任何法律及经济纠纷，请法院驳回孟某的全部诉讼请求。

法院审理

法院审理认为，原告孟某与被告某公司签订的《代理合同》实际性质为商业特许经营合同。就孟某的诉讼理由而言，首先，孟某称某公司无特许经营的资格，违反《商业特许经营管理条例》中关于两家直营店、商务部备案等要求，因条例中相应条款属于管理性的强制规范，不属于效力性的强制规范，特许人违反相关规定，对合同效力并无影响，且上述合同系双方当事人真实意思表示，应为有效合同。其次，孟某认为某公司声称自己为韩国企业，存在欺诈行为。通过本案证据，可以显示某公司在广告宣传中确有不当之处，但未列入合同条款，并不必然导致孟某因此作出错误意思表示，孟某认为某公司对其进行欺诈的主张，法院不予采纳。再次，孟某提出某公司向其提供的货品存在质量不合格的情况，因其未向法庭提供充分证据，对此法院不予采信。最后，孟某已经与某公司签订《终止协议》，约定双方今后不存在任何法律及经济纠纷，并且某公司依约退还孟某服务费 9365 元，孟某无权要求某公司退还其他费用。综上所述，孟某要求某公司退还其 8635 元的诉讼请求，法院不予支持。据此，判决如下：

驳回孟某的全部诉讼请求。

案件评析

被告对原告进行了虚假宣传，违反了披露义务，原告是否据此即享有合同撤销权是本案应予判断的焦点。

《中华人民共和国合同法》第五十四条第二款规定"一方以欺诈胁迫手段或者乘人之危，使对方在违背真实意思的情况下订立合同的，受损害方有权请求人民法院或者仲裁机构变更或者撤销"。某公司在广告中宣称自己为韩国企业的行为确实存在不当之处，但该广告的宣传并不是孟某决定与某公司签约的唯一条件，即双方签订合同属于真实意思表示。而《商业特许经营条例》第二十三条第一款规定"特许人向被特许人提供的信息应当真实准确完整，不得隐瞒有关信息，或者提供虚假信息"，第三款规定"特许人隐瞒有关信息或者提供虚假信息的，被特许人可以解除特许经营合同"。由上述规定可知，特许人违反披露义务，被特许人有法定的合同解除权。但这是被特许人的合同解除权，而孟某的诉讼请求为撤销合同，孟某以某公司未向其披露信息为由提出撤销合同实为"张冠李戴"。

即使孟某主张的是解除合同，法院也会判决驳回其诉讼请求。因双方早在 2008 年 9 月就已签订了一份终止合同的协议，约定自合同终止之日起，双方无任何合作关系及法律和经济纠纷。某公司同意孟某退出天津市某某区加盟店，并退还了孟某保证金 9365 元。至此，双方的合同已经解除，双方的权利义务已终止，且某公司已退还了保证金，而孟某起诉要求撤销已经解除的合同没有任何意义，法院判决是正确的。

4. 特许人未进行信息披露能否解除合同

周某与某某投资管理（北京）有限公司特许经营合同纠纷案

案情介绍

2011 年 3 月份，周某与某某投资管理（北京）有限公司（以下简称"某某公司"）签订特许经营合同，某某公司授权周某在重庆××区经营"×××"品牌店，合同签订后，周某向某某公司支付货款 3.98 万元，某某公司向周某提供了授权书、开店资格证、商标许可证。后周某为履行合同租赁店铺、装修并雇佣员工。2011 年 4 月份，某某公司向周某发货，收货后发现与某某公司展示产品不一致，并且存在严重质量问题。

故周某提起诉讼要求解除特许经营合同，其诉讼理由为：1. 所供货物质量存在严重问题，某某公司已构成严重违约，导致合同目的无法实现。2. 某某公司没有按照《商业特许经营管理条例》的规定，在签订前一个月进行信息披露。综上，原告有权解除双方签订的特许经营合同，并要求返还合同款

3.98 万元，对方承担本案诉讼费用。

被告某某公司辩称：我公司所供服装质量符合相关标准，已向周某进行了信息披露。我公司已经履行了相关合同义务和法律义务，故不同意周某的诉讼请求。

法院审理

本院认为：周某与某某公司签订的合同书中既包括了经营资源的使用，又包括经营模式的统一，符合商业特许经营合同特征，其性质应为特许经营合同。

我国《商业特许经营管理条例》中规定："特许人应当在订立特许经营合同之日前至少三十日，以书面形式向被特许人提供包括特许人的注册商标、企业标志、专利、专有技术和经营模式的基本情况等信息，并提供特许经营合同文本。特许人隐瞒有关信息或者提供虚假信息的，被特许人可以解除特许经营合同。"

本案中，某某公司所出具的客户回执单中并未写明回执签字日期，某某公司亦未提供相应证据证明客户回执单的签订时间，因此可以认为某某公司未在法定期限内向周某进行信息披露。某某公司的客户回执单中，并未明确写明不具有"×××"特许经营项目的直营店，某某公司亦未提供相应证据证明已向周某披露直营店的相关信息。我国《商业特许经营管理条例》中规定："特许人从事特许经营活动应当拥有至少两个直营店，并且经营时间超过一年"。是否具有直营店是特许经营活动中重要的经营信息，特许人应当明确向被特许人进行信息披露。某某公司未向周某披露直营店的相关信息，故意隐瞒了事实，致使周某签订该特许经营合同的目的无法实现，故周某请求解除合同书的诉讼请求，本院予以支持。

我国《合同法》规定：合同解除后，尚未履行的，终止履行；已经履行的，根据履行情况和合同性质，当事人可以要求恢复原状、采取其他补救措施，并有权要求赔偿损失。某某公司应退还周某交纳的货款，鉴于双方在签订合同时某某公司即隐瞒了相关信息，故应全额返还货款。故周某请求某某公司返还合同款 3.98 万元的诉讼请求，本院予以支持。

综上所述，判决被告某某公司解除与原告周某签订的商业特许经营合同，返还原告周某 3.98 万元，并承担本案诉讼费用。

案件评析

信息披露制度最早产生并普遍运用于证券市场，是为了充分保护证券投资者的利益而设立的一种制度，真实、准确、完整的信息披露有利于投资者在获得足够信息的基础上，对投资行为作出完整的判断，以充分保护其合法利益，防止欺诈行为的发生。特许经营的加盟行为非常类似于证券市场的投资行为，一是因为，特许经营具有公众性，特许人面向的是不特定的大众发布的招商加盟广告。二是因为，特许经营具有融资性，特许人出售的是一种经营资源，是一种无形资产，看不见，摸不着。因此必须通过特许人所披露的信息进行权衡。

本案中，被告之所以败诉，是因为没有对自己是否按照《商业特许经营管理条例》第三章的规定进行信息披露提供充分证明，即没有及时的向被特许人进行信息披露（合同签订之日三十日之前进行信息披露）。二是因为没有完整的进行信息披露，即少了关于直营店的披露信息。基于以上原因，很可能导致，原告作出错误的判断而进行加盟，因此法院最终也支持了原告的诉讼请求，解除了商业特许经营合同。

五、约定解除

1. 特许经营合同约定解除后，一方起诉

孙某与某某服装（北京）有限公司特许经营合同纠纷案

案情介绍

2007 年 4 月 19 日，某某服装（北京）有限公司（以下简称"某某服装公

司")与孙某某签订《××时尚运动休闲服装经销合同》一份，合同约定：某某服装公司授权孙某某在河北省石家庄市××街开办"××"服装专卖店；孙某某一次性向某某服装公司交纳合同履约金3万元，订货保证金1万元，在合同有效期内，从第二次进货开始，累计进货量达到1万元，返还合同履约金500元，按上述返还比例累计返完为止。订货保证金在合同期满后，孙某某无违约情况下，进货量累计达到10万元时，返还0.6万元，进货量累计达到20万元时，返还1万元，订货保证金返完为止。某某服装公司按市场零售价向孙某某免费赠送价值8000元现货铺底，孙某某后续进货由某某服装公司按全国统一零售价的3.5折供货；合同有效期自2007年4月19日至2008年4月18日。合同签订后，孙某某向某某服装公司交纳合同履约金3万元，订货保证金1万元，在河北省石家庄市××街开办"××"服装专卖店进行经营。某某服装公司向孙某某出具了授权书，并履行了供货等相关合同义务。

在试营业期间，孙某某发现某某服装公司所供产品质次价高，对顾客尤其是团购用户认购的样品缺档短码，供货延迟，甚至无货可供，最重要的是某某服装公司所供产品包括赠送铺底货物，存在较多的质量缺陷，顾客纷纷上门要求退货、更换。开业几个月以来，其一直处于亏本经营状态，孙某某于2007年12月与某某服装公司达成《解约协议书》一份，约定：从即日起解除双方于2007年4月19日签订的《××服装专卖经营合同书》；解约条件为某某服装公司按折扣价格接收孙某某返货产品合计1.236698万元；自合同生效之日起，双方无任何权利义务、债权债务、隶属责任关系。孙某某在解约的同时已将经销合同原件、保证金及履约金收据原件，一并交还给了某某服装公司，某某服装公司亦按解约协议约定退还了孙某某货款1.2366万元（包括银行手续费50元）。后因孙某某不满意与某某服装公司签订的《解约协议书》的内容，遂将某某服装公司诉至法院，请求法院判令：1.某某服装公司返还孙某某合同履约金、订货保证金2.32万元；2.某某服装公司承担案件受理费用。

某某服装公司辩称，其提供的产品不存在质量问题，有检测报告为证。双方已经在2007年12月30日协商解除了双方于2007年4月19日签订的协议，合同关系已经消灭，双方之间不再存在债权债务关系，请求法院驳回孙某某的诉讼请求。

法院审理

法院审理认为，孙某某与某某服装公司签订的经销合同、解除协议均是双方当事人真实意思表示，且未违反国家法律、行政法规的强制性规定，合同均为有效。解除协议中明确约定自合同生效之日起，双方无任何权利义务、债权债务、隶属责任关系。现某某服装公司已退还了孙某某约定的货款，孙某某亦将经销合同原件及收据原件交还给了某某服装公司，解除协议已实际履行完毕，双方之间已不再存在合同关系。现孙某某起诉某某服装公司要求退还合同履约金、订货保证金的诉讼请求，没有法律和合同依据，本院不予支持。某某服装公司的相关答辩意见，符合法律规定，本院予以采信。综上，判决如下：

驳回孙某某的全部诉讼请求。

案件评析

本案争议焦点在于解除合同协议生效后，一方是否还能就此为由向法院提起诉讼。

根据《中华人民共和国合同法》第九十三条的规定"当事人协商一致，可以解除合同。当事人可以约定一方解除合同的条件。解除合同的条件成就时，解除权人可以解除合同"及第九十七条的规定"合同解除后，尚未履行的，终止履行；已经履行的，根据履行情况和合同性质，当事人可以要求恢复原状、采取其他补救措施，并有权要求赔偿"。

本案中，双方已经就合同解除及解除后的法律关系及财产状况进行了详细约定并已生效，就应认定双方的合同已经解除，并且双方签订的合同均是双方当事人真实的意思表示，也没有违反国家法律、行政法规的强制性规定，合同应为有效，且双方就解除合同后的后续问题已经做了约定并清算完毕，双方自此不存在任何债权债务关系。而孙某某在双方已无任何关系的情况下却起诉再次要求解除合同并要求某某服装公司返还保证金的要求就没有任何法律依据了。

当然，孙某某向法院起诉的权利即诉权还是应得到保护，法院也按规定对孙某某的起诉予以立案，而人民法院在审理中认定事实和适用法律正确，当无太大争议。根据法律规定，合同解除有协商解除、约定解除、法定解除三种，最终结果均是使该合同关系归于消灭，但是解除合同的前提之一是该合同尚处于合法有效状态，对于已经失效的合同并不存在解除问题。本案原合同已经解除，再次解除一份已失效的合同没有任何法律意义，因此不会得到法院支持。

2. 特许合同中合同解除权的行使问题

刘某某诉北京某某科技有限公司租赁合同纠纷案

案情介绍

2011年7月1日，刘某某（原告）与北京某某科技有限公司（被告）签订《合同书》约定：原告向被告交纳设备租赁费1.88万元，取得被告授权的租赁加工生产资格；被告向原告提供学习清洁球设备使用技术及租赁设备，由原告在合同约定的区域内生产及经销被告指定的产品，合同期限为一年。被告负责所租赁设备的质量、维修及易损件的供配，原告按时按量累计向被告交纳生产的清洁球产品。原告若中途退出的，应按该合同承担设备租赁费1000元/月，并返还被告设备，原被告双方同时解除并终止合同。双方在履行本合同过程中，一方违反约定，均视为违约，违约方应向守约方支付合同标的金额30%作为违约金。

2011年9月8日，原告向法院提起诉讼，诉称原告收到租赁设备后积极组织生产，但经多次试生产后均告失败，无法生产出被告所要求的产品，导致无法实现合同目的，请求法院判令解除合同、返还设备租赁费并承担经济损失。原告提供一份录像，证明被告为其提供的设备不符合合同约定的用途，生产不出合格的产品。对此，被告认为原告提供的录像视频不能证明设备存在质量问题，且原告在操作过程中人为因素介入较大，不能实现原告的证明目的。被告提供了一份有原告签字确认的培训单，证明原告已经掌握相关生产技术，可以生产出合格产品。对此原告不予认可，认为不能证明被告提供的设备没有质量问题。

法院审理

法院以租赁合同纠纷受理了本案。在审理过程中法院认为：当事人对自己提出的诉讼请求所依据的事实有责任提供证据加以证明。没有证据或者证据不足以证明当事人的事实主张的，由负有举证责任的当事人承担不利后果。原告与被告签订的租赁合同是双方真实意思表示，且未违反国家法律、法规的强制性规定，应属有效。在合同履行过程中，原告主张合同目的不能实现，但其所提供的证据不足以证明其主张。但根据合同约定，原告可以中途退出，其应按合同约定承担设备租赁费 1000 元 /月，并向被告返还租赁设备。现原告要求解除合同，符合合同约定，应予支持。最后法院判决解除原被告双方之间签订的合同；被告在扣除合同解除前按每月 1000 元计算租赁费后将原告交纳的剩余设备租赁费退还原告，原告退还被告租赁设备；驳回原告的其他诉讼请求。

案件评析

本案主要涉及两方面的法律问题：

1. 原告行使法定解除权，法院却使用约定解除权解除合同是否合理？

合同解除是指一方根据约定或法定事由，终止合同履行的民事行为。合同解除权则是一方依据法律规定或者合同约定终止履行合同的权利，包括法定解除权和约定解除权两种。没有出现法定或约定事由，任何一方不得擅自解除合同。提出解除请求的一方承担举证责任，证明出现法定解除事由或者出现约定解除条件。

法定解除权在五种情况下行使，包括不可抗力、预期违约、根本违约、迟延违约及其他法定情况。约定解除权是出现合同约定的事由，守约方依约定解除合同的权利。只有约定解除的条件成就时，守约方才可以行使解除权。

本案中，原告以法定解除权为诉请理由，但法院在判决中使用约定解除权作为判决依据，法院此种做法是否合理？是否违反了"不告不理"原则？其实，司法审判在实践中有很多地方是并没有明确的法律规定，是靠法官的自由裁量予以确定，法官根据法律规定，在尊重事实的基础上，认为双方当事人的合同关系没有必要再存续下去，或者存续的成本过高，或者维持合同关系将有失公平的情况下，经过合理、适当地释明之后，可以超出支持诉求所行使的权利作出裁决。

2. 本案中，行使约定解除权的条件是否成就？

本人认为，在本案中，法院利用约定解除权事由判决解除合同的做法算是合理合法，但原告行使约定解除权的条件是否已成就值得商榷，法院在该问题的认定上尚有不妥之处。

《合同法》第九十三条规定：当事人协商一致，可以解除合同。当事人可以约定一方解除合同的条件。解除合同的条件成就时，解除权人可以解除合同。

结合本案，原告所享有的合同解除权的条件是否已成就呢？《合同法》第五条第二款约定：乙方（指本案原告）若中途退出，须按本合同承担设备租赁费1000元/月，并返还甲方（指本案被告）设备，甲乙双方同时解除并终止本合同。该合同条款约定了原告享有解除权的条件，即承担设备租赁费1000元/月并返还设备。对此，本人认为，原告直至一审判决作出后亦未享有解除权，理由是原告既没有承担租赁设备费，亦未将租赁设备返还。法院在作出裁判时应充分尊重当事人的意思自治，不能为当事人创设权利。

从严格意义上讲，本案原告若想实现权利，应在起诉前向被告发出解除合同的通知，表明解除合同，要求被告在扣除设备租赁费后将剩余款项予以返还，同时将设备返还给被告。如果被告不将剩余款项退还原告，原告可以请求法院确认合同解除，要求被告退还款项及逾期付款利息。

六、其他

1. 被特许人对特许人虚假宣传默认的认定

伊某某与北京某某有限公司特许经营合同纠纷案

案情介绍

2009 年中下旬，伊某某通过电视媒体了解到北京某某有限公司正在进行招商加盟，抱着自己创业致富的想法，拨通了北京某某有限公司招商加盟热线，经过详细的洽谈后，北京某某有限公司向其发放了招商邀请函，招商邀请函载明："北京某某有限公司经营的皮具品牌"××"为韩国知名品牌；该品牌起源于东方时尚国度韩国，所有产品均由国际一流设计师设计；一站输出，零竞争风险，统一开店培训，统一门头形象，统一店铺管理系统，全程退换货服务，真正做到零库存，让经营者轻松经营"等等极具诱惑的招商加盟前景及政策。

在此情景下，伊某某与北京某某有限公司签订了名为《"××"品牌皮具区域代理合同》的商业特许经营合同。按照合同约定：伊某某应付 50 万元的加盟费，并获得吉林省的区域分特许人的资格。后伊某某交付了 5 万元的首付款，收据盖有广州某某有限公司的财务专用章。其后又向广州某某有限公司汇款 20 万元。

后由于实际经营中，双方沟通出现了问题，伊某某一直迟迟未支付余款 25 万元，于是双方又达成一份协议书，约定终止《"××"品牌皮具区域代理合同》，同时约定将伊某某亲自投资的三家店铺变为单店经营，并将伊某某在所代理的区域内发展的其他 12 家店铺交给北京某某有限公司供货和管理，北京某某有限公司给予 6 万元的货物补偿。后双方于签订了关于单店经营的返利协议书，还是按照进货数额的 5% 进行返利。

后伊某某起诉至北京市某某区人民法院，要求解除与北京某某有限公司签订的区域代理合同书、协议书、返利协议书。并要求退还保证金及同期贷款利息，赔偿相应的经营损失，返还货款。其诉讼理由是：一、其签订合同时宣称为经营韩国品牌，但事实上"××"并不是韩国品牌，北京某某有限公司存在欺诈；二、北京某某有限公司没有向其披露签订合同五年内的诉讼事宜，在合同经营期间，也没有披露涉及诉讼的事项；三、北京某某有限公司没有向其披露全国经销商数量及最近两年的财务审计报告。上述三个原因导致其合同目的无法实现，故要求解除相关协议，并返还保证金及利息，退还货款，并赔偿各项经济损失。

被告北京某某有限公司辩称：我公司不同意原告的诉讼请求，一、我公司已于合同签订之日三十之前按照《商业特许经营管理条例》的有关规定向其进行了信息披露；二、"××"是否为韩国品牌，并不影响合同的根本履行，原告也不是在签订合同时为了经营韩国品牌；合同已经履行两年多之久，原告要求解除合同没有法律依据。

法院审理

法院查明，被告北京某某有限公司成立于 2003 年，后于 2004 年开设了第一家加盟店，并于 2007 年成功向商务部进行商业特许经营备案。其招商邀请函中多处同时出现"××"品牌的中、英、韩文标识。广州某某有限公司为其关联公司，法定代表人都为罗某，并且列明了北京与广州两地的联系电话及地址，其中广州的电话为固话形式。

另，根据北京××中级人民法院在（××××）××民终字第××××××号民事判决书中认定北京××有限公司的"××"品牌并非韩国品牌。

本院认为：根据本案的证据显示，北京某某有限公司作为特许人，在招商邀请函及皮具吊牌等处，存在将"××"品牌宣传为起源于韩国，系韩国品牌的情况，但未提供证据予以佐证，应认定为虚假宣传。北京某某有限公司的上述虚假宣传行为可能导致被特许人及消费者对"××"皮具的来源及产地产生错误认识，但北京某某有限公司的虚假宣传行为并不当然导致其与被特许人签订的特许经营合同必然被解除。具体到本案，合同是否解除，应考察伊某某是否因北京某某有限公司的虚假宣传行为产生错误认识，进而与其签订合同，并对合同的实际履行产生根本性影响。本案中，伊某某要求解除合同的目的能否实现，应根据双方提交的证据及陈述进行具体确定，本院认为，伊某某要求解除合同的诉讼请求不能得到支持，理由具体阐述如下：

首先，伊某某在本案中就关键事实进行了选择性陈述，隐瞒了相关事实，本院无法对伊某某是否对"××"品牌的实际情况存在误认以及北京某某有限公司的虚假宣传行为是否会对其合同的履行造成根本性影响得出肯定性判断：一是关于与广州某某有限公司是否存在合同关系的问题。在诉讼过程中，伊某某明确否认与广州某某有限公司存在合同关系，但在其自行提交的落款时间为 2010 年 9 月 8 日的申请书中，伊某某就合同履行的相关事宜是向广州某某皮具有限公司提交的申请，同时在申请书中写明"本人（伊某某）于 2009 年 12 月 31 日和北京某某有限公司签订在吉林省代理其'××'品牌产品"，可见，伊某某自己亦认可广州某某有限公司为合同的履行方。同时，伊某某对北京某某有限公司出示的部分广州某某有限公司出货单真实性表示认可。因此本院认为广州某某有限公司虽然不是合同的签订方，但实际参与到伊某某与北京某某有限公司签订的合同履行中，至少承担了提供相应货物的义务。鉴于招商邀请函、"××"品牌皮具吊牌等处均有说明"××"品牌皮具的生产基地地处广州的信息，并且北京某某皮具有限公司向伊某某提供的联系方式也是区号为广州的固定电话，伊某某对"××"品牌的情况应有一定了解。二是伊某某何时开始经营另一品牌"××××"。伊某某对经营另一品牌"××××"的解释多次出现反复，根据本院查明的事实，2010 年，伊某某已经在其所租赁的××市×××箱包城××档口及××档口的店面装饰等已经全面更换为"××××"，不能排除伊××是为了转换经营方向，进而要求解除本案所涉与北京××皮具有限公司签订的合同的可能性。

其次，根据伊某某在其经营的阿里巴巴网店对"××××"的介绍，跟"××"的招商邀请函如出一辙，仅仅是改成了"××××"而已，并自称法国品牌，伊某某在明知"××××"品牌非法国品牌的情况下，仍在店面装饰及名片等处宣传其为法国"××××"，可见伊某某并不关心所谓的品牌的实际来源，注重是相关宣传介绍尤其是产品来源地对消费者的吸引力。此外，伊某某在自己的阿里巴巴网店的部分"××"品牌皮具的产地上亦注明产地为广州，结合招商邀请函及皮具吊牌中显示的生产基地在广州的信息，即便如伊某某所言北京某某有限公司从未告知产品是广州某某有限公司生产，其亦应知晓"××"品牌皮具产地在广州而非国外。

再次，伊某某在起诉书中自称在起诉前有顾客反映"××"皮具不是韩国品牌，一位顾客拿着汉口工商人员查扣"××"皮具的报道来退货引起其警觉。如果伊某某所称的不知道"××"并非韩国品牌的陈述能够成立，那么，至少在经过消费者向其维权，经过相应的调查后，其已经明确知晓"××"并非韩国品牌，为了避免进一步的损失及可能对消费者权益的损害，其应立即停止销售期认为存在虚假宣传的"××"品牌皮具。但北京某某有限公司在伊某某起诉后，本案审理过程中仍可以从伊某某处获得标示其是"韩国××品牌吉林省总代理"的名片。伊某某在明知"××"并非韩国品牌的情况下，仍然继续使用"韩国××"名义招徕顾客，本院只能将此理解成为其原意自行承担对消费者权益造成损害的法律风险及其他法律后果。

鉴于伊某某已经实际经营"××"品牌两年之久，北京某某皮具有限公司亦取得商务部特许经营备案，结合前述理由，本院认为伊某某在起诉书中及庭审活动中所主张的北京某某皮具有限公司未对其进行培训和辅导，缺乏开展特许经营活动的能力，存在欺诈，在签订合同和履行合同过程中未向其披露诉讼、被特许人情况以及相关会计、审计报告等信息，均不足以导致其合同目的无法实现。故伊某某要求解除与北京某某有限公司签订的特许经营合同的诉讼请求，本院不予支持，其于合同解除成立的其他诉讼请求，本院亦不予支持。

综上，判决驳回原告伊某某的全部诉讼请求，并承担案件全部诉费用，如不服本判决，可在判决书送达之日十五起内向本院提起上诉。

案件评析

特许经营合同纠纷，也属于合同纠纷的一种。根据《合同法》第五十四条第二款规定："一方以欺诈、胁迫的手段或者乘人之危，使对方在违背真实意思的情况下订立合同，受损害方有权请求人民法院或者仲裁机构变更或者撤销"。但是不是说，合同订立当中，只要有一方存在欺诈就一定导致合同可以被撤销呢？笔者认为，不然。在合同订立过程中存在的欺诈，该欺诈必须是导致另一方违背了真实的意思表示，作出了错误的判断并对合同的履行造成实质性影响的虚假表示才能导致该合同可以被撤销，而不是合同订立过程中的有一点虚假表示，就必然导致该合同可以被撤销。其关键点就在于该表示是不是订立过程中的核心意思表示。

本案属于特许经营合同纠纷，其特殊的地方就在于合同订立过程中有欺诈的可以解除合同而不一定是选择撤销合同。根据《商业特许经营管理条例》第二十三条第一款、第三款的规定：特许人向被特许人提供的信息应当真实、准确、完整，不得隐瞒有关信息或者提供虚假信息。特许人隐瞒有关信息或者提供虚假信息的，被特许人可以解除特许经营合同。

本案在法院审理的过程中，法院已经查明了北京某某有限责任公司存在虚假宣传，即将"××"品牌虚假宣传成韩国知名品牌。但法院并没支持原告伊某某解除特许经合同的诉求。其理由就在于北京某某有限责任公司的虚假宣传行为并不当然导致其与特许人签订的特许经营合同必然被解除，原因就在于法院认为，原告不仅已经知悉被告的宣传为虚假宣传，而且还在乐此不疲的以"××"为韩国品牌来招揽客户，可见该虚假宣传对该合同的履行并未造成根本性的影响，因此不支持原告解除合同的诉讼请求，最终，也尝到了败诉的苦果。

2. 特许合同的解除事由如何认定

A 儿童用品（北京）有限公司与林某特许经营合同纠纷案

案情介绍

2004 年 6 月 1 日，周某向国家工商行政管理总局商标局申请注册"12'S ××"商标（简称 12'S 商标），核定使用在第 25 类服装、儿童服装、婴儿全套衣、游泳衣、婚纱、皮鞋、帽、袜、腰带、围巾等商品上。2005 年 1 月 1 日，周某授权 A 公司及其代理商、加盟商使用该商标。此后，周某将该商标转让给 B 国际投资（北京）有限公司，该商标于 2008 年 1 月 14 日被核准注册，注册商标专用权期限自 2008 年 1 月 14 日至 2018 年 1 月 13 日。2007 年 10 月 14 日，B 国际投资（北京）有限公司授权 A 公司及其代理商、加盟商使用 12'S 商标。2008 年 4 月 8 日，A 公司在中华人民共和国商务部进行商业特许经营备案登记，备案登记号为 01106009 XXX。

2007 年 6 月 3 日，A 公司与林某就林某在指定区域独家发展 A 专卖店或次级别受许可发展商涉及使用 A 公司知识产权事宜签订《知识产权许可协议（广西南宁地区区域）》，明确本协议项下的知识产权是指以下内容的部分或全部：①A 公司的 12'S 商标、产品工艺、技术资料；②林某实际掌握的以 A 公司产品、文件资料、电子文档为载体属于 A 公司之著作权；③商业秘密，是指任何 A 公司的经营数据资料、合同文件、人员状况、商业计划、客户信息、内部管理资料和经营诀窍；④经营诀窍包括但不限于 A 公司的企业识别系统、商业指导手册、CIS 形象设计及其所提供其他经营知识、培训资料。双方还约定，A 公司许可林×在广西南宁地区使用××"12'S"商标，使用方式包括促销广告、店堂告示、宣传材料、商业文件、服务标识；林×按 A 公司的经营政策和营运规章，执行 A 公司营运指导手册相关规定，接受 A 公司的监督及指导，以保证销售商及店面的产品品质、服务品质，维护品牌形象及顾客利益；林某与 A 公司均有权在本合同指定区域内发展次级区域总代理和无再次许可权的专卖店，所有受许可者均应与 A 公司建立合同关系，林某享有由此产生的知识产权收益的计算和支付方式为：①在代理区域未建立次级代理商的范围内，直接发展无再次许可权的专卖店的，A 公司收取该专卖店投资者知识产权许可费的 60%，应转付给林某；②在代理区域发展次一级代理商，A 公司收取的知识产权许可费的 60% 应转付给林某；③在林某的次一级代理商代理区域内再行发展的次级代理商支付的知识产权许可费，A 公司应向林某转付 30%、向林某的次一级代理商转付 30%，A 公司保留 40%；④如林某代理区域内任何一家无再次许可权的专卖店向 A 公司支付知识产权许可费时，在其与林某之间存在林某所属的次级代理商，则林某不分配专卖店的知识产权许可费用；本协议履约时限自 2007 年 6 月 3 日至 2009 年 6 月 2 日止；本协议签署当日，林某应一次性向 A 公司支付知识产权使用费 9 万元。同时，林某应自签约之日起按年度支付管理费 3600 元，支付时间为履约年度开始之日起五日内。

2007 年 6 月 3 日，A 公司与林某签订《销售关系框架合同（广西南宁地区区域）》，约定林某有权获得 A 公司产品在授权区域内的销售权，并享受营销中的各种优惠；并规定了 A 公司向林某供货价格的折扣率及林某向其销售范围内专卖店供货折扣率；林某应参加 A 公司统一规定的季度订货会，预订 A 公司推出的各种产品，向 A 公司下达订货单，由 A 公司调节核准后，再向林某下达实际订货通知；订货方式可以采用电话、电报、传真等方式，亦可到 A 公司直接选订货品，自林某支付订货总货款的 30% 之日起，订货生效；林某应提前将购货计划按照 A 公司认可的订货单格式以传真的方式告知 A 公司，为避免配送延误，林某应同时以电话方式通知 A 公司，三日内 A 公司确认订单处理情况，在确认订单后十二个工作日内发货；合作期限为两年。同日，A 公司给林某特批待遇：1. 赠送 9 万元吊牌价产品；2. 2007 年夏款以优惠价 2.4 折供货（在 2007 年 6 月 8 日前签约并全款到位，并且首批货款 3 万元）；3. 免第一年管理费 1800 元；4. 年度进货额不低于 15 万元；5. 首批运输费用由公司负担。同日，A 公司向林某出具《开店资格证》、《商标准用证》、《授权书》。合同签订后，林某依约支付了知识产权许可使用费 9 万元和第一年管理费 1800 元。

2008 年 1 月 20 日，林某以订单传真方式向 A 公司订货，但 A 公司未能提供相应的货物，导致林某无法经营，店铺关闭，于是林某将 A 公司起诉至法院，要求解除合同，返还产品使用费和管理费，并赔偿损失。

法院审理

一审法院认为，A 公司与林某签订的《知识产权许可协议（广西南宁地区区域）》、《销售关系框架合同（广西南宁地区区域）》属于有效的特许经营合同，双方均应按约认真履行。林某依约支付了知识产权许可使用费 9 万元和第一年管理费 1800 元，并采取协议约定的订单传真方式多次向 A 公司订货，A 公司理应依约履行相应的合同义务。A 公司存在实际供货与订单不符的违约情形，其未能依约供货造成林某无法继续经营，店铺被迫关闭，致使林某与 A 公司所签的《知识产权许可协议（广西南宁地区区域）》和《销售关系框架合同（广西南宁地区区域）》合同目的均无法实现，A 公司的行为已经构成根本性违约，上述两份合同应予解除。但是，A 公司毕竟履行了部分合同义务，故林某理应交纳 A 公司实际履约期间的知识产权使用费和管理费，而自 A 公司停止供货至合同履行期限届满期间的知识产权使用费和管理费，A 公司应予返还。A 公司未能供货导致合同目的无法实现，该违约行为导致林某遭受铺面租金损失及装修损失，A 公司应当予以赔偿。综上，本院根据《中华人民共和国民事诉讼法》第六十四条第一款、《中华人民共和国合同法》第四十四条第一款、第九十四条第（四）项、第九十七条之规定，判决：一、解除林某与 A 儿童用品（北京）有限公司签订的《知识产权许可协议（广西南宁地区区域）》和《销售关系框架合同（广西南宁地区区域）》；二、自本判决生效之日起十五日内，A 儿童用品（北京）有限公司返还林某知识产权使用费 6 万元、管理费 600 元、货款 1.140742 万元；三、自本判决生效之日起十五日内，A 儿童用品（北京）有限公司赔偿林某经济损失 7160 元；四、驳回林某的其他诉讼请求。

　　一审法院判决后，A 公司不服一审判决，遂上诉至二审法院。二审法院经审理查明 A 公司承认林某向其支付了知识产权使用费 9 万元，管理费 1800元，林某的货款余额为 1.140742 万元，本院对该事实予以确认；在签订合同后，林某多次采取协议约定的订单传真方式向 A 公司订货，A 公司也曾依据林某以传真件形式的订单发货；林某提交的 2007 年 6 月至 2008 年 1 月的订单及 A 公司的出货单虽为传真件，但符合双方当事人的约定形式。A 公司一方面确认其出货单的真实性，另一方面又不认可林某订单的真实性，但鉴于其曾依据以传真方式发送的订单向林某供货，且 A 公司亦未提供由被上诉人发出的作为其出货依据的其他有效订单，故应承担相应的法律后果。

一审法院查明事实清楚，证据充分，故判决如下：驳回上诉，维持原判。

案件评析

本案争议焦点是林某是否有充分理由提出解除合同。

首先，确认本案所涉合同的性质。本案合同由 A 公司与林某签订的《知识产权许可协议（广西南宁地区区域）》和《销售关系框架合同（广西南宁地区区域）》两份合同组成。其中，《知识产权许可协议》约定 A 公司许可林某在广西南宁地区使用"12'S"商标，林某按 A 公司的经营政策和营运规章，执行 A 公司营运指导手册相关规定，接受 A 公司的监督及指导；林某与 A 公司均有权在本合同指定区域内发展次级区域总代理和无再次许可权的专卖店；林某应一次性向 A 公司支付知识产权使用费 9 万元等，上述约定均符合《商业特许经营管理条例》第三条"本条例所称商业特许经营是指拥有注册商标、企业标志、专利、专有技术等经营资源的企业，以合同形式将其拥有的经营资源许可其他经营者使用，被特许人按照合同约定在统一的经营模式下开展经营，并向特许人支付特许经营费用的经营活动"的规定，A 公司将其拥有使用权的"12'S"商标许可林某使用，林某按照 A 公司经营政策和营运指导手册经营，并向其支付知识产权使用费 9 万元。而《销售关系框架合同》则约定林某有权获得 A 公司产品在授权区域内的销售权及林某的订货、销售条款，因此，两份合同从性质上来看，属于特许经营合同性质。

其次，《条例》中对于被特许人享有解除权的规定有两条：一是被特许人在特许经营合同订立后一定期限内，可以单方解除合同；二是特许人隐瞒有关信息或提供虚假信息的，被特许人可以解除特许经营合同。但本案中林某提出解除合同的理由与上述两个被特许人享有解除权的法定事由不符，因此，林某不能依据《条例》的规定解除合同。但是，特许经营合同亦是合同的一种形式，林某以订单传真的方式向 A 公司订货，但 A 公司未能提供相应的货物，导致林某无法经营，店铺关闭，那么林某可以依据我国《合同法》第九十四条"当事人一方迟延履行债务或有其他违约行为致使不能实现合同目的"的规定而解除合同。在法院审理中，因 A 公司确认其自己出货单的真实性，但又不认可林某订单的真实性，根据我国《民事诉讼法》第六十四条的规定"当事人对自己提出的主张，有责任提供证据"，那么在此种情况下的举证责任应该就在 A 公司，如果 A 公司不能提供相应的有效订单来印证出货单，那么应该承担败诉的后果。

3. 特许人履行瑕疵能否作为解除合同的依据

北京某某经贸有限责任公司诉北京某某

实华有限责任公司特许经营纠纷案

案情介绍

2002 年 2 月 8 日，北京某某实华有限责任公司（以下简称"实华公司"）作为甲方与作为乙方（加盟方）的北京某某经贸有限责任公司（以下简称"经贸公司"）签订《特许加盟协议》。协议约定：甲方提供三年经营所需的相关法律手续（经营许可证、安全许可证、营业执照等）、"实华某某咖啡屋"品牌的使用许可证及政府部门要求签订的所有文件（《信息安全责任书》、《管理规定》、《代理协议书》、《提供互联网委托书》等）；甲方免费为乙方提供经营所需设备（包括网络设备、餐饮设备以及其他设备）的清单和设备配置的说明；在乙方开业前，为乙方服务人员和管理人员提供免费的网络知识、服务管理以及本行业相关的法律法规等专业技能培训，并与乙方签署培训协议等。乙方必须自签订协议之日起，按乙方面积 130 平方米和终端 100 台交纳加盟费 3 万元整；每月交管理费 1.5 万元；以后每年收取 1 万元年审费。甲方保障与乙方所签订的经营业务所必需的证照合法性，以及及时为乙方办理证照的年审。逾期未能办理，乙方有权要求退回全额加盟费或管理费，直至赔付乙方因此而产生的直接损失金额的 50%。

协议签订后，经贸公司投入资金 170 万元租用经营场地、购置网吧设施和聘用人员，经贸公司的准备工作已经就绪，但实华公司不能办理经营所必需的法律手续，造成经贸公司重大经济损失。经贸公司多次与实华公司协商要求对方按照合同约定赔偿经贸公司经济损失的 50%，未果。遂将实华公司诉至法院要求解除双方所签加盟协议书，要求实华公司赔偿经贸公司经济损失85万元并承担本案的诉讼费用。

实华公司辩称：双方签订的《特许加盟协议》不能履行的原因属于不可抗力。双方签订合同后，实华公司即开始为经贸公司办理有关网吧证照的工作。在办理手续的过程中实华公司从主管部门得知，由于政府要对网络市场进行整顿，相关文件马上就要出台，已停止办理一切网吧的审批手续，不再发给申请书表格，也不再接受开办网吧的申请。在得到这一消息后，实华公司告知有关加盟单位这一情况，并与各加盟单位协商解除加盟协议事宜。在2002年3月与经贸公司协商解除加盟协议过程中，经贸公司对解除协议提出不当要求，并且将实华公司所属的两家网络咖啡屋的电脑、办公桌等价值80万元的固定资产予以扣留。2002年5月10日，文化部下发《文化部加强网络文化市场管理的通知》及《网吧等互联网上网服务营业场所专项治理行动方案》，通知和方案均明确规定：各地一律停止审批新的网吧等互联网上网服务营业场所。2002年6月29日文化部、公安部、信息产业部、国家工商总局联合下发《关于开展"网吧"等互联网上网服务营业场所专项整治的通知》，强调暂停审批新的网吧等互联网上网服务营业场所。由于发生了上述不可抗力，双方所签协议应于2002年5月10日自动解除。另外，经贸公司投资网吧170万元与协议无直接关系。协议中实华公司仅要求加盟单位经营场所面积在60平方米以上，终端配置在50台以上，协议也仅约定经贸公司按面积130平方米和终端100台交纳加盟费，而经贸公司所租用面积高达987.64平方米，故其投资与双方协议约定无关。经贸公司因投资形成了自己的固定资产，这些固定资产的价值并没有损失。另外，实华公司并没有因经贸公司的投资而获得丝毫利益。

法院审理

一审法院认为：经贸公司与实华公司签订的《特许加盟协议》，系双方当事人的真实意思表示，协议的内容不违反国家法律法规的禁止性规定，应为有效协议。在双方签订的合同内容中，办理加盟店的相关手续是特许方在合同中应当履行的义务。由此可以确认，在双方签订合同时加盟方经营加盟店的手续是尚待办理的。但双方在合同中并未对加盟店经营手续的办理期限作出约定。从经贸公司提交的 2002 年 4 月 1 日的情况介绍中，足以证明实华公司将无法办理合同约定的相关证照的情况于 2001 年 3 月底 4 月初告知了经贸公司。在实华公司办理经营证照的合理期限里，2002 年 5 月 10 日文化部相关政策的出台，导致实华公司继续履行合同全部义务已成为不可能。就网吧审批主管部门停止办理新网吧审批，作为合同一方的实华公司在主观上是不能预见的，也是其无法通过自己的力量所能克服和避免的。实华公司以不可抗力因素的出现，要求解除合同并免除承担违约责任的抗辩，理由成立，本院予以采信。经贸公司要求实华公司赔偿经济损失 85 万元的诉讼请求本院不予支持。

综上，依据《中华人民共和国合同法》第 117 条、第 118 条之规定，判决如下：

驳回经贸有限责任公司的诉讼请求。

二审法院认为虽然实华公司拥有许可其加盟店使用"实华某某咖啡屋"注册商标的权利，但其不具备经营网吧所需的合法资格，而其与经贸公司签订的《特许加盟协议》中特许经贸公司经营网吧，该行为属超范围经营。根据《中华人民共和国合同法》第九条"当事人订立合同，应当具有相应的民事权利能力和民事行为能力"及最高人民法院《关于适用〈中华人民共和国合同法〉若干问题的解释（一）》第十条"当事人超越经营范围订立合同，人民法院不因此认定合同无效。但违反国家限制经营、特许经营以及法律、行政法规禁止经营规定的除外"，实华公司与经贸公司所签《特许加盟协议》应属无效。由于实华公司的加盟者开办网吧的相关证照均由实华公司以实华公司下属分公司的名义申请，从实华公司第二分公司经营网吧的证照不合法及实华公司其他下属分公司自政府整顿后停业至今可以认定，实华公司向其加盟者提供的经营网吧的证照均不是合法的手续。由此可以确认，即使没有政府整顿网吧的政策出台，实华公司亦不能依法向经贸公司提供合法的经营网吧的证照。实华公司作为《特许加盟协议》中的特许者，其对经营网吧所必需的合法手续应是明知的，其故意隐瞒事实与经贸公司签约，违背了诚实信用原则，应承担缔约过失责任。根据《中华人民共和国合同法》第四十二条、第五十八条的规定，对于经贸公司的经济损失，实华公司负有主要责任，应当承担赔偿责任。但由于经贸公司在签约时未对实华公司的经营资格进行严格审查，亦存在一定过错，应自行承担部分损失。由于经贸公司对经营网吧的投入中因部分物品实物尚在或不能确定与经营网吧有关，宽带初装费及网络布线费根据《互联网上网服务营业场所管理办法》第八条的规定，获准开办互联网上网服务营业场所的，应当持批准文件、经营许可证和营业执照与互联网接入服务提供者办理互联网接入手续，并签订信息安全责任书。无批准文件和经营许可证，未办理企业登记注册的，互联网接入服务提供者不得向其提供接入服务。经贸公司违反该规定在未取得经营网吧的相关证照的情况下即办理互联网接入，由此形成的费用应由其自行承担。因此，本院认定经贸公司的损失范围包括房租、装修费共计 84.2464 万元。对此损失双方均有过错，实华公司负有主要责任。故二审法院撤销一审判决，判令实华公司赔偿经贸公司损失 50.5478 万元。

案件评析

本案焦点在于经贸公司是否有权要求解除合同。

首先，确认本案所涉合同的性质。实华公司与经贸公司签订的《特许加盟协议》约定：实华公司提供三年经营所需的相关法律手续（经营许可证、安全许可证、营业执照等）、"实华某某咖啡屋"品牌的使用许可证及政府部门要求签订的所有文件（《信息安全责任书》、《管理规定》、《代理协议书》、《提供互联网委托书》等）；为经贸公司服务人员和管理人员提供免费的网络知识、服务管理以及本行业相关的法律法规等专业技能培训，并与经贸公司签署培训协议等。经贸公司必须自签订协议之日起，按面积 130 平方米和终端 100 台交纳加盟费 3 万元整；每月管理费 1.5 万元；以后每年收取 1 万元年审费。上述约定均符合《商业特许经营管理条例》第三条"本条例所称商业特许经营是指拥有注册商标、企业标志、专利、专有技术等经营资源的企业，以合同形式将其拥有的经营资源许可其他经营者使用，被特许人按照合同约定在统一的经营模式下开展经营，并向特许人支付特许经营费用的经营活动"的规定，因此，本案属于商业特许经营合同。

其次，《条例》中对于被特许人享有解除权的规定有两条：一是被特许人在特许经营合同订立后一定期限内，可以单方解除合同；二是特许人隐瞒有关信息或提供虚假信息的，被特许人可以解除特许经营合同。本案中，实华公司在订立合同时明知自己没有能力为经贸公司办理合法的互联网接入服务相关手续仍然与经贸公司签订《特许加盟协议》，属于《条例》及《合同法》规定的故意隐瞒与订立合同有关的重要事实。由此可知，经贸公司有权解除其与实华公司的合同，并要求其赔偿损失。但二审法院以缔约过失为由判决实华公司赔偿损失确属不妥，所谓缔约过失责任是指在合同订立过程中，当事人因违背其依据诚实信用原则所应负有的义务，而致相对一方利益的损失应承担的民事责任。而本案中的合同已经成立，不是在合同订立的过程中，因此，不应为缔约过失。

第四章　违约责任的承担

一、特许人与被特许人由于各自的过错各自承担违约责任

北京市某早教公司诉郑州市某早教公司特许经营纠纷案

案情介绍

原告（北京市某早教咨询有限公司）与被告（郑州市某早教咨询有限公司）于 2007 年 5 月 27 日，签订了《某早教特许经营合同》，合同对加盟店的开设、加盟费的交纳、违约等事宜进行了详细约定。郑州早教公司依约在郑州市城东路（简称"城东路店"）、文化路（简称"文化路店"）、经三路（简称"经三路店"）开设了"某某早期教育培训中心"加盟店并自主经营。但郑州早教公司在签约后未按照合同约定向北京总部交纳相关费用，截至 2010 年 6 月 25 日共拖欠品牌使用费 5.60446 万元，广告分担金 1 万元，且经原告多次催要未果。2010 年 8 月，原告还发现郑州爱婴公司违反合同约定，未经公司授权，擅自在郑州市航海东路开设了一家新的"某某早期教育培训中心"

(简称"航海路店"),至今也未向原告支付相关费用。郑州爱婴公司的上述行为违反了合同约定,已经构成违约,故原告起诉要求郑州爱婴公司支付拖欠原告的文化路店与经三路店品牌使用费 5.60446 万元、广告分担金 1 万元及滞纳金 7596 元,支付航海路店的加盟费 1 万元、品牌使用费 1.8 万元,并支付违约金 5 万元。

被告答辩并反诉称:首先,我公司对于北京爱婴公司主张的文化路店与经三路店品牌使用费数额没有异议,但是《某早教特许经营合同》实际签订时间晚于落款时间一年,因此尚未到支付时间,而且我公司不存在拖欠行为,故不应承担滞纳金。其次,虽然合同中约定了广告分担金,但该费用的支付需要甲方投放相应的广告并经过我公司的同意,而且数额需要双方协商确定。再次,航海路店仍处于筹备阶段,依据《某早教特许经营合同》的约定,航海路店属于我公司必须开设的加盟店,无需向北京爱婴公司申请,我公司也没有通知北京爱婴公司的义务,故我公司开设航海路店并不构成违约。并且,航海路店至今尚未开业,我公司不应支付该店的加盟费和品牌使用费。因此,我公司不同意原告的诉讼请求。相反,我公司经过原告许可,将文化路店搬迁至位于郑州市天明路(简称"天明路店")经营,原告却于 2010 年 8 月 20 日以上述店面侵权为由向郑州市××区工商行政管理局(简称"××区工商局")进行错误投诉,导致该店被查封并给我公司造成重大损失,原告的此项行为已构成违约。故我公司向原告提起反诉,请求判令原告赔偿我公司经济损失 6.1967 万元,支付违约金 5 万元。

原告针对被告的反诉答辩称:我公司确实针对被告的天明路店到××区工商局进行过投诉,但是我公司最终撤回了投诉;并且,××区工商局未对被告进行处罚,未给其造成损失;即便我公司构成违约,被告主张的违约金也明显过高,应由法院予以调整。综上,我公司不同意被告的反诉请求。

审理查明

原告于 2010 年 8 月 10 日通过电子邮件回复郑州某早教咨询公司,同意该公司在 10 月 10 日关闭文化路店并迁址到天明路店的申请,期间同意这两个店面与城东路店和经三路店四店并存。同年 8 月 19 日，原告以天明路店未经许可使用其注册商标为由向××区工商局进行投诉，请求该局进行查处。当月 23 日，金水区工商局出具了《实施行政强制措施通知书》，对该店面的学生表、账目本及部分教材进行了扣押。因原告未按照××区工商局要求提交鉴定书，故该局未向天明路店出具处罚决定书或要求其停业。后来，原告代理律师通过电话向××区工商局申请撤回投诉，但一直没有提交书面撤诉文件，故该案目前尚未正式销案。庭审中，原告表示其向××区工商局投诉是由于该公司代理人不清楚情况。被告表示因原告的错误投诉行为导致其天明路店停业五十日，由此造成房租及物业费损失 3.2067 万元、人员工资损失 6.1967 万元，但就此仅提交了房屋租赁合同，物业服务协议及该公司自行制作的工资表。

另查明，关于《某早教特许经营合同》中约定的 5 万元违约金，经本院释明，原告表示该违约金数额过高，若认定其违约，请求进行调整；被告则表示对违约金数额没有异议，不请求调整。

法院判决：

依照《中华人民共和国合同法》第六十条第一款、第一百零七条、第一百二十条之规定，判决如下：

一、被告于本判决生效之日起十日内向原告支付加盟费 1 万元；

二、被告于本判决生效之日起十日内向原告支付品牌使用费 6.50446 万元；

三、被告于本判决生效之日起十日内向原告支付滞纳金 7596 元；

四、被告于本判决生效之日起十日内向原告支付违约金 5 万元；

五、原告于本判决生效之日起十日内向被告支付违约金 2 万元；

六、驳回原告的其他诉讼请求；

七、驳回被告的其他反诉请求。

案件评析

北京市某早教公司和郑州市某早教公司签订的《某早教特许经营合同》

是双方真实意思表示，内容不违反法律、行政法规的强制性规定，属于合法有效的合同。双方均应按照合同约定履行自己的义务，否则应当承担相应的违约责任。争议的焦点：一、被告未向原告交纳文化路店与经三路店品牌使用费是否构成违约；二、被告开设航海路店是否构成违约；三、原告要求被告向其支付 1 万元广告分担金的主张是否成立；四、原告对被告的天明路店向工商机关进行投诉是否构成违约。

关于焦点一：双方当事人的分歧在于被告至今未交纳上述费用是否构成违约。根据《某早教特许经营合同》的约定，品牌使用费的支付方式为按季度交纳，具体为每年的 3 月 25 日、6 月 25 日、9 月 25 日、12 月 25 日交纳上季度品牌使用费；第二家加盟店自 2007 年 5 月 27 日起计算；第三家加盟店自 2008 年 3 月 25 日开始计算。根据查明的事实，文化路店和经三路店分别为郑州某早教公司开设的第二家和第三家加盟店，故上述加盟店的品牌使用费分别应从 2007 年 5 月 27 日和 2008 年 3 月 25 日开始按季度支付。现被告至今未支付文化路店 2008 年 3 月 25 日至 2010 年 6 月 25 日期间的品牌使用费以及经三路店 2009 年 12 月 25 日至 2010 年 6 月 25 日期间的品牌使用费，故构成了违约。对于被告提出《某早教特许经营合同》的实际签订时间为 2008 年 7 月、上述品牌建设费尚未到支付时间的辩称，本院认为，虽然《某早教特许经营合同》系双方倒签，但双方已在合同中对品牌使用费的支付方式、支付时间及标准进行了明确约定，被告在合同上签字盖章即表明其对合同相关条款的接受，故对其上述辩称，故法院不予支持。

关于焦点二：首先，《某早教特许经营合同》只是约定被告承诺在合同签订两年内除保持已开设加盟店的正常经营外，在特许区域内再开设一家直营加盟店。上述约定只是为被告另行开店预留了空间，并没有明确约定被告另行开店可不经原告的许可。其次，《某早教许经营合同》明确约定被告在自行开设自营加盟店时，须把申请书及自营加盟店的有关情况提前三个月呈报原告并交纳相关费用后，由原告审核、批准后方可开始营业。由上述约定可知，被告开设航海路店仍需经过原告的同意和批准。根据原告对航海路店的取证过程，可以认定航海路店已经于 2010 年 7 月开业经营，故可以认定被告擅自开设航海路店的行为构成了违约。对于被告提出航海路店正在筹备阶段、尚未正式营业的答辩意见，因其未能对原告提交的公证书作出合理解释或举出相反证据，故法院不予采信。

关于焦点三：《某早教特许经营合同》中仅约定广告分担金是在原告进行全国性的统一宣传活动时，向被告提前预约一定金额的广告分担金，但对于该笔费用的金额以及支付时间均没有进行约定。现被告明确表示不同意交纳2010年度广告分担金，原告亦未举证证明双方曾就该笔费用的交纳事宜达成了合意，故法院对此不予支持。

关于焦点四：被告签订涉案合同的目的在于使用原告的商标等经营资源。被告在天明路店使用原告的经营资源亦获得了其许可，但原告在此情况下却向相关工商管理机关对天明路店进行投诉，导致该店的部分教学用具被扣押，致使被告无法正常使用其所特许的经营资源，故原告的上述行为构成了违约。

综上，被告未依约交纳文化路店、经三路店品牌使用费，擅自开设航海路店以及原告对被告进行错误投诉均构成了违约。根据《合同法》的约定，当事人一方不履行合同义务或者履行合同义务不符合约定的，应当承担继续履行、采取补救措施或者赔偿损失等违约责任；当事人双方都违反合同的，应当各自承担相应的责任。因此，被告和原告应对各自的违约行为承担相应的违约责任。法院的判决我们认为是合理的。

二、特许经营合同一方当事人根本违约的认定

北京欧×化妆品有限公司诉卢某、浦某特许经营合同纠纷案

案情介绍

2008年5月2日，北京欧×化妆品有限公司（原告）作为甲方，浦某、卢某作为乙方（被告），就乙方加入甲方开展"馨丝×"品牌、"特××（私人）健康美容中心/会所"商业特许经营连锁加盟的相关事宜，签订了《圣欧×馨丝×商业特许经营合同》，合同约定甲方拥有"馨丝×"品牌、"特××

(私人)健康美容中心/会所"特许经营体系,甲方授予乙方开立上述品牌和中心会所及特许经营权,乙方加盟店的营业地址为辽宁省沈阳市×××北街×号×门,乙方在签订合同的同时向甲方交纳合同保证金,直接特许加盟连锁店须一次性交纳 10 万元,合同终止,乙方无任何违规行为,保证金三个月后退回乙方。乙方在获得特许经营权和签订商业特许经营合同书的同时,应向甲方交纳品牌使用加盟金 10 万元。由于乙方违约,经营其他品牌或变相、变通经营其他品牌产品及经营非甲方许可的经营项目,甲方有权终止合同,并有权要求乙方赔偿甲方品牌损害金,每个品牌损害金 50 万元,乙方店内不得陈列、摆放与经营无关或非甲方提供的商品,如乙方陈列或销售其他商品,乙方承担 50 万元违约金,签订合同有效期为五年,自 2008 年 5 月 2 日起至 2013 年 5 月 1 日。合同还对信息披露及商业秘密保护、开业运营、培训、销售、知识产权的授予与使用等事项专门做了约定。

合同签订后,原告给予被告方加盟金及保证金只需各交纳 5 万元的优惠。之后,经被告卢某申请,延长优惠政策三个月。2010 年 4 月 15 日,原告接被告顾客投诉,称其在被告开设的馨丝×私人健康美容中心接受服务时产品被调换了不是馨丝×品牌产品。4 月 17 日,原告派出检查人员对其进行例行检查,发现被告店内经营外来"香×"、"维××"其他品牌化妆品。4 月 21 日,被告卢某向原告写下保证书,保证店内不留存外来产品。5 月 10 日,原告再发通知给被告。6 月 19 日,被告顾客投诉被告擅自关店。6 月 30 日,原告派人检查,并对被告关店之事进行了公证。7 月 1 日,被告卢某以身体原因,向原告申请解除合同。遂原告起诉两被告,请求法院判令自本判决生效之日起解除双方于 2008 年 5 月 2 日签订的合同,两被告共同支付加盟金 10 万元,以及因被告存有销售其他产品的违约行为而产生的品牌损害金 30 万元。

被告卢某辩称:1. 原告有未按合同约定披露有关信息、履行备案义务、提供特许经营体系、进行员工培训、供货不足等违约行为,其系违约在先,也不符合同解除条件;2. 加盟金也在合同签订时已交纳,且原告的加盟金债权也超出了诉讼时效期间;3. 原告提供的证据不足以证明被告经营或变相经营其他品牌产品;4. 系争商标非原告所有,原告也非系争商标的特许使用者;

5. 就目前现状，同意系争合同自判决生效之日起解除；6. 即使被告违约成立，违约金与实际损害相差太大，要求调整。

被告浦某未提出任何抗辩意见。

法院审理

本院认为：原告与两被告签订的连锁加盟（特许）合同，未违反法律或行政法规的强制性规定，系有效合同。被告卢某辩称原告并非商标所有人或合法使用人，故合同无效的意见，与查明事实不符，本院不予采纳。该合同的有效期终止日为 2013 年 5 月 1 日，现原告诉请要求解除合同，被告卢某也表示同意，本院根据双方确认的解除时间节点，准许系争合同自本案判决生效之日起解除。根据合同约定及原告庭审中确认的优惠政策，两被告应当在获得特许经营权和签订商业特许经营合同书的同时，向原告支付加盟金 5 万元。因此，加盟金债权的诉讼时效期间起始日应确定为两被告获得特许经营权和签订商业特许经营合同书的次日，而两被告获得特许经营权和签订商业特许经营合同书的时间为系争合同的签订日期 2008 年 5 月 2 日，从该时间计算至原告起诉之日 2010 年 7 月 26 日，已超出两年。故原告要求两被告支付加盟金的诉讼请求，本院不能支持。

原告的第三项诉讼请求是要求被告方因违反合同约定，经营了其他品牌的产品而应承担的品牌损害金 30 万元，本院首先认定被告方有违约行为，但仅就原告内部的投诉记录以及检查情况分析，被告的这一违约数量及程度是相当轻微的，无证据证明被告的违约存在相当的恶意，由此对原告造成的品牌损害应是轻微的；其次，原告未就被告方的这一违约行为对其造成的损失作出具体的描述，本院难以确定原告的这一偶发违约行为是如何对原告的许可使用的品牌造成了伤害；再次，原告也未向本院提供证据证明馨丝×和圣欧×品牌的价值，继而来证明一旦上述品牌受到损害，其损害金额如何确定。综合以上因素，被告方应当承担的违约金，不宜过高。判决被告共同支付给原告 5 万元。鉴于被告浦某和卢某为系争合同的同一相对方，双方应当对外共同承担责任。据此，依照《中华人民共和国合同法》第九十三条第一款、

第一百一十四条第二款、《中华人民共和国民法通则》第一百三十五条、《中华人民共和国民事诉讼法》第一百二十八条的规定，判决如下：

一、确认原告北京欧×化妆品有限公司与被告浦某、卢某于 2008 年 5 月 2 日签订的商业特许经营合同自本判决生效之日起解除；

二、被告浦某、卢某应于本判决生效之日起十日内共同支付原告北京欧×化妆品有限公司违约金人民币 5 万元；

三、驳回原告北京欧×化妆品有限公司的其余诉讼请求。

案件评析

本案的争议焦点在于被告的违约行为是否构成根本违约而使原告要求解除合同的理由充分合理。

合同解除可分为当事人的约定解除和法律规定的法定解除两种，根据我国《合同法》第九十四条法定解除合同的规定，当事人一方迟延履行债务或有其他违约行为致使不能实现合同目的的行为，另一方当事人可以解除合同。原告因发现被告店内经营外来"香×"、"维××"其他品牌化妆品而要求解除合同的理由不够充分，也就是说即使被告店内经营着外来品牌的化妆品，被告存在违约行为也不能致使双方签订合同的主要目的不能实现。因此，原告单以该理由要求解除合同是不能得到法院支持的，但由于被告在庭审中也表明愿意解除双方的合同，那么，法院可据此判决解除双方的合同。

而原告要求被告支付违约金的请求是合理的。违约金是指当事人在合同中约定的或法律所规定的，一方违约时应支付给对方的一定数量的货币。具体可分为三种：法定违约金、约定违约金及混合违约金，我国《合同法》第一百一十四条对约定违约金做了明确规定，即当事人可以约定一方违约时应当根据违约情况向对方支付一定数额的违约金，也可以约定因违约产生的损失赔偿额的计算方法。约定的违约金低于造成的损失的，当事人可以请求人民法院或者仲裁机构予以增加；约定的违约金过分高于造成的损失的，当事人可以请求人民法院或者仲裁机构予以适当减少。本案中，双方合同约定如被告经营其他品牌或变相、变通经营其他品牌产品的，原告有权终止合同，并有权要求被告赔偿品牌损害金，每个品牌损害金 50 万元；乙方店内不得陈列、摆放与经营无关或非甲方提供的商品，如乙方陈列或销售其他商品，乙方承担 50 万元违约金。因原告未提供证据证明其受到的具体损失数额，因此合同约定的 50 万违约金就相对过高。对于将过高的违约金依照怎样的规则或者方式调到适当的金额，通常还是由法官的自由裁量权来决定。法院在认定被告的违约行为对原告造成的品牌损害是轻微的情况下，法官将会通过行使自由裁量权并考虑到当事人是否实际遭受损失、遭受损失的情况和程度、遭受损失的一方是否采取了合理的止损措施，违约方的违约原因和恶意，当地的生活水平等各方面的因素来确定违约金数额。

另外，根据双方签订的《圣欧×馨丝×商业特许经营合同》性质及内容来看，该合同属于商业特许经营合同，我国《商业特许经营管理条例》对特许人的服务义务做了相关规定，即特许人应为被特许人持续提供经营指导、技术支持、业务培训等服务；特许人向被特许人提供的信息应当真实、准确、完整，不得隐瞒有关信息，或提供虚假信息；特许人隐瞒有关信息或提供虚假信息的，被特许人可以解除特许经营合同。本案中，被告提出原告有未按合同约定披露有关信息、履行备案义务、提供特许经营体系、进行员工培训、供货不足等违约行为，若被告能提供证据证明原告的上述违约行为确实存在，那么，法院的判决将会大不相同。

三、被特许人违约转让股权的法律后果

北京某公司诉肖某某特许经营合同案

案情介绍

2007 年 12 月 3 日，北京某公司作为合同甲方，肖某某作为合同乙方，双方签订一份《某品牌加盟合同书》（以下简称"加盟合同"）。加盟合同主要约定：1. 乙方自行提供经营场所，并应于合同签订之日起十五日内选定并经甲方确认，租赁合同和营业执照复印件应交甲方备案。2. 乙方在签订合同后向

甲方一次性交纳加盟费 6 万元，保证金 1 万元，保证金在合同期满不再续约，合同期内无违约行为，甲方在六个月内一次性退还。乙方每年须向甲方缴纳年度品牌管理费 1.5 万元，其中第一年的加盟管理费在乙方开业后一周内交纳，其余加盟管理费在本合同签订每年周年前三十日内一次性支付。如迟延支付，三十日内每延误一天应按应交款 5‰向甲方支付滞纳金；迟延三十天（含三十天）以上，视为乙方自动退出甲方的特许经营系统，并作违约处理，甲方有权单方解除合同。3. 乙方应依约按时交纳各项费用，严守本系统经营机密，不得将本合同任何权益以任何形式转予第三方，未经甲方许可，乙方不得与第三方进行各种形式的相关业务经营合作及另行开设自身对外经营的分支机构，不得擅自将甲方授予的特许经营权以任何方式出售或转让第三方。此外，双方在加盟合同中还对广告宣传费、营业费用，保证金的扣除，保密和竞业禁止、不可抗力等作出约定。肖某某在加盟合同签订后，于 2008 年年初成立了"长春市某教育咨询有限公司"（以下简称"长春某公司"），并作为公司的法定代表人。2009 年 8 月 7 日，长春某公司向当地工商管理部门申请变更法定代表人为刘某，并转让了长春某公司。

北京某公司称，肖某某一直未能支付 2009 年至 2010 年度的品牌管理费 1.5 万元，肖某某未经北京某公司许可将长春某公司转让，严重违反加盟合同的约定并根本侵害了北京某公司的权益，致使双方的合同目的不能实现。北京某公司因此提出如下仲裁请求：

1. 解除双方签订的加盟合同；

2. 肖某某支付 2009 年至 2010 年品牌使用费 1000 元及延迟支付至 2010 年 1 月 11 日的滞纳金 2925 元；

3. 肖某某赔偿北京某公司经济损失 6 万元；

4. 肖某某承担本案仲裁费用。

肖某某答辩称：1. 北京某公司存在恶意欺骗行为，双方签约时北京某公司并不具备发展连锁加盟商的主体资格，北京某公司在 2009 年 10 月才取得特许人的资格。2. 北京某公司并没有按合同约定提供技术支持和服务，使肖某某在发展过程损失大量生源。3. 由于北京某公司的原因使肖某某无法经营，于 2009 年 7 月转让了长春某公司的股权，但在转让合同中没有提及本案双方的加盟合同。4. 2009 年至 2010 年的品牌使用费已经支付，有北京某公司出具的票据证明。肖某某请求仲裁庭驳回北京某公司的仲裁请求。

仲裁庭裁决

基于案情证据及其理由，依据《中华人民共和国合同法》第六十一条、九十二条、九十三条第二款、九十七条、一百一十三条第三款、第一百一十四条第一款的规定，仲裁庭裁决：1. 解除双方签订的加盟合同；2. 肖某某向北京某公司支付 2009 年至 2010 年的品牌使用费 7500 元及滞纳金 1000 元；3. 肖某某赔偿北京某公司损失 1 万元。

案件评析

（一）关于本案合同的效力

北京某公司认为自己具备商业特许经营条件，有权作为特许人签订本案的合同。北京某公司未及时在相关管理部门备案，并不影响特许权人的资质，未备案可能导致特许权人承担性质责任、受到行政处罚，但不影响本案合同的效力。肖某某认为，北京某公司在签约时并不具备发展连锁加盟的主体资格，未备案可能导致特许人承担行政责任、受到行政处罚，但不影响本案合同的效力。肖某某认为，北京某公司在签约时并不具备开展连锁加盟商的主体资格，北京某公司在 2009 年 10 月 29 日才取得特许商主体资格，北京某公司在主观上存在恶意。

我国现行的《商业特许经营管理条例》对于特许人的资格有明确的规定，出来要求特许人从事特许经营活动应当拥有注册商标、企业标志、专利、专有技术、成熟的经营模式等经营资源，具备为被特许人持续提供经营技术指导、技术支持和业务培训等服务能力，并要求特许人应当拥有至少两个直营店，并且经营时间超过一年。

仲裁庭在本案开庭审理中，曾经将北京某公司是否具备特许人资格作为双方争议焦点之一，双方确认在 2009 年 10 月北京某公司的特许权通过备案。

仲裁庭在给出双方提交补充证据的时间内，没有收到北京某公司其他相关能证明自己拥有两个或以上直营店，并且经营时间超过一年的证据，对此缺项，依现行的《商业特许经营管理条例》规定，应由商务主管部门对其处罚，并不必然导致本案合同无效。因此仲裁庭不认为本案合同内容违反法律或行政法规的强制性规定，双方都应当遵循诚实信用原则，认证履行合同约定的义务。

（二）关于北京某公司的仲裁请求

北京某公司认为自己按合同约定履行了特许人的义务，肖某某没有按约定支付 2009 年至 2010 年的品牌使用费 1.5 万元，肖某某违反合同约定擅自转让长春某公司，使北京某公司无法实现合同目的提前解除合同，损失了合同期内应收取的品牌使用费和上市交易机会，要求解除合同、肖某某支付 2009 年至 2010 年品牌使用费 1.5 万元及滞纳金、肖某某赔偿损失 6 万元。肖某某认为自己已按时足额支付了 2009 年至 2010 年的品牌使用费 1.5 万元，不存在拖欠行为。对于转让长春某公司实施，肖某某使用电子邮件告知北京某公司的法定代表人，而且在转让合同中没有提及本案双方的加盟合同，肖某某转让自己的公司与肖某某特许的使用权无关。

1. 关于是否解除本案合同

北京某公司以肖某某擅自转让加盟店，严重违反合同约定为由请求解除本案的加盟合同。肖某某承认自己加盟后成立的长春某公司已于 2009 年 7 月转让。仲裁庭依据本案的事实和双方意愿，支持北京某公司所提出解除加盟合同的仲裁请求。

2. 关于肖某某是否拖欠品牌使用费

北京某公司确认自己仅收取了两笔品牌使用费，第一笔是肖某某在开业后一周内，即 2007 年 12 月至 2008 年 3 月的品牌使用费；第二笔应于 2008 年 12 月支付 2008 年 12 月至 2009 年 12 月的品牌使用费，但经北京某公司反复催告肖某某直至 2009 年 6 才支付 1.5 万元。2009 年 12 月肖某某应支付第三笔品牌使用费至今未付。

肖某某坚持自己在 2009 年 6 月支付的 1.5 万元品牌使用费，就是 2009 年至 2010 年的品牌使用费，之前应支付的品牌使用费已经按时如数付清，不存在拖欠。对于肖某某与 2009 年 6 月支付的 1.5 万元品牌使用费，是支付 2008 年 12 月至 2009 年 12 月的，还是支付 2009 年 12 月至 2010 年的，双方存在截然不同的意见，仲裁庭只能依据现有证据作出判断。仲裁庭注意到，在加盟合同中对于支付品牌使用费的约定是：肖某某每年须向北京某公司交纳年度品牌管理费 1.5 万元，其中第一年的加盟管理费在肖某某开业后一周内交纳，其余加盟管理费在本合同签订每满周年前三十日内一次性支付。如延迟支付，三十日内每迟延一天应按应交款额的 5‰ 向北京某公司支付滞纳金；迟延三十天（含三十天）以上，视为肖某某自动退出北京某公司的特许经营系统，并作为违约处理，北京某公司有权单方解除本合同。按双方加盟合同约定，肖某某在开业后一周和加盟合同每满周年前三十日都要支付 1.5 万元品牌使用费。本案加盟合同与 2007 年 12 月签订，肖某某在 2008 年 3 月开业以及 2008 年 12 月至 2009 年 12 月应有三次向北京某公司支付品牌使用费的行为。北京某公司确认收取了两次，肖某某主张自己支付了三次，按现行举证规则，肖某某应当提交其支付三次品牌使用费的凭据。目前被申请人并没有用证据证明自己的主张成立，仲裁庭无法确认 2009 年 6 月肖某某支付的 1.5 万元是属于 2009 年 12 月应支付的 2009 年至 2010 年的品牌使用费。在双方加盟合同未解除时，肖某某仍应按合同约定支付品牌使用费。但鉴于双方对于解除加盟合同的意愿一致，目前距离年底尚有半年多时间，同时综合考虑北京某公司在签约时作为特许商主体存在瑕疵，仲裁庭酌情确认肖某某应向北京某公司支付 2009 年 12 月当期的品牌使用费 7500 元整，并向北京某公司支付滞纳金 1000 元。

3. 关于损失赔偿 6 万元

仲裁庭特别注意到，本案加盟合同中，双方约定了严守系统经营机密，不得将本合同任何权益以任何形式转予第三方，未经北京某公司许可，肖某某不得与第三方进行各种形式的相关业务竞业合作及另行开设自身对外经营的分支机构，不得擅自将北京某公司授予的特许经营权以任何方式出售或转让第三方。现行的《商业特许经营管理条例》也明确规定：未经特许人同意，被特许人不得向他人转让特许经营权。肖某某在签订加盟合同后，成立长春某公司的目的就为履行加盟合同，为行使加盟合同中北京某公司特许期使用的权利。2009 年 7 月肖某某又将肖某某自己出资成立，公司独立享有民事权利和承担民事义务，但是肖某某在加盟合同中对北京某公司所承诺的："不将本合同任何权益以任何形式转予第三方、不擅自将北京某公司授予的特许经营权以任何方式出售或转让第三方"成为肖某某必须履行的合同义务，肖某某违背自己在加盟合同中承诺，必须承担违约责任。肖某某在转让合同中与案外人第三方的约定不论是否涉及本案的加盟合同内容，其转让长春某公司的行为已构成严重违约。北京某公司所提赔偿经济损失请求，应给予支持。但鉴于肖某某缴纳的加盟费 6 万元约定加盟期是五年，目前尚不足三年；肖某某还支付了保证金 1 万元；双方解除加盟合同后肖某某仍要履行合同中竞业禁止的义务，以及北京某公司在签约时自身特许资格存在的欠缺，仲裁庭综合前述因素确认肖某某赔偿北京某公司损失 1 万元为宜。

对于肖某某在答辩中所提北京某公司并未按合同约定提供技术支持和服务，使肖某某在发展过程中损失大量生源，由于北京某公司的原因使肖某某无法经营的抗辩理由，仲裁庭只能依本案现有经双方质证的证据确认是否成立。开庭过程中，仲裁庭与双方到庭人员一同观看了光盘中北京某公司公司年会上肖某某的发言影像。肖某某作为加盟商中的成功人士，向与会者讲述自己加盟北京某公司的经营系统后的收获，并对北京某公司的帮助、支持给予明确的认可。现在肖某某的抗辩与北京某公司证据中的影像截然相反，但肖某某又未有证据证明自己目前的抗辩有事实依据，因此仲裁庭不能确认肖某某的抗辩理由成立。

第五章　保证金的返还

一、特许人未依约给予被特许人支持的法律后果

姜某诉北京某科技投资公司特许经营合同纠纷案

案情介绍

2007 年 5 月 29 日，姜某某（原告）与某某公司（被告）签订《合同书》，双方约定原告在浙江省杭州市西湖区×××家园×号，设立"×××"品牌折扣系列产品的零售网点。原告应当于签订本合同之日，向被告支付合同保证金 5000 元，销售业绩保证金 1.8 万元；合同保证金在合同有效期内如无损害"×××"品牌名誉以及违反本合同相关条款的行为，合同终止甲方给予全额无息退还。在合同有效期内，原告的首批上架货品，按进货价的金额不得低于 1 万元。原告每次补货量按进货价格不得低于 2000 元，年进货额（销售业绩）不得低于 15 万元。原告每累计进货达 2 万元，返还销售业绩保证金 1000 元，返完为止；完成销售任务销售保证金一次性给予返还。被告提供专业的营销策划培训和相关的加盟服务，定期在全国范围内举行促销活动。合

同期限从 2007 年 5 月 29 日起至 2008 年 5 月 28 日止。

2007 年 5 月 29 日，签订合同后，原告向被告交纳销售合同保证金 1.8 万元、货款 1 万元、合同保证金 5000 元，共计 3.3 万元。并且为履行合同，原告租赁浙江省杭州市西湖区×××家园×号的房屋作为营业用房，为此支付租金 1.8 万元。2007 年 5 月至 2008 年 5 月，原告共向被告订货 7 次，支付货款 2.294 元。2008 年 5 月以后，原告向被告又支付货款 1.294 万元，但其手中只有 2200 元的支付凭证。

2009 年 2 月原告向法院提起诉讼，诉称约定合同到期后，原告向被告多次索要合同保证金及销售业绩保证金均被拒绝。请求：1. 判令被告返还合同保证金 5000 元和销售业绩保证金 1.8 万元，计 2.3 万元；2. 判令被告返还原告货款 3000 元；3. 判令被告偿还原告经济损失 1.8 万元，以上共计 4.4 万元。被告辩称，原告在合同履行中存在违约行为，因此不应返还。另外，原告将未完成业务的行为推卸给被告不符合情况，被告已履行义务，并且产品合格，因此被告不同意原告的诉讼请求。

原告提交了一份《检验报告》用以证明×××产品质量不合格，被告提出异议指出是委托检验而不是抽检，检验产品也无法确认就是被告的产品。

被告提交了《技术服务合同》及《电视广告制作播出合同书》，内容为被告委托其他公司在网站上和电视中为被告做广告宣传，但被告未提交合同已实际履行的证据。被告称已向原告进行了营销培训，其培训的方式就是向原告提供《×××产品总解说手册》，但原告未收到过被告提供的该手册，被告对此未能举证证明。

法院审理

法院审理认为，被告与原告签订的合同书未违反国家法律及行政法规的强制性规定，应属有效。

本案中，依据双方合同约定，被告应提供专业的营销策划培训和相关的加盟服务，定期在全国范围内举行促销活动。被告虽提交了《技术服务合同》及《电视广告制作播出合同书》，但未提交合同已履行的证据，故被告并无有效证据证明其已定期在全国范围内举行促销活动。被告虽称已向原告提供《×××产品解说手册》，但原告却予以否认，被告亦没有证据证明已交付原告总解说手册，故被告主张已提供营销策划培训和相关加盟服务，本院不予认可。因此，依据现有证据，被告并未向原告提供营销策划培训和相关的加盟服务，亦未定期在全国范围内举行促销活动。本案中原告从事"×××"产品销售，被告应按约定进行管理策划培训及定期在全国范围内进行促销活动，从而促进产品销售，协助原告完成销售任务。但被告却怠于履行该项义务，故原告未按合同约定完成年进货额 15 万元，被告对此存有过错责任。现双方合同已经到期，被告已无采取补救措施之可能，据此，被告应承担过错责任，返还原告合同保证金及销售业绩保证金。故原告要求被告返还合同保证金 5000 元、销售业绩保证金 1.8 万元的诉讼请求，本院予以支持。

本案中，依据双方签订合同内容，其合同实现目的在于依托"××××"品牌，销售"×××"系列产品。在双方合同履行期间，被告虽存在违约行为，但该行为并不能必然导致合同目的不能实现，且原告并无证据证明其因被告的违约行为在经营上遭受的具体损失金额。

本案中，原告租赁房屋进行经营是履行合同的前提条件，该租赁行为与被告违约没有必然联系，故其将该笔租赁作为经济损失要求被告赔偿的诉讼请求，于法无据，本院不予支持。本案中，在合同履行过程中，原告已销售出绝大多数货物，剩余货物应属正常经营过程中的产品积压，且经营产品本身具有商业风险性，因此，并不属违约行为造成的直接损失。原告称产品有质量问题，因检验报告属其单方送检，检验产品未得到双方确认，无法确定系被告所供产品，故该检验报告不能证明被告有质量问题。据此，原告要求被告返还 3000 元货款的诉讼请求，本院不予支持。

案件评析

本案争议焦点在于被告是否按照合同约定提供了营销策划培训及服务。如果没有，北京公司应承担何种责任？

本案原告共向被告缴纳合同保证金、销售业绩保证金共计 2.3 万元，双方在合同中约定了保证金的返还方式和条件，同时对于被告的合同义务也作了明确约定，即被告应提供专业的营销策划培训和相关的加盟服务，定期在全国范围内举行促销活动。合同履行过程中，虽然原告未按照合同约定充分履行自己的义务，未达到公司约定的返还保证金的条件，但同时，由于被告北京公司也未能提供曾经向原告提供营销策划培训及促销等服务的证据，因此对于原告未完成合同义务也负有一定的责任，故法院判令北京公司返还保证金。

通过本案，我们可以看到，特许人与被特许人之间相互享有权利，也相互承担义务，双方是一个长期的利益共同体。特许人收取被特许人的保证金，本意在于促使被特许人忠实履行合同义务，但同时，特许人也应完善自身经营管理制度，及时向被特许人履行自身负有的培训等义务，否则特许人所享有的权利就无法实现。

二、特许人在何种情形下可以不返还保证金

李某诉 A 投资顾问（北京）有限公司特许经营合同纠纷案

案情介绍

2007 年 12 月 5 日，李某某（原告）与 A 投资顾问（北京）有限公司（被告）签订《合同书》，双方约定原告（即合同中乙方）在福建省厦门市×××区农贸市场东侧 9 号店面，设立"×××"品牌折扣系列产品的零售网点。原告应当于签订本合同之日，向被告（即合同中甲方）支付合同保证金 5000元，销售业绩保证金 2 万元；合同保证金在合同有效期内如无损害"×××"品牌名誉以及违反本合同相关条款的行为，合同中止时甲方给予全额无息退还。在合同有效期内，原告的首批上架货品，根据店铺实际面积定购（首批货款不得低于 1 万元）。原告每次补货量按进货价格不得低于 2000 元，年进货额（销售业绩）不得低于 15 万元。原告每累计进货达 2 万元，返还销售业

绩保证金 1000 元，返完为止；完成销售任务销售保证金一次性给予返还。合同期限从 2007 年 12 月 5 日起到 2008 年 12 月 5 日止。

2007 年 12 月 6 日，原告向被告交纳合同保证金 5000 元、销售保证金 2 万元、货款 5000 元。被告向原告提供了相应价值的产品。截至 2008 年 12 月 5 日，本合同已经终止，但被告拒不返还原告交纳的合同保证金、销售保证金等。故诉至法院，请求法院：判令 A 投资顾问（北京）有限公司返还李某某合同保证金 5000 元，销售业绩保证金 2 万元。

被告 A 投资顾问（北京）有限公司辩称，合同保证金是在李××没有违约行为的情况下，公司全额返还。业绩保证金是按累计业务量逐步返还，李某某没有达到要求，因此要求返还业绩保证金没有依据。李某某没有达到年进货量，已构成违约，故合同保证金不应退还。

法院审理

法院审理认为，被告与原告签订的合同书未违反国家法律及行政法规的强制性规定，应属有效。

本案中，双方在合同中明确约定原告每累计进货达 2 万元，被告返还销售业绩保证金 1000 元，双方对销售业绩保证金的返还约定了条件，现双方约定的保证金条件并未成就，原告虽称被告发货产品与当初看到的货品不一致，但未提交有效证据证明，因此，其主张本院不予认可，故原告要求返还销售业绩保证金 2 万元的诉讼请求，本院不予支持。

本案中，依据双方合同约定，合同保证金在本合同有效期内如无损害"×××"品牌名誉以及违反本合同相关条款的行为，合同中止时被告给予全额无息退还，故双方对合同保证金的返还也约定了条件。现原告实际交纳货款 5000 元，而双方合同约定首批货款不得低于 1 万元，年进货额不得低于 15 万元，因上，原告违反双方合同约定条款，故其要求返还 5000 元合同保证金的诉讼请求，本院不予支持。综上所述，本院依照《中华人民共和国合同法》第八条之规定，判决如下：

驳回原告李某某的诉讼请求。

案件评析

"保证金"是特许经营合同中一种常见的收费形式，由特许人向被特许人收取，其目的主要在于敦促被特许人及时、充分的按照合同约定履行自己的义务。如果被特许人违约，则特许人可直接用以充抵特许权使用费、货款及违约金等，如果被特许人无违约行为，则合同期满予以返还，因此，一般双方会在合同中明确约定保证金的返还方式和条件。

在本案中，被告收取原告合同保证金及销售业绩保证金共计 2.5 万元，同时双方对保证金的返还条件和方式作出了明确约定，即合同保证金在原告无损害被告品牌名誉以及违反本合同相关条款的行为，合同终止时被告给予全额无息退还；销售业绩保证金在原告完成一定的销售任务时由被告逐额返还。因此，双方对于合同保证金和销售业绩保证金的返还均规定了明确的限制性要求，由于原告未达到合同约定的要求，故保证金不应返还。至于原告所称的未完成公司销售任务是公司产品质量问题所致，因无法提供足够的证据而未被法院采信。

本案带给我们的提示有两点：

一、特许人和被特许人并不是单纯的经销关系，被特许人在享有权利的同时，负有遵守特许人规章制度，以及按照特许人要求经营的义务，如果被特许人未达到特许人的要求，很可能就要承担对自己不利的后果。

二、在被特许人发现特许人产品存在质量问题，或者存在其他违约行为，将会导致合同约定的条件无法实现时，被特许人应及时主张权利，而不应一拖再拖，错失良机。本案中，如果原告在发现被告的产品存在质量问题时即向人民法院提起违约之诉，则很可能会得到人民法院的支持。

第六章　侵权责任的承担

一、侵犯商标权

1. 特许经营合同中侵犯商标权的认定

山西某裤业有限公司诉北京某服饰有限公司

侵犯商标权及不正当竞争纠纷案

案情介绍

　　山西某裤业公司于 1998 年 8 月在山西省登记注册成立，经营服装加工，批发零售针纺织品、服装、服装原材料等。1998 年 12 月 3 日，向国家工商行政管理总局商标局（以下简称"商标局"）申请注册某品牌文字及其变形图案组合商标，2000 年 3 月 7 日该商标核准注册，注册类别为第 25 类商品，包括服装、裤子、成品衬里（服装部件）、服装口袋，注册号为 1370＊＊＊。北京某服装公司成立于 2001 年 9 月 3 日，经营服装、鞋帽、皮革制品等的销售，是中国连锁经营协会的会员。双方因侵犯商标权及不正当竞争纠纷而诉至法院。

原审法院认为：山西某裤业公司经商标局注册，依法取得了第1370＊＊＊号某品牌文字及其变形图案组合商标的专用权。虽然北京某公司对该商标提出了商标争议申请，并经商标评审委员会受理，但在该商标未被撤销前，山西某裤业公司仍享有上述商标的注册商标专用权，并有权禁止他人在相同或类似商品上使用与上述商标相同或近似的商标。北京某服装公司作为与山西某裤业公司同样从事服装连锁经营的企业，使用与山西某裤业公司相似的商标，侵犯了山西某裤业公司对涉案商标享有的专用权。北京某服装有限公司不服，提起上诉，请求确认上诉人的涉案行为未侵犯被上诉人的注册商标专用权，也不构成不正当竞争，请求撤销原判，驳回山西某裤业公司的诉讼请求。

被上诉人山西某裤业公司辩称：被上诉人的涉案某商标在相关公众中具有较高的知名度，上诉人在企业名称中及其连锁店门头牌匾等处使用的某商标与被上诉人的涉案商标相近似。因此，上诉人涉案突出使用某标识的行为构成侵犯商标权；注册使用"北京某服装有限公司"企业名称的行为构成不正当竞争。故请求法院判决驳回上诉人的上诉请求。

法院审理

法院审理认为，被上诉人山西某公司作为涉案图形及文字组合注册商标专用权人，其所享有的注册商标专用权应当受到我国法律的保护。上诉人北京某服装公司主张该商标的主要部分应为图形部分，依据不足，本院不予支持。

被上诉人山西某裤业公司请求判令上诉人北京某服装公司就涉案商标侵权行为及不正当竞争行为承担停止侵权、赔偿损失的法律责任的诉讼主张，理由正当，本院予以支持。上诉人北京某服装公司所提上诉理由不能成立，原审判决认定事实清楚，处理结果并无不当，应予维持。

案件评析

本案二审审理期间争议的焦点问题是上诉人北京某服装公司涉案突出使

用其字号某商标的行为是否侵犯了被上诉人的涉案注册商标专用权，上诉人注册使用其企业名称的行为是否构成不正当竞争，其是否应承担相应的法律责任。

第一，根据我国《商标法》的有关规定，未经注册商标专用权人的许可，在同一种商品或者类似商品上使用与其注册商标相同或者近似的商标的，为侵犯注册商标专用权的行为。判断是否构成侵犯注册商标专用权，应判断被控侵权标识与该注册商标是否相同或近似，被控侵权产品与注册商标核定使用的商品是否相同或类似，并判断是否造成相关公众的混淆和误认。本案上诉人将其企业名称中的字号某商标突出使用在其加盟店门头牌匾、网上介绍的指示牌、服装吊牌、工作证、桌旗、吊旗、工作服胸牌、名片、纸杯、手提袋设计等处，该标识与被上诉人的商标的主要识别部分相比，除多一个"城"字外，其余部分的读音相同，容易造成相关公众的混淆和误认。据此，可以认定两商标相近似。上诉人在与商标核定使用的商品相同的商品经营过程中突出使用该标识的行为侵犯了被上诉人的涉案注册商标专用权，应当承担相应法律责任。

第二，关于上诉人注册使用含有某文字的企业名称，是否造成与原告企业和相关产品的混淆，是否构成不正当竞争问题。

根据我国反不正当竞争法及其他相关规定，经营者在市场交易中，应当遵循自愿、平等、公平、诚实信用的原则，遵守公认的商业道德。在处理注册商标与注册使用企业名称冲突纠纷案件中，应当遵循诚实信用、保护在先合法权益的原则。根据本案查明的事实，被上诉人于1998年8月注册成立并于2000年注册取得涉案某商标，通过长期的经营和较为广泛的宣传活动，该企业及其注册商标在相关公众中获得了一定的知名度。上诉人于2001年9月注册成立。上诉人与被上诉人同为涉案服装的生产销售者，而服装作为一种普通消费品，相关消费者针对该产品的特点往往在购买时仅仅施以一般注意力，容易引起消费者对产品来源的误认和混淆，足以使相关消费者对涉案产品的来源以及不同经营者之间具有关联关系产生混淆误认，违反了诚实信用的基本原则，上诉人的行为的确构成不正当竞争。所以两级法院的审理，并无不妥。

2. 特许经营中商标侵权与不正当竞争的区分

BMY 快餐公司与 BMT 餐饮公司商标侵权纠纷案

BMY 餐厅 1971 年创始于台北，1984 年先后在美国三座城市开设分店。BMY 快餐公司成立于 1994 年 2 月，从 1994 年到 2002 年陆续在北京开设了八家分店，并在上海、天津开设了分店。1994 年 10 月 14 日，BMY 快餐公司在第 42 类的餐饮服务上申请注册了"BMY"商标。

BMT 餐饮公司成立于 2002 年，在其开设的多家分店的招牌和菜单上突出使用了与"BMY"相近似的"BMT"文字，造成了消费者的混淆和误认，甚至造成卫生行政机关的混淆和误认。据此，BMY 快餐公司以 BMT 餐饮公司侵犯商标专用权并构成不正当竞争为由，向人民法院提起诉讼，请求法院判令 BMT 餐饮公司立即停止商标侵权行为和不正当竞争行为、书面赔礼道歉并赔偿经济损失。

法院审理

法院经审理查明：1994 年"BMY"文字商标经国家商标局核准注册，核准类别是第 42 类"餐馆、快餐馆等"服务项目。2004 年商标局核准 BMY 快餐公司受让取得上述商标的专用权。2002 年 BMT 餐饮公司经工商核准注册成立。BMT 餐饮公司在其多家分店的招牌上突出使用了"BMT"文字。法院认为：第一，BMT 餐饮公司在与"BMY"商标核准注册的同类服务餐饮服务中的牌匾上用突出的字体、单独使用"BMT"文字，而该文字从文字含义、文字读音和文字外形上均与"BMY"商标近似，BMT 餐饮公司的涉案行为构成了对 BMY 快餐公司商标专用权的侵犯，其应当承担停止侵权和赔偿损失的责任。第二，对于 BMY 快餐公司还主张 BMT 餐饮公司使用"BMT"的行为构成仿冒其知名服务的特有名称"BMY"，BMT 餐饮公司使用的"BMT"是其企业字号，包含该字号的企业名称其已经注册超过五年时间，对 BMY 快餐公司就

BMT 餐饮公司使用其字号的行为主张构成不正当竞争，不予支持。据此法院判决：

一、被告 BMT 餐饮公司停止在其经营餐馆的牌匾上突出使用"BMT"文字的涉案行为；

二、被告 BMT 餐饮公司赔偿原告 BMY 快餐公司经济损失 1 万元；

三、驳回原告 BMY 快餐公司的其他诉讼请求。

案件评析

本案的争议焦点是 BMT 餐饮公司的行为是侵犯商标权还是不正当竞争行为。

特许经营中常见的商标法律纠纷有如下几种情况：其一，他人未经许可在特许经营体系同类商品或服务上使用相同或近似的商标；其二，他人将特许人的商标的文字作为字号申请注册为企业名称或将特许人的字号申请注册相应的文字商标，以造成公众对商品或服务主体的误认和混淆；其三，他人在其他类别抢注特许人的商标，利用特许人的商标影响力"搭便车"，从事不正当竞争的经营活动；其四，他人将特许人的商标中的文字用于登记网络域名等。所以 BMT 餐饮公司侵犯了 BMY 快餐公司的商标权。

不正当竞争行为根据《反不正当竞争法》的规定，是指"经营者违反本法规定，损害其他经营者的合法权益，扰乱社会经济秩序的行为。"特许经营的不正当竞争行为主要表现在如下方面：其一，假冒他人注册商标的行为；其二，商品（服务）混淆行为；其三，侵犯商业秘密行为；其四，商业诋毁行为等。在本案中，被告涉嫌商品（服务）混淆行为。商品（服务）识别混淆行为是指侵权人擅自使用知名商品（服务）特有的名称、包装、装潢，造成消费者对商品（服务）提供者的误认和混淆的行为。《反不正当竞争法》第五条第（二）项规定，"擅自使用知名商品特有的名称、包装、装潢，或者使用与知名商品近似的名称、包装、装潢，造成和他人的知名商品相混淆，使购买者误认是该知名商品"的行为属于不正当竞争行为。所以本案属于不正当竞争行为。但是国家工商行政管理局《关于解决商标与企业名称中若干问题的意见》的第七条规定要求权利人"自商标注册之日或者企业名称登记之日起五年内提出请求（含已提出请求但尚未处理的），但恶意注册或者登记的不受此限。"由于原告延迟行使权利，导致该项诉讼请求被人民法院驳回。

3. 被特许人侵犯特许人商标的法律责任

北京徐××美发公司诉北京正×美发公司侵犯商标专用权纠纷案

案情介绍

北京徐××美容美发有限公司（以下简称"徐××美发公司"）是注册商标（19678＊＊）专用权人，2002年11月21日获得国家商标局核准注册，核定使用范围为42类。主营业务之一为美容美发，经过多年经营，徐××品牌在业内获得诸多荣誉，该品牌在国内具有较高知名度和影响力，服务得到广大消费者认可。2005年5月17日，徐××美发公司和北京正×美容美发有限公司（以下简称"正×美发公司"）签订《徐××品牌合作协议书》，合同期限为2005年5月17日到2010年5月16日。根据《协议书》约定，被告以支付品牌使用费的方式有偿使用"徐××"商标。在合同履行过程中，徐××美发公司发现正×美发公司将"徐××"商标注册成为企业名称。而公司从没有许可其可以将"徐××"注册为企业字号，经过多次与之协商解决此事，但均无效果。合同期限届满后，正×美发公司仍然继续使用"徐××"注册商标。正×美发公司行为已经侵犯了原告的注册商标专用权。徐××美发公司认为双方合同期限已届满，如果正×美发公司继续使用将会导致相关公众对涉案服务产生混淆，损害徐××美发公司企业的声誉，因此，向北京市××区人民法院提起诉讼，请求：判令正×美发公司立即停止侵权行为，销毁含有"徐××"字样的宣传品，装修装潢，剪发卡及其标识；判定其变成企业名称，赔偿经济损失1万元；本案的诉讼费，律师费由被告承担。

正×美发公司答辩称，其没有构成侵权，理由如下：1. 正×美发公司与总部签订了五年的合作协议，总部在合作期间，提供过人员培训和宣传资料，而正×美发公司也向总部支付了5万元费用，合同期满后，双方没有签订任何形式的协议，也没有提供过任何方面的支持，该协议已自然终止。2. 正×美发公司现在的名称与对方的名称有明显的不同，而且公司名称已经在工商局合法注册。

法院审理

法院审理查明，徐××美发公司在 2004 年 3 月 18 日注册成立，并在 2004 年 9 月 14 日取得了第 19678＊＊号的商标。2005 年徐××美发公司和正×美发公司签订了《加盟协议书》约定：徐××美发公司统一与正×美发公司合作"徐××美容美发"项目并由正×美发公司在丰台区××路独立经营美容美发，徐××美发公司给予不定期的技术培训，营销指导，质量监督。合同期限为五年，期满如需续约的，双方另行协商，正×美发公司同意支付费用有偿使用"徐××"名称、商标及外观，且适用范围限于合同约定。合同签订后，徐××美发公司向正×美发公司提供了培训和开业用品。徐××美发公司于 2008 年 10 月 15 日向正×美发公司提出过变成企业名称的主张，但未就此提起诉讼，合同于 2010 年 5 月 16 日到期终止，双方没有续签合同。正×美发公司为个人独资企业，户外现用的牌匾为"徐××美容美发"其中"徐××"三个字颜色为白色，"美容美发"四字字体为红色。正×美发公司在其顾客剪发卡和预约卡中使用了"徐××"图形商标。对于以上事实都用相应的证据佐证。

故法院认为：正×美发公司在加盟合同到期后无权继续使用徐××的注册商标，故在合同终止后，其仍然使用带有徐××商标的剪发卡，预约卡以及户外牌匾，属于未经商标注册人的许可，在同一种服务上使用与注册商标相同的行为，侵犯了徐××美发公司的商标专用权。因此，正×美发公司应停止侵权行为，并赔偿相应的经济损失及合理支出。正×美发公司经北京市工商行政管理局丰台分局核准成立，依法享受企业名称权。故正×美发公司使用了"徐××"作为其公司名称的，不构成商标法所称的相同或近似，且商标与使用名称发生冲突，商标权人自企业名称登记之日起五年内未提出请求的，不予保护。徐××美发公司在正×美发公司成立后五年内，并未向其起诉请求变更请求变成企业名称。因此正×美发公司有权使用徐××商标作为企业名称。

鉴于徐××美发公司未提供证据证明其实际损失数额，本院将综合考虑给予赔偿数额。依据《中华人民共和国商标法》第四条第三款、第五十二条第一款、第五十六条之规定判决如下：

一、自本判决生效之日起，正×美发公司停止侵犯第 19678＊＊号商标的行为；

二、自本判决生效之日起十日内，正×美发公司赔偿徐××美发公司3000 元；

三、自本判决生效之日起，正×美发公司停止突出使用"徐××"字样；

四、驳回徐××美发公司其他诉讼请求。

事后，徐××美发公司不服该判决，认为一审法院认定的事实不清；正×美发公司已经构成不正当竞争；一审法院适用法律错误；一审法院认为徐××美发公司超过五年保护期的认定适用法律错误；正×美发公司承担侵权责任方式不当；一审法院未考虑特许加盟双方曾经的合作关系和单方允诺的事实；提起上诉，上诉至北京市第二中级人民法院，法院最后以正×美发公司变更企业字号，支付徐××美发公司商标使用费 3 万元的方式调解结案。

案件评析

本案中笔者认为，正×美发公司在其门头装潢所使用的"徐××美容美发"就是对"徐××"注册商标的使用，并不是对企业名称的简化使用。因为正×美发公司曾基于授权取得"徐××"商标使用权，其门头装潢自开业之日一直使用至今，未做任何改变，其使用方式具有延续性，"徐××美容美发"中，"美容美发"是行业类别的通用名称，且有指示经营特色之意，门头装潢中"徐××"是区别于其他企业的主要标志，也是显著使用。字号是企业名称中最有显著特征的部分，是商事主体在经营活动中用于区别其他商事主体的特定名称。对于企业名称与注册商标相同或近似的判断主要是对企业字号与注册商标进行比较，同时，必须针对权利人的商标与行为人在被控侵权行为中对企业名称具体的使用方式进行，而非简单的对权利人的商标与行为人的企业字号进行比较，在比较中，应主要考虑公众的视觉效果，综合字形，读音判断。"徐××"是文字商标，正×美发公司在其门店的装潢上也有"徐××"的标志，通过整体比较，正×美发公司门店的企业字号"徐××美容美发"构成了对注册商标的侵犯。

再者，正×美发公司无合法授权，使用特许人的商标，造成相关公众对服务来源误认、混淆，违背诚实信用原则和工人的商业道德，构成不正当竞争，将他人的注册商标为企业字号，属于不正当竞争行为，由《反不正当竞争法》调整，然而一审法院审理中并未适用《反不正当竞争法》，笔者认为这是适用法律的错误。

对于徐××美发公司，是否超过了五年的保护期呢？根据《最高人民法院关于审理商标民事纠纷案件适用法律若干问题的解释》第十八条规定，侵犯注册商标专用权的诉讼时效为两年，自商标注册人或利害关系人知道或应当知道侵权行为之日起计算。商标注册人或利害关系人超过两年起诉的，如果侵权行为在起诉时仍在继续的，在该注册商标专用权有效期限内，人民法院应当判决其停止侵权行为，侵权损害赔偿数额应当自权利人向人民法院起诉之日起向前推算两年计算。《北京市高院关于商标与使用企业名称冲突纠纷案件审理中若干问题的解答》6. 审理商标与使用企业名称冲突纠纷案件，商标权人是否必须在一定期限内主张权利？商标与使用企业名称发生冲突，商标权人自企业名称登记之日起五年内未提出请求的，不予保护。对恶意将他人驰名商标注册为企业名称的，则不受五年的限制。对此一审法院认为已经超过了五年的保护期适用的法律错误。

最后，本案中双方当事人属于商业特许经营的关系，徐××美发公司是特许人，正×美发公司是被特许人。根据《商业特许经营管理条例》特许人和被特许人之间是独立的民事主体，两者之间有紧密的法律关系。双方之间有合作关系，被特许人所使用的"徐××"标识均是基于合作关系形成的，具有一定延续性。再者，被特许人经授权使用"徐××"商标，即明知"徐××"是特许人的注册商标专用权人，仍注册为其企业字号，明显有"搭便车"的故意，特许人向其明确提出要求后，仍不改正，属于恶意注册。再者，在合作的过程中，被特许人在变更名称问题上作出过单方允诺，具备法律效力。其继续使用含有"徐××"字样的企业名称已经构成侵权，严重违反了诚实信用原则。故一审法院认为被特许人有权使用"徐××"字号的认定也是错误的。

在特许加盟中，经常出现被特许人违约经营，超越合同的权限作出侵犯特许人权利的事情，针对此类问题，笔者认为，特许人应当完善特许经营合同的条款，严格依据《商业特许经营管理办法》的规定，划分好特许人和被特许人的权利义务，以免发生被特许人盗取特许的知识产权的行为。作为被特许人，也应该严格依照合同的约定，超过特许的权限需要承当相应的法律责任。

二、泄露商业秘密

1. 商业特许经营中泄露商业秘密的认定

北京×酒店管理公司诉北京××餐饮公司泄露商业秘密案

案情介绍

甲、乙、丙原为北京某酒店管理公司（以下简称"A公司"）和北京某酒家（以下简称"B酒家"）的管理人员。2002年，甲、乙、丙在未与A公司、B酒家作任何协商、亦未解除劳动合同的情况下，成立了北京某餐饮公司（以下简称"C公司"），从事与A公司、B酒家相似的餐饮服务活动。C公司成立运营后，被A公司发现，遂A公司、B酒家即向北京市某区人民法院（以下简称"一审法院"）起诉，原告A公司、B酒家认为：被告C公司侵犯了其商业秘密，损害了原告的商业信誉，擅自使用与原告作为知名商品相近似的名称、包装、装潢及宣传资料，构成了不正当竞争的行为。请求判令被告立即停止使用原告的商业秘密；立即停止损害原告商业信誉的行为；立即停止使用与原告近似的名称、包装、装潢、宣传材料，连带赔偿原告损失若干元，一审法院经审理后驳回 A 公司、B 酒家的诉讼请求。

原告不服一审判决，上诉至中级人民法院（以下简称"二审法院"）。

法院审理

二审法院认为，本案双方当事人争议的焦点问题为：上诉人主张的商业秘密是否成立，被上诉人的行为是否构成对上诉人商业秘密的侵犯；上诉人在市场中所提供的服务是否属于法律所规定的知名服务，其服务名称、店面装饰是否为其所特有及被上诉人使用涉案的服务名称、店面装饰等行为是否构成不正当竞争；被上诉人是否存在诋毁上诉人商业信誉的行为。

关于第一个焦点问题，依据法律规定的商业秘密构成判断标准及二审法院确认的证据，上诉人对其主张的菜品配方其制作工艺，未能举证明确其秘密内容，二审法院不能确认该商业秘密的存在。关于上诉人所主张的厨房设计、经营理念和决策，其未能明确请求保护的秘密范围并举证证明被上诉人泄露和使用了上述秘密事项，因此，上诉人指控被上诉人侵犯其上述三项内容的商业秘密，不能成立，对其相应的诉讼请求，不予支持。同时，二审法院确认被上诉人未构成对上诉人商业秘密的侵害。

关于第二个焦点问题，即上诉人是否具有知名服务，其服务名称、店面装饰是否为其所特有及被上诉人使用涉案服务名称、店面装饰行为等是否构成不正当竞争。上诉人从 1997 年起经营以湖北菜为特色的酒家，并采用发展连锁店的经营方式，通过上诉人五年的市场经营，已经形成了自己的经营特色，这些经营特色除湖北风味菜外，还包括店面、招牌、菜单、订餐卡、窗贴等装饰设计风格和特有的服务名称，上诉人所特有的商号在一定范围内也逐渐为相关的消费者所知晓，相关消费者能够从这一商号联想到上诉人所经营的特色湖北菜、特色服务和他的店面装饰风格，从这一角度看，该商号已经由于上诉人的经营活动而在特定领域，被上诉人利用上诉人已有的声誉"搭便车"的主观故意是明显的，易使相关消费者对二者产生联想，对此服务提供者与彼服务提供者是否存在关联产生误认。同时，被上诉人 C 公司通过此种"搭车"行为，利用了上诉人已有的特色服务在相关消费者中的影响，使其所提供的相近似的服务更容易使消费者接受。综合以上理由，二审法院认定上诉人所提供的服务为知名服务，被上诉人 C 公司使用的与上诉人相近似的服务名称、店面招牌、订餐卡、窗贴等行为构成了不正当竞争。

关于第三个焦点问题，即被上诉人是否存在散布虚假宣传，诋毁上诉人商业信誉的行为。二审法院认为被上诉人的行为不属于法律上规定的诋毁竞争对手商誉的不正当竞争行为。

综上，二审法院判决如下：一、撤销一审判决；二、C 公司停止使用与 B 酒家和 A 公司相近似的服务名称、店面招牌、订餐卡、窗帖；三、驳回 B 酒家和 A 公司的其他诉讼请求。

案件评析

不正当竞争行为长期困扰着特许经营企业，本案具有一定的代表性。本案有三个焦点问题：一是侵犯商业秘密的行为是否存在，二是使用与知名商品相近似的名称、包装、装潢造成购买者误认的事实能否成立，三是诋毁商业信誉的行为能否成立。

关于是否存在侵犯其商业秘密行为的问题。

我国《反不正当竞争法》规定，商业秘密是指不为公众所知悉、能为权利人带来经济利益、具有实用性并经权利人采取保密措施的技术信息和经营信息。

本案 A 公司和 B 酒家主张的商业秘密有：菜品的配方及其制作工艺、厨房设计、客户名单、经营理念和决策。对于 A 公司和 B 酒家主张的菜品配方其制作工艺，由于未能明确其秘密的具体内容，因此法院不能确认该商业秘密的存在。对于 A 公司和 B 酒家所主张的厨房设计、经营理念和决策，由于未能明确请求保护的秘密范围，同时也没有明确的证据证明甲、乙、丙及 C 公司泄露和使用了上述秘密事项，因此，二审法院没有支持其诉讼请求。

关于 A 公司和 B 酒家向社会提供的服务是否属于知名服务，其服务名称、店面装饰是否为其所特有及 C 公司使用的服务名称、店面装饰行为等是否构成不正当竞争的问题。

根据我国《反不正当竞争法》规定，擅自使用知名商品特有的名称、包装、装潢，或者使用与知名商品相近似的名称、包装、装潢，造成和他人的知名商品相混淆，使购买者误认为是该知名商品的行为属于不正当竞争的行为。因此，在本案中，要判断是否构成不正当竞争，A公司和B酒家的服务是否属于知名服务十分关键。对此，在二审过程中，A公司和B酒家委托北京某知名调查公司对其服务是否知名进行了专项调查。该调查结果显示，A公司和B酒家提供的服务在北京地区享有较高的知名度。在本案中，C公司在特定的地域和经营范围，向社会提供了与A公司和B酒家相近的服务，并使用了与A公司和B酒家相近的服务名称、包装、装潢，容易造成消费者的误认，或者给消费者造成其与A公司和B酒家有某种联系的联想。故二审法院认定C公司在该方面存在不正当竞争行为。

关于在本案中是否存在诋毁商业信誉的问题，由于A公司和B酒家没有充分的证据加以证明，故二审法院没有支持其相应的诉讼请求。

第七章　特许经营合同的认定

一、特许经营与合同代理的区分

张某与北京某服饰公司、陈某特许经营合同纠纷案

案情介绍

2006 年 8 月 29 日，北京某某服饰有限公司（以下简称"××服饰公司"）与陈某某作为合同甲乙双方签订《××时尚服饰总经销合同书》（以下简称"《经销合同书》"），《经销合同书》约定产品名称为"××时尚"折扣系列服饰；某某服饰公司授权陈某某的总经销区域为天津地区，陈某某自营店址为天津市东丽区；在陈某某签订本合同前，某某服饰公司在该区域内发展的经销商，陈某某须保证其和某某服饰公司所签订的合同权益不受侵犯；在某某服饰公司发展的销售商店方圆一公里的范围内，陈某某不得再发展任何销售商和自营店。双方还约定双方始终是各自完全独立的民事主体，各自为各自的行为完全独立承担责任。双方之间仅存在受本合同约束形成的供销法律关系，陈某某不具有代行某某公司或代为某某公司而发生任何行为的权利，即

双方之间不存在任何隶属、投资、雇用、承包等关系，合同期限自 2006 年 8 月 29 日至 2007 年 8 月 28 日。合同期限届满前，双方在 2007 年 8 月 25 日又签订了一份《××服饰总经销续约合同书》（以下简称“《经销续约合同书》”），该合同对双方法律关系的约定内容与《经销合同书》内容一致，《经销续约合同书》期限自 2007 年 8 月 29 日至 2008 年 8 月 28 日。

2007 年 4 月 3 日，陈某某作为甲方，与乙方张某某签订《合同书》，在“专卖店资格授权”中约定，乙方经过对甲方的经营理念、产品情形、营销模式、管理能力等多方考核并认同接受，同时结合自身条件、当地消费市场状况向甲方申请加入“××时尚品牌服饰折扣店”（“××折扣店”）体系，自愿接受甲方之经营理念，认同并服从甲方的经营管理模式；甲方授权乙方在天津市河东区中山门开办“××折扣店”，乙方只能在此区域内以店铺的形式从事经营销售，乙方未取得本合同之外的书面许可，不能开分店或以变相或类似变相形式设立分店。乙方承认甲方的商号、商标归总部所有，具有特定的商业价值、受法律保护。合同第三条费用支付方式及奖励政策约定：本合同签订时乙方应向甲方交纳品牌费人民币 1.6 万元，首批进货款 1.2 万元。乙方每累计进货量达到人民币 10 万元，甲方返还费用人民币 4000 元，返完为止；乙方累计进货量达到人民币 50 万元，甲方一次性奖励装修费人民币 1 万元。合同还约定了双方的权利义务：张×× 有获得甲方商号、商标、CIS 系统及其经营管理策略、营销模式的使用权；在双方约定区域内乙方有权获得开办“××折扣店”的经营活动；陈某某有权对张某某的经营状况、货品销售、库存、执行价格等情况进行检查核对；对店面的装修设计、装潢、店面招牌及室内布置等根据某某时尚 VI 系统进行修改，乙方应依甲方的修改意见实施。陈某某的义务在于向张某某提供开店所需相关文件及书面资料；免费为张某某提供店面设计方案和货柜摆放参考图；全程向张某某提供营业指导培训；负责产品供应、即时提供相关信息。双方还对违约责任、供货、退货、换货等条款进行了约定。合同签订后，张某某得到了陈某某交付的授权号为 80080 的“××时尚品牌服饰经销商”及“××时尚”商标使用授权书。

陈某某在与张某某订立合同后，在 2007 年 5 月间，与案外人签订了另一份合同，允许案外人在河东区中山门区域开设一家"××折扣店"。张某某认为该行为违反了某某服饰公司和陈某某承诺的经营区域保护，属于违约，给其造成经济损失和经营压力，故于 2007 年 9 月 18 日委托律师向某某公司发出《律师函》，要求解决纠纷。2007 年 9 月 20 日，某某服饰公司回复："我公司于 2006 年 8 月 29 日与陈某某女士签订天津市区域'××时尚品牌服饰折扣店'经营合同，在整个天津市区域具有垄断经营权、区域招商自治权、区域经营管理权。你函所述张某某女士有关事宜请与天津总经销商陈某某联系并协商处理。"后张某某与陈某某未能解决纠纷，张某某提起诉讼，请求法院判令：1. 解除张某某与某某服饰公司签订的合同；2. 陈某某与某某服饰公司赔偿其经济损失 6.031163 万元；3. 陈某某与某某服饰公司向其支付违约金人民币 2.6 万元；4. 本案受理费由两被告承担。

某某服饰公司答辩认为，其与陈某某是两个完全独立的民事主体，双方之间并不具有代理和被代理的关系，故张某某提出要求某某服饰公司给付违约金、赔偿金的请求不能得到支持。

陈某某答辩认为，其与某某服饰公司是两个独立主体，与张某某的《合同书》是其以个人名义订立，与某某服饰公司无关；其允许他人在中山门地区设立新店，未违反与张某某之间合同约定，故其请求应予驳回。

法院审理

一审法院审理认为，根据某某服饰公司与陈某某签订的《总经销合同书》约定内容，系特许经营合同。合同内容系某某服饰公司与陈某某的真实意思表示，合同条款未违反法律规定，根据合同内容，特许人为某某服饰公司，被特许人为陈某某，双方就"某某时尚"折扣系列服饰及"某某时尚"品牌标识等作为经营资源有偿许可使用。合同约定，陈某某作为某某服饰公司在天津的总经销商，有权在天津区域发展下属经销商，收取经销商履约金，即陈某某有权在天津区域与他人签订特许经营合同。陈某某虽然是某某服饰公司在天津地区的"××时尚"折扣系列服饰总经销商，但并不是张某某认为的陈某某是某某服饰公司的委托代理人。根据陈某某与某某服饰公司合同约定，陈某某是一个独立的民事主体，各自为各自的行为完全独立承担责任。张某某诉称陈某某是某某服饰公司代理人，其行为代表某某服饰公司的主张没有依据，对此不予采信。根据2007年4月3日陈某某申请加入"××折扣店"体系，陈某某授权张某某在天津市河东区中山门区域开办"××折扣店"，由张某某向陈某某交纳品牌费，合同内容符合特许经营合同特征，在该特许经营合同中，特许人为陈某某，被特许人为张某某，根据合同条款，陈某某特许张某某在天津河东区中山门区域成立"××折扣店"，张某某与陈某某在合同中作为独立的民事主体，双方意思表示是真实的，合同条款未违反法律规定，是有效合同，又与案外人签订了一份合同，允许案外人在天津市河东区中山门区域又开设了一家"××折扣店"，张某某与陈某某发生纠纷。按照张某某与陈某某合同约定内容，双方并未约定陈某某不能在天津市河东区中山门区域开办新的店铺，张某某诉称新开设的店铺造成经济损失及经营压力，应由陈某某与某某服饰公司赔偿经济损失的主张，没有合同和事实依据，故张某某的此项请求不予支持。综上，张某某与某某服饰公司不存在特许经营合同关系，张某某请求某某服饰公司要求支付违约金人民币2.6万元的请求不予支持。关于张某某与某某服饰公司解除合同的请求，根据庭审查明事实，张某某与某某服饰公司之间没有合同关系，不涉及解除合同问题，故张某某的此项诉讼请求，不予支持。判决驳回张某某的诉讼请求。

原审判决后，张某某不服，向上级法院提起上诉。认为：1. 陈某某是以"××时尚代理商"的名义与张某某订立的《合同书》，对某某服饰公司形成了表见代理行为，且在合同订立后，张某某亦按照合同约定缴纳了品牌费人民币1.6万元，并取得了某某服饰公司出具的《商标使用授权书》以及编号为80080的经销商铜牌，而且某某服饰公司多次向张某某提供服装，因此，张某某与某某服饰公司之间形成了事实上的合同关系；2. 某某服饰公司与陈某某在明知区域保护政策的情况下，允许他人在张某某受保护的区域范围内开设新店，严重损害了张某某的权益并给其带来经济损失，对此某某服饰公司、陈某某应承担违约及赔偿责任。请求撤销原审判决；判令解除张某某与某某服饰公司之间订立的合同；判令某某服饰公司、陈某某支付违约金人民币 2.16 万元、赔偿经济损失人民币 6.031163 万元，并承担诉讼费。

二审法院认为，依法成立的合同，仅对缔结合同的当事人具有法律约束力，因此张某某由于并非《经销合同书》以及《经销续约合同书》的订约主体，故上述两份合同约定内容对张某某并不具有法律约束力，合同效力亦不及于张某某。张某某上诉认为向某某服饰公司交纳了人民币 1.6 万元费用，从而取得了授权书的主张，与其在原审陈述的向陈某某交纳该费用取得授权的陈述相悖，本院不予采信；张某某提出某某服饰公司多次向其供货，从而与某某服饰公司之间形成了事实上的合同关系的主张，依其提交的证据显示其与某某服饰公司之间并未形成事实上的合同关系，故张某某依据《经销合同书》与《经销续约合同书》主张解除与某某服饰公司之间的合同关系，并要求某某服饰公司承担违约金、赔偿金的要求，缺少法律依据，本院不予支持。在张某某作为缔约主体与陈某某签订的《合同书》中，体现了缔约双方的真实意思表示，约定内容亦不违反国家法律、行政法规的禁止性规定，对效力予以确认。但《合同书》中并未约定限制陈某某在张某某设立的"××折扣店"一定区域内不得允许他人再行开设店面的条款，因此陈某某在张某某设立"××折扣店"后，允许他人在中山门区域内再行设立店面的行为并不构成对《合同书》的违约，张某某要求陈某某给付违约金、赔偿金的请求缺少事实和法律依据，亦不予支持。

综上，原审判决认定事实、使用法律均无不当。

案件评析

本案争议的焦点问题在于陈某某是否为某某服饰公司的代理人，张某某与某某服饰公司之间是否存在合同关系。

首先，在商业特许经营的法律关系中，有分特许的概念，即特许人将在指定区域内的独家特许经营权授予其他分被特许人，该被特许人可将特许权再授予其他分被特许人从事经营活动，自己也可以在该区域内从事经营业务的行为。因此，在分特许中存在着主特许人、分特许人、分被特许人三个主体，由此看出，分特许人具有双重身份，即既是特许人的被特许人，也是分被特许人的特许人。而在这种法律关系下，三方的权利义务关系需依照法律规定及合同约定履行，在我国的《商业特许经营管理条例》中未明确规定分特许人在特许经营活动中的权利义务，那么，合同中的约定就显得格外重要了。

在本案中，陈某某与某某服饰公司的合同及陈某某与张某某的合同中均明确约定双方之间并不具有代理和被代理的关系，而张某某认为陈某某与某某公司之间构成表见代理，故张某某虽与陈某某签订的合同，但实际上与某某服饰公司之间形成合同关系。根据我国《合同法》第四十九条规定"行为人没有代理权、超越代理权或者代理权终止后以被代理人名义订立合同，相对人有理由相信行为人有代理权的，该代理行为有效"的规定可以看出，构成表见代理的一个基本要素是行为人以被代理人的名义实施民事法律行为。本案中，从陈某某与张某某签订的合同来看，陈某某是以"××服饰公司代理商"的名义与张某某签订的合同，而不是以某某服饰公司本身的名义与张××签订的合同；从合同内容来看，双方合同约定张某某向陈某某缴纳品牌费1.6万元，陈某某授权张某某在天津市河东区中山门地区开办某某品牌服饰折扣店。因此，无论是从双方的合同主体，还是合同内容来看，陈某某均是以其个人名义与张某某形成合同关系，而不是以公司的名义与张某某签订合同，故陈某某与某某服饰公司之间不构成表见代理。而张某某提出的多次向某某服饰公司进货的主张，因其证据上显示为张某某作为陈某某的下属在某某服饰公司进货，从而其与某某服饰公司之间并不形成事实上的合同关系。从张某某提供的证据来看，并没有直接证明其与某某服饰公司存在合同关系的证据，根据合同的相对性原理，张某某与某某服饰公司没有合同关系。

因此，在商业特许经营的两级特许法律关系中，分被特许人在与分特许人签订合同时，一定要清楚双方及与特许人的法律关系，一旦分特许人违约，而合同中又没有明确其与特许人的关系，那么对于分被特许人来说，其与特许人不存在直接的合同关系，分被特许人想要追究特许人的责任就很难实现。

二、特许人没有直营店而签订的合同能否认定为特许经营合同

郑某诉北京酷某商贸有限公司特许经营合同纠纷一案

案情介绍

2008 年 10 月 10 日，郑某与酷某商贸公司签订《某品牌代理合作协议书》。合同约定：郑某成为"聪明××"品牌区域的代理商；双方属销售合作关系。酷某商贸公司授权郑某在特定的区域及时间内依法使用"聪明××"的标识、门头等，按"聪明××"的统一管理及经营模式经营"聪明××"系列商品，郑某以向酷某商贸公司交代理保证金的形式向酷某商贸公司保证按协议规定经营从而取得"聪明××"特约代理权；酷某商贸公司授予郑某在天津市津南区依法代理"聪明××"系列商品，协议有效期两年；郑某于签订本协议之日起向酷某商贸公司一次性付清代理保证金 3.8 万元。为维护统一的品牌形象和经营管理模式，郑某进行广告宣传须经酷某商贸公司审核，且酷某商贸公司有权对郑某的经营管理进行监督并提出整改建议。

合同签订当日，郑某向酷某商贸公司交纳了保证金 3.8 万元。同日，酷某商贸公司向郑某提供了加盖其公章的开店资格证、授权书、商标准用证各一份。但签约后，郑某发现酷某商贸公司在签约前没有按照《商业特许经营管理条例》的规定披露相关经营信息；其提供的产品种类、价格、服务方式等信息与签订合同时的口头承诺存在巨大差别，产品质量也不合格；其虽然授权郑某使用某品牌及标识，但其自身并没有取得某商标权。故起诉至法院，请求解除双方签订的合同，并要求酷某商贸公司赔偿损失。

庭审中，酷某商贸公司辩称：首先，双方签订的合同不是特许经营合同，而是普通的销售代理合同，而且，酷某商贸公司根本没有符合商业特许经营中关于直营店规定的条件，所以根本不是商业特许经营合同，故不适用《商业特许经营管理条例》，酷某商贸公司没有信息披露的义务；其次，酷某商贸

公司在签约当天向郑某发放了经营手册，其中涵盖了信息披露的大部分内容，事实上也已经进行了信息披露。故酷某公司不同意郑某的诉讼请求，请求法院予以驳回。

法院审理

法院审理认为，双方合同明确约定酷某商贸公司授予郑某某品牌系列商品的特约代理权，酷某商贸公司在合同签订后提供给郑某的开店资格证、授权书、商标准用证的内容可以看出，郑某与酷某商贸公司所签合同属于特许经营合同。因此，对于酷某商贸公司主张双方合同是经销合同而不是特许经营合同的辩称，法院不予支持。

酷某商贸公司自认其没有直营店，虽提出在签约当天以发放经营手册的形式向郑某进行了信息披露，但郑某否认收到过该手册，且郑某认可收到的相关材料中并没有关于酷某商贸公司不具有直营店以及其提供产品的价格、条件等方面的内容，酷某商贸公司也没有就其向郑某披露信息提供其他证据。因此，现有证据不能证明酷某商贸公司在签订合同前依法履行了信息披露义务，故郑某有权据此要求解除合同，并且请求赔偿损失。

合同解除后，尚未履行的，终止履行；已经履行的，根据履行情况和合同性质，当事人可以要求恢复原状、采取其他补救措施，并有权要求赔偿损失。郑某要求酷某商贸公司返还3.8万元及赔偿银行同期贷款利息损失，于法有据，本院予以支持。但是，郑某应当返还酷某商贸公司向其交付的开店资格证、授权书、商标准用证，并不能使用"聪明××"品牌及标识。对于郑某要求酷某商贸公司赔偿律师费的诉讼请求，因缺乏法律依据，本院不予支持。

综上，依照《中华人民共和国合同法》第九十七条，《商业特许经营管理条例》第二十一条、第二十二条、第二十三条第一款、第三款之规定，判决如下：

一、解除原告郑某与被告北京酷某商贸有限公司于2008年10月10日签订的《聪明××代理合作协议书》；

二、被告北京酷某商贸有限公司于本判决生效之日起十日内返还原告郑某 3.8 万元；

三、被告北京酷某商贸有限公司于本判决生效之日起十日内按银行同期个人贷款利率支付原告郑某上述款项的利息（从 2008 年 10 月 10 日起计算至实际支付日期）；

四、驳回原告郑某的其他诉讼请求。

案件评析

本案的焦点问题是双方签订的合同是否属于商业特许经营合同。

根据《商业特许经营管理条例》第三条的规定，商业特许经营是指拥有注册商标、企业标志、专利、专有技术等经营资源的企业，以合同形式将其拥有的经营资源许可其他经营者使用，被特许人按照合同约定在统一的经营模式下开展经营，并向特许人支付特许经营费用的经营活动。可见，特许人许可被特许人使用其拥有的经营资源、收取特许经营费、被特许人遵循合同约定的统一经营模式进行经营、特许人拥有两店一年是商业特许经营的基本特征。本案中，郑某与酷某商贸公司所签署的合同中约定，酷某商贸公司授权郑某在特定的区域及时间内使用"聪明××"的标识、门头，提供给郑某开店资格证、授权书、商标准用证，并向郑某收取 3.8 万元的代理保证金，郑某在其统一的经营模式下进行经营，上述种种约定均符合我国商业特许经营合同的基本特征，所以法院认定双方所签署的合同为商业特许经营合同是正确的。

而根据我国《商业特许经营管理条例》第七条"特许人从事特许经营活动应当拥有成熟的经营模式，并具备为特许人持续提供经营指导、技术支持和业务培训等服务的能力，应当拥有至少两个经营时间超过一年的直营店"；第二十一条"特许人应当在订立特许经营合同之日前至少三十日，以书面形式向被特许人提供本条例第二十二条规定的信息"及第二十三条"特许人提供的信息应当真实、准确、完整，特许人隐瞒有关信息或者提供虚假信息的，被特许人可以解除特许经营合同"的规定，酷某商贸公司应具备两店一年的条件，并应向郑某披露有关信息，但酷某商贸公司，既没有授权特许经营的资质，又没有向其披露信息，因此法院判决郑某可以解除合同，酷某商贸公司需要赔偿对方损失是合情合法。

三、如何妥善解决商业特许经营合同纠纷

杨某与广州某童装北京分公司特许经营合同纠纷

案情介绍

2011 年 5 月份，杨某通过互联网获知广州××童装品牌招商的信息，随后便根据招商信息显示的联系方式与广州××童装有限公司北京分公司（以下简称"童装公司"）取得联系，洽谈商业合作事宜。经过洽谈，于 2011 年 6 月份杨某与童装公司签订《××品牌童装代理合同》。

《合同》大致约定如下条款内容：

1. 合同签订之日乙方（杨某）向甲方（童装公司）一次性交纳区域代理投资款人民币 6 万元整，甲方赠送乙方折扣价 7 万元首批货品。如果乙方进货总额达到 6 万元，甲方返还代理投资款 3000 元整；以此返还比例类推不计利息直至全部返还为止。达不到以上标准的，代理投资款不予返还。

2. 合同期限为一年，自 2011 年 6 月起至 2012 年 6 月止，甲方授权乙方在天津市北辰区行使甲方所有产品在该区域的区域代理权。乙方必须严格遵守甲方制定的区域规划政策，不得跨区域开展经营活动。在经营过程中，未经甲方书面同意，乙方不得任意更换店址。乙方希望变更店址时，必须提前十五日向甲方提出书面申请。乙方可以在自己的经营辖区内追加建店，但必须书面报请甲方书面同意。乙方发展的销售商地址变更、乙方与发展的销售商退店、终止合作、解除合同，乙方须书面通知甲方。乙方及其销售商在开店选址方面应当充分尊重甲方的意见，本着互惠互利的原则，共同构建好当地的营销网络，甲方有作出最后决议的权利。乙方的代理区域确定后，甲方不能在其代理区域内发展经销商。

3. 乙方有权在其代理区域内发展客户，并且有权以乙方的名义与其客户签订合同，享有合同权利负有合同义务。乙方欲做有关甲方的产品、商标、商号、对外广告时，须事先征得甲方书面审批同意，并使用甲方提供或承认的资料。

4. 乙方享有甲方的最低供货和返利权，对其客户供货，获取差价利润。但乙方必须严格按照甲方制定的统一市场价格标准进行批发和零售，所有促销活动应事先书面征得甲方同意。乙方享有使用甲方的经营技术资源，如营销理念、文案策划、经营管理、财务管理、物流管理、经营用品等的权利。乙方负责乙方发展的经销商到甲方公司培训、学习、经销商使用总部提供统一的开业配送物品，乙方须向甲方交纳配送物品成本费用。

5. 乙方单方终止合同，甲方停止配送，同时乙方应将属于甲方提供的开业物品交还甲方，同时甲方有权接管乙方经营区域内经销商的配送业务，乙方应给予配合。乙方不得擅自加价或减价，否则甲方有权解除合同。乙方违反约定侵犯甲方合法权益，破坏甲方的经营体质的，甲方有权解除合同。

合同签订后，杨某依约交纳了代理投资款，公司也给杨某配送了首批服装及运营培训手册、授权书、商标注册证书复印件等相关文件资料。但杨某收到服装后发现，公司给其配送的服装款式、种类、质量等远不如杨某参观考察项目时公司向其展示的那样款式新颖、种类繁多、质地良好。不仅服装存在款式陈旧、种类单一、质地较差等情况，而且公司给杨某配送的服装价格远远高于同类商品相似产品在市场上的销售价格，根本不具有市场竞争优势。更有甚者，童装公司在和杨某签订合同仅三个月后，又与刘某签订了一份《××童装销售合同》，童装公司的此种行为违反了合同约定并严重侵害了杨某的区域代理权。为此，杨某多次与童装公司沟通均无果，无奈，杨某咨询并委托律师事务所，为杨某提供法律帮助，维护其合法权利。

通过审查杨某提供的包括《××品牌童装代理合同》在内的所有文件材料并进行详细询问后，首先对公司的主体资格合法性发出质疑，随而进行深入调查取证。经调查得知，童装公司于2011年3月成立，不具备从事商业特许经营活动的资格（没有进行商业特许经营备案），童装公司官网存在少量的虚假宣传的情形，也确实存在未经杨某同意授权第三方在杨某的代理区域内从事该品牌的经销行为等。

前期的调查取证完成之后，接下来就要对所有的证据材料（包括当事人提供的证据）进行筛选，确定维权思路和方式。后来，就针对公司的违约、违法等行为向童装公司发送律师函，陈述童装公司的违法、违约的事实，要求解除合同、返还代理投资款及赔偿经济损失，并将要采取司法途径主张合法权益。童装公司收到律师函后主动与杨某联系，希望能够通过协商解决双方之间的纠纷。律师陪同杨某前去协商，经过与公司负责人几番谈判，向其分析利害关系，并坚定当事人的立场和主张之后，公司进行了最大限度的妥协，解除合同并返还杨某所交纳的所有代理投资款，杨某将剩余服装返还给公司。

案件评析

本案之所以能够顺利圆满地解决，童装公司能够作出妥协，是律师事务所运用专业的法律知识所出具的律师函的结果。

律师函的内容关键有理有据、恰到好处地对公司的违法、违约的事实及法律后果进行法律层面上的分析和阐述，找出问题所在和关键之处，并非是对公司的所有行为进行简单的罗列。公司负责人在纠纷处理完毕后对律师函的内容进行了评价，说该份律师函很像"法院判决书"。这种评价显然是对律师函所起到的震慑作用的高度概括。

当事人向童装公司反映了两个问题：一是童装公司配送的服装存在质地较差的问题；二是公司未经其同意擅自授权第三方在代理区域内从事经销行为的问题。然而，如果仅从这两方面事实入手，仅凭目前当事人掌握的证据来看，案件胜诉并没有十足的把握。原因在于：

1. 服装的质地好坏如何认定？是否有专门的第三方机构对服装质地进行鉴定？标价100元与标价50元的服装质地标准如何划分？一系列问题都需要进行更深入的取证，况且存在无法取证的现实情况。服装的价格不只是通过质地反映出来，还要考虑到服装的品牌效应、服装款式、流通环节以及供需市场等多方面因素。

2. 童装公司未经杨某同意侵害杨某区域代理权也同样面临着举证难的问题。杨某仅通过一份公司与第三人签订《童装销售合同》的复印件来认定童装公司侵害其区域代理权的证据显然不够充分，且该证据存在合法性和真实性的风险。如果在举证和质证阶段，这份合同复印件是"书证"还是公司与"证人"签订合同客观事实的反映？如果定性为"书证"，那么这份"书证"的证明力远远不够。既不能证明证据的真实性，又不能证明公司确实侵害了杨某的实然权利（公司可以说只是与第三方签订了合同，但该份合同并未实际履行）。如果作为"证人"提交，那么还要征得证人的同意，并且要出庭作证。显然，这两种做法均有不妥，均面临举证不利的法律后果。

首先，这份《××品牌童装代理合同》名为代理合同，表现为代理法律关系，但合同内容是为商业特许经营合同，符合商业特许经营合同的特征。国务院《商业特许经营管理条例》第三条将商业特许经营定义为：拥有注册商标、企业标志、专利、专业技术等经营资源的企业，以合同形式将其拥有的经营资源许可其他经营者使用，被特许人按照合同约定在统一的经营模式下开展经营，并向特许人支付特许经营费用的经营活动。商业特许经营通常具备如下特征：（1）从合同内容上看，该份合同包括权利的授予和经营上的支持；（2）特许人与被特许人之间是相互独立的商事主体；（3）特许人与被特许人之间是一种长期持续性合作关系；（4）特许人与被特许人具有共同的外部经营特征。因此，将这份合同定性为商业特许经营合同是正确的。这样做的目的就是国务院《商业特许经营管理条例》赋予特许人更多的义务，最关键、最重要的义务就是备案和信息披露义务。这些义务是由特许人主动履行，如果未履行义务将导致合同解除或撤销的后果。

经过前期的调查取证得知，童装公司刚刚成立不到一年，不具备《商业特许经营管理条例》规定的"两店一年"的要求，并且在商务部的商业特许经营备案查询网上没有公司的备案信息。最关键的问题所在就是童装公司有没有向杨某履行信息披露义务，如果童装公司主张已经履行了信息披露义务，那么由童装公司对已经履行该项义务进行举证，这样举证责任就转嫁到童装公司。根据商务部 2007 年第 16 号令《商业特许经营信息披露管理办法》规定，特许人应当在订立特许经营合同之日前至少三十日以书面形式向被特许人披露特许人姓名、通信地址、联系方式、法定代表人、总经理、注册资本额、经营范围以及现有直营店的数量、地址和联系电话；特许人从事商业特许经营活动的概况；特许人备案的基本情况；如果由特许人的关联公司向被特许人提供产品和服务，应当披露该公司的基本情况；特许人或其关联公司在过去五年内破产或申请破产情况。特许人在向被特许人进行信息披露以后，被特许人应当就所获悉的信息内容向特许人出具回执说明（一式两份），由被特许人签字，一份由被特许人留存，另一份由特许人留存。显然，公司对上述信息并没有向杨某进行披露，当我们把最简单、最直接的问题摆在公司面前，案件的最终处理结果双方都显而易见。

杨某与童装公司之间的纠纷之所以能够圆满解决，其次源于司法和行政机关对不规范、不诚信的特许经营企业的打击力度。

我国的商业特许经营从 20 世纪 90 年代初开始起步，虽然发展历程不到 20 年，但是发展势头迅猛，与此同时，利用特许经营进行诈骗、圈钱的现象也时有出现，我国的特许经营市场开始出现混乱。进入 21 世纪后，我国政府开始出台一系列的部门规章，规范商业特许经营行业。伴随商业特许经营而起的诉讼频发，法院受理案件数量居高不下。据不完全统计，2008 年北京市法院系统审结的一、二审特许经营合同纠纷案件 144 件，但在 2009 年，仅上半年北京市二中院及其辖区法院受理的特许经营合同纠纷案件的数量已超过 200 件。北京市二中院针对商业特许经营合同纠纷频发的现象进行了调研，调研显示：特许经营合同案件涉及产品销售、餐饮服务、教育培训、美容美发等诸多行业。此类案件的原告多为被特许人，而被特许人多为个体工商户，其诉讼请求多为特许人的违约或者欺诈行为请求解除、撤销合同或者确认合同无效。特许人在特许经营活动中存在虚假宣传等不规范、不诚信情形的比例确实较大，在给被特许人的合法权益造成损害的同时，也在一定程度上损害了公共利益。因此，通过司法裁判，加大司法审判的宣传力度，通过实际发生的案例，引导特许人规范其特许经营行为，同时引导被特许人在加盟时提高法律意识，减少加盟风险。显然，特许经营中出现的问题已成为一种社会性的问题。为维护社会和谐与稳定，司法机关及行政部门对不规范、不诚信的特许经营企业的打压力度较大。从司法裁判角度来看，有特许人参加的诉讼，其案件审判结果也是特许人输多胜少。并且，法院的裁判结果将公开到人民法院网，对特许人所造成的负面影响是相当大的，给特许人造成的损失也是无法估算的，甚至是毁灭性的。

基于公司对上述多方面现实问题的利弊分析，公司作出的妥协已在预料之中。兵法有云，"知己知彼百战百胜"、"不战则屈人之兵"的效果在该纠纷的处理过程中体现的较为充分。

四、特许经营合同生效时间的认定

北京某创意服饰有限公司与杨某特许经营纠纷一案

案情介绍

杨某与某品牌公司于 2007 年 9 月 1 日签订了《某品牌专卖经营合同书》，合同签订后，杨某向亲友筹借款项交纳了品牌权益金 2.6 万元，某品牌公司没有向杨某履行先合同义务，故杨某没有支付首期货款，合同没有生效。后因杨某的公公于 2007 年年底患食道癌、婆婆又系毫无经济来源的农村妇女，杨某为此身背重债，也正是由于此种原因，杨某再没有资金和时间进行经营，为此杨某向某品牌公司说明情况，某品牌公司同意杨某可以进行转让，但因一直没有找到下家，故一直未向某品牌公司进货，亦未缴纳首批货款。根据涉案合同其他条款第一项："本合同自双方签字乙方按合同规定交清品牌权益金和首批货款后生效"的约定，涉案合同并未生效。某品牌公司无权基于生效的合同占用杨某缴纳的品牌权益金 2.6 万元，故杨某向法院提起诉讼，诉称合同没有生效，某品牌公司须返还杨某品牌权益金 2.6 万元。一审法院经审理，认定杨某与某品牌公司之间的合同确未生效，判决某品牌公司返还杨某品牌权益金 2.6 万元。某品牌公司对判决表示不服，遂提起上诉。

二审中，某品牌公司辩称：杨某于 2007 年 9 月 1 日签订了合同，并接受了某品牌公司的培训，之后由于其个人原因没有开业，而后多次与某品牌公司协商，某品牌公司同意延长其期限至 2008 年 10 月 1 日。合同已经生效，不同意退还品牌权益金。

法院审理

本院审理认为：根据法律规定，当事人有义务对自己的主张提供证据，某品牌公司上诉称合同已实际履行，但其未能提交相应证据予以佐证，故对某品牌公司的上诉理由，本院不予采信；某品牌公司上诉称其已为该合同的履行支付了相应成本，不应向杨某全额退还品牌权益金，因其亦未能提交相应的证据予以佐证，故对某品牌公司该项上诉理由，本院不予采信。

综上，本院认为，某品牌公司提出的上诉理由缺乏充分、有效的证据，本院不予采信。某品牌公司的上诉请求证据不足，本院不予支持。一审法院认定事实清楚、适用法律正确、判决并无不当，应予维持。

案件评析

本案的焦点问题是合同是否已经生效。

我国《合同法》对合同的成立与生效作了明确规定，承诺生效时合同成立；依法成立的合同，自成立时生效。但《合同法》第四十五条亦对附条件的合同作了明确规定，即当事人对合同的效力可以约定附条件。附生效条件的合同，自条件成就时生效。附解除条件的合同，自条件成就时失效。当事人为自己的利益不正当地阻止条件成就的，视为条件已经成就；不正当地促成条件成就的，视为条件不成就。也就是说，当事人在签订合同时未约定合同生效的条件时，一般合同成立即已生效。如果约定了合同生效的条件，则条件成就时合同方生效，但此时该合同是成立状态，即通常所说的成立未生效的合同。

本案中，杨某与某品牌公司的合同中有"本合同自双方签字乙方按合同规定交清品牌权益金和首批货款后生效"的约定，根据该条约定，该合同只有在杨某交清品牌权益金 2.6 万元及首批货款后才能生效。而杨某只是在交纳了品牌权益金后就未向某品牌公司交纳过其他款项，因此，该合同约定的生效条件未成就，合同自然就没有生效，但该合同已经成立，那么，已经成立但未生效的合同，在一方出现不履行合同情形时，对方应如何维护自身权益呢？

我们认为成立未生效的合同并非所有条款都是未生效条款，而是部分生效，部分未生效，因此，在一方当事人明确表示不履行义务时，另一方当事人可以追究其违约责任。某品牌公司在诉讼中称其对杨某进行了培训，其已经履行了部分合同义务，那么，某品牌公司可以向杨某追究其未促成合同生效的违约责任。

五、销售代理合同与特许合同的区分

陈某某与北京某某有限公司特许经营合同纠纷案

案情介绍

2008 年 4 月 4 日，陈某某（以下简称"乙方"）与北京某某有限公司（以下简称"甲方"）签订《聪明××经销合作协议书》，该协议书主要约定以下内容：一、乙方以向甲方交保证金的形式向甲方保证按协议规定经营从而取得"聪明××"特约经销权；且须按甲方要求经营管理，不得超越协议范围和协议期限，未经甲方书面同意，不得私自将该项权利转让。二、甲方授予乙方在浙江省丽水市青田县依法开办"聪明××"超市，经营许可期与本合同期限自 2008 年 4 月 4 日起至 2009 年 4 月 4 日止；乙方实际进货额从乙方第二次进货起按进货额每累计达 1 万元，甲方一次性返保证金 800 元，直到返完全部保证金为止。三、甲方有权对其拥有的商标进行改进或变更；有权对乙方的管理标准及经营行为进行监督，并提出相应的整改建议；甲方将定期、不定期推出全新、时尚的商品。四、乙方有权在甲方授权地点的授权项目使用"聪明××"品牌的 VI 形象，有权在甲方授权地点运用甲方特有的经营模式及管理标准经营"聪明××"超市；乙方拥有从甲方进货并在协议约定的范围内进行销售的权利。合同签订当日，陈某某向北京某某有限公司交纳了保证金2.28万元。同日，北京某某有限公司向陈某某提供了加盖其公章的开店资格证、授权书、商标准用证和光盘各一份。但陈某某至今未从北京某某有限公司进货，亦未进行经营，因为陈某某曾收到的经营手册中与北京某某有限公司的经营手册不一致，并且该经营手册和招商手册中亦均没有提及北京某某有限公司没有直营店的情况和其提供产品的价格、条件等方面的内容，而且陈某某还了解到北京某某有限公司于2008年1月25日向商标局申请在第35类商品上注册"聪明××"商标，目前尚未获得核准该商标使用权，不能与自己签订特许经营合同。所以陈某某认为北京某某有限公司在签约前没有按照《商业特许经营管理条例》的规定披露相关经营信息严重侵犯了自己的合法权益，遂将北京某某有限公司诉至法院，请求解除双方签订的《聪明××经销合作协议书》，判令北京某某有限公司返还保证金2.28万元、赔偿2008年4月4日起的银行同期贷款利息损失及律师费5000元。

北京某某有限公司辩称：首先，双方签订的合同不是特许经营合同，而是普通的销售代理合同，故不适用《商业特许经营管理条例》，北京某某有限公司没有信息披露的义务；其次，北京某某有限公司在签约当天向陈某某发放了经营手册，其中涵盖了信息披露的大部分内容，事实上也已经进行了信息披露。故北京某某有限公司不同意陈某某的诉讼请求，请求法院予以驳回。

法院审理

法院认为，双方签订的合同符合特许经营的特征，属于特许经营合同。现有证据不能证明北京某某有限公司在签订合同前依法履行了信息披露义务，故陈××有权据此要求解除合同。陈某某要求北京某某有限公司返还2.28万元及赔偿银行同期贷款利息损失，于法有据，本院予以支持。但是，陈某某应当返还北京某某有限公司向其交付的开店资格证、授权书、商标准用证和光盘，并不能使用"聪明××"品牌及标识。对于陈某某要求北京某某有限公司赔偿律师费的诉讼请求，因缺乏法律依据，本院不予支持。故依照《中华人民共和国合同法》第九十七条,《商业特许经营管理条例》第二十一条、第二十二条、第二十三条第一款、第三款之规定,作出如下判决:

一、解除陈某某与北京某某有限公司于 2008 年 4 月 4 日签订的《聪明××经销合作协议书》;

二、北京某某有限公司于本判决生效之日起十日内返还陈某某 2.28 万元;

三、北京某某有限公司于本判决生效之日起十日内按银行同期个人贷款利率支付陈某某上述款项的利息（从 2008 年 4 月 4 日起计算至实际支付日期）;

四、驳回陈某某的其他诉讼请求。

案件评析

本案争议的焦点是双方签订的合同是否是特许经营合同和陈某某能否要求解除与北京某某有限公司的合同及赔偿损失。

首先,对于"双方签订的合同是否是特许经营权合同"的判定,主要涉及商业特许经营合同的界定方面的内容。所谓商业特许经营是指拥有注册商标、企业标志、专利、专有技术等经营资源的企业,以合同形式将其拥有的经营资源许可其他经营者使用,被特许人按照合同约定在统一的经营模式下开展经营,并向特许人支付特许经营费用的经营活动。根据相关的法律规定可知,商业特许经营合同的特征在于在合同中当事人双方约定了特许人许可被特许人使用其拥有的经营资源、收取特许经营费以及被特许人遵循合同约定的统一经营模式进行经营的内容,因此判断合同的性质是否属于商业特许经营合同也以此为标准。

在本案中,双方签订的合同具有如下特点:第一,合同明确约定陈某某经北京某某有限公司授权享有"聪明××"系列商品的特约经销权,其可在特定的区域和时间内在其认可的专营超市使用其"聪明××"标识,陈某某按统一管理及经营模式经营"聪明××"系列商品。这表明陈某某需按照约定的模式统一经营。第二,陈某某进行广告宣传须经北京某某有限公司审核,且北京某某有限公司有权对陈某某的经营管理进行监督并提出整改建议。由此可知，该标识系北京某某有限公司所拥有的经营资源。第三，支付相应保证金是陈某某获得经营许可的费用和依约经营的保证，由此可知该笔保证金系特许经营费用的表现形式。故本案双方当事人签订的合同性质为特许经营合同。

另外，对于"陈某某能否要求解除与北京某某有限公司的合同及赔偿损失"的判定，主要涉及合同解除的后果方面的内容。所谓合同解除是指合同有效成立后，在一定条件下通过当事人的单方行为或者双方合意终止合同效力或者溯及地消灭合同关系的行为。合同解除分为约定解除和法定解除。合同解除后，尚未履行的，终止履行；已经履行的，根据履行情况和合同性质，当事人可以要求恢复原状、采取其他补救措施，并有权要求赔偿损失。

在本案中，由于陈某某所持宣传手册与北京某某有限公司所发手册内容有出入，且北京某某有限公司也未能提供证据证明其已向陈某某履行了披露义务，因而根据《商业特许经营管理条例》第二十一条、第二十二条、及第二十三条的规定，特许人应当在订立特许经营合同之日前至少三十日，以书面形式向被特许人提供第二十二条规定的十二项信息，并提供特许经营合同文本；特许人提供的信息应当真实、准确、完整，特许人隐瞒有关信息或者提供虚假信息的，被特许人可以解除特许经营合同，本案陈某某有权解除该合同，并要求返还财产。

第三部分　刑事犯罪案例篇

第一章　合同诈骗罪及诈骗罪

一、上海 "DYG" 咖啡合同诈骗案

案情介绍

上海××餐饮管理有限公司于 2001 年 8 月 20 日在上海注册登记。公司以贩售、委托、管理等方式，提供意大利进口研磨咖啡机的使用指导，并于 2001 年 12 月推出心动咖啡吧 "DYG"。据这个 "异军突起" 的台资企业的网站介绍，他们获得市政府 "4050" 项目，针对下岗工人创造就业机会，在一连串的 "介绍" 之中，最为诱人的是其加盟条件：每位加盟者只需缴纳 12 万元至 14 万元就能每月坐收 5000 元红利；加盟咖啡馆每天毛利 1000 元，一年便可收回投资；替加盟者寻找旺铺；代为培训员工；原料配送、免费维修咖啡机械等等。优厚的条件极具诱惑力，众多市民纷纷掏钱加盟。

许多加盟者选择了委托经营，他们甚至从未去过自己的店，加盟店在哪儿、经营情况如何，都一概不知，他们的 "工作" 只是在家坐等红利。但事情并没有加盟者憧憬的那么好。首先，由于市区只有这么大，虽然 "DYG" 项目吸引了更多人加盟，却根本开不出如此多的店。其次，加盟者的回报并

不尽如人意。上海××餐饮有限公司为一位加盟者在浦东某大厦内找到一个铺位，并预计每天有 750 元纯利进账，而实际每天顶多只有 20 人光顾，入不敷出，咖啡店长期处于亏损状态。公司在按约定每月将 5000 元打入加盟者的银行卡仅一年之后，就开始拖延，催得紧的加盟者，又可分得几次红利，但他们并不知道，"盟主"是靠拆东墙补西墙来维系资金链的，而不是经营利润。最后，"盟主"终因无法继续维持下去。在 2004 年竟然卷钱而逃，人去楼空。

2004 年 8 月，上海市闸北公安分局接到 100 多个加盟商的报案电话称"上海××餐饮有限公司推出的'DYG'咖啡加盟连锁是一个骗局。"公安分局接案后，立即展开调查，并对上海××餐饮有限公司位于上海市闸北区××路公司总部进行查封。查明上海××餐饮管理有限公司是一家专门从事辅导顾客经营咖啡事业和销售事业咖啡配套原料的台资企业，成立于 2001 年 8 月，注册资金 50 万元，原名为上海××食品机械有限公司，性质是民营企业，注册时法人代表是陆某，2002 年法人代表变成台湾人杨某、黄某，公司性质也变成了台资，并改名称为上海××餐饮管理有限公司。公安机关对掌握的证据资料显示，该台湾××企业集团于 1997 年设立于台湾台北县板桥市，以经营咖啡辅料及相关设备为主。2001 年进入上海发展中国大陆连锁加盟市场，先后在上海、南京、宁波、杭州、福州、广州、青岛、大连等设立公司，从事咖啡机销售、咖啡吧等项目的连锁加盟活动。这些企业的经营内容和经营方式如出一辙，均以低投入、高回报引诱投资者加盟，以达到其快速敛财的目的。对此上海市闸北区公安分局对上海公司进行查封，扣押了公司设备，收缴公司的相关文件材料。

案件评析

根据《商业特许经营管理条例》第二十九条的规定：以特许经营名义骗取他人财物，构成犯罪的，依法追究刑事责任。本案中被告人上海××餐饮管理有限公司、杨某、黄某构成了合同诈骗罪。应该依照我国刑法定罪处罚。

《中华人民共和国刑法》第二百二十四条合同诈骗罪规定：有下列情形之

一，以非法占有为目的，在签订、履行合同过程中，骗取对方当事人财物，数额较大的，处三年以下有期徒刑或者拘役，并处或者单处罚金；数额巨大或者有其他严重情节的，处三年以上十年以下有期徒刑，并处罚金；数额特别巨大或者有其他特别严重情节的，处十年以上有期徒刑或者无期徒刑，并处罚金或者没收财产：

收受对方当事人给付的货物、货款、预付款或者担保财产后逃匿的。

(1) 合同诈骗罪的主体是：本罪的主体是一般主体，凡达到刑事责任年龄且具有刑事责任能力的自然人均能构成本罪，依本节第二百三十一条之规定，单位亦能成为本罪主体。本罪是在合同的签订和履行过程中发生的，主体是合同的当事人一方。本案中，上海××餐饮管理有限公司、黄某和杨某均符合本罪的主体要件。

(2) 合同诈骗罪的客体是：本罪侵犯的客体为复杂客体，即既侵犯了合同他方当事人的财产所有权，又侵犯了市场秩序。

(3) 合同诈骗的主观方面是：本罪主观方面只能是故意的，并且具有非法占有公私财物的目的。行为人主观上没有上述诈骗故意，只是由于种种客观原因，导致合同不能履行或所欠债务无法偿还的，不能以本罪论处。行为人主观上的非法占有目的，既包括行为人意图本人对非法所得的占有，也包括意图为单位或第三人对非法所得的占有。

诈骗故意产生的时间既可能是行为人实施行为的最初，也可能产生在其他合法行为进行的过程中。例如，利用合同进行诈骗的犯罪，行为人诈骗的故意既可以是在签订合同之前，即行为人在签订虚假合同之前就已经具有非法占有对方钱财的故意，其签订合同的目的不是为了骗取对方钱财的手段，诈骗故意也可以产生在签订合同之后，即行为人在签订合同的最初，并无骗取对方钱财的故意，但是，合同签订之后，由于种种原因，如货源、销路、市场行情变化等，致使合同无法履行，从而产生诈骗的故意，行为人有归还能力而不愿归还已经到手的对方的钱财，并进而采取虚构事实或隐瞒真相等手段，欺骗对方，以达到侵吞对方钱财的目的。

(4) 合同诈骗罪客观方面：本罪在客观方面表现为在签订、履行合同过程中，虚构事实、隐瞒真相，骗取对方当事人财物，且数额较大的行为。对于以签订合同的方法骗取财物的行为，认定行为人是否虚构事实或隐瞒真相，关键在于查清行为人在无履行合同的实际能力。也就是说，行为人明知自己没有履行合同的实际能力或者担保，故意制造假象使与之签订合同的人产生错觉，"自愿"地与行骗人签订合同，从而达到骗取财物的目的，这是利用合同进行诈骗犯罪在客观方面的主要特征。

《最高人民法院关于审理诈骗案件具体应用法律的若干问题的解释》第二条：利用经济合同进行诈骗的，诈骗数额应当以行为人实际骗取的数额认定，合同标的数额可以作为量刑情节予以考虑。行为人具有下列情形之一的，应认定其行为属于以非法占有为目的，利用经济合同进行诈骗：

(1) 合同签订后携带对方当事人交付的货物、货款、预付款或者定金、保证金等担保合同履行的财产逃跑的；

(2) 使用对方当事人交付的货物、货款、预付款或者定金、保证金等担保合同履行的财产进行违法犯罪活动，致使上述款物无法返还的；

(3) 隐匿合同货物、货款、预付款或者定金、保证金等担保合同履行的财产，拒不返还的；

(4) 合同签订后，以支付部分货款，开始履行合同为诱饵，骗取全部货物后，在合同规定的期限内或者双方另行约定的付款期限内，无正当理由拒不支付其余货款的。

对此，本案中，上海"DYG"咖啡加盟连锁的骗局，完全符合合同诈骗罪的构成，对此，应该以合同诈骗罪定罪处罚。

二、黄某某合同诈骗罪案

案情介绍

上海市人民检察院指控，2000 年 9 月黄某某以虚假出资注册了上海某某经贸有限公司，并在上海多个地点租借办公场所。2001 年年底起，黄某某以上海某某经贸有限公司提供宝石加工设备、原材料、负责加工后成品的销售、加工宝石回报利润高等为诱饵，虚构国外合作伙伴，通过开设公司网站，在多家媒体宣传报道等方式，以连锁加盟的形式，大肆招揽宝石加工加盟者，先后有二十余家加盟者与上海某某经贸有限公司签订宝石加工加盟协议。黄某某骗取每个加盟者2万元至15万元人民币不等的"加盟费"。

以上事实，有被害人尤某、陈某、刘某、熬某的陈述；证人胡某、唐某的证言；加盟合同，电子转账凭证及客户回执，记账凭证，一卡通明细表和银行卡账户明细及转账支票，工商资料，案发、抓获经过等证据证实，足以认定。

黄某某以非法占有为目的，虚假出资注册上海某某经贸有限公司，并且在没有实际履行能力的情况下，以先履行小额合同或者部分履行合同的方法，诱骗加盟者加盟费，已经实际骗取加盟者加盟费高达人民币185万元。除一小部分用作经营外，其余大部分被其用于个人买车、购房等挥霍。公诉机关认为被告人黄某某的行为已经构成合同诈骗罪，应依照《刑法》第二百二十四条规定进行惩处。

辩护人辩称：合同诈骗罪，指以非法占有为目的，在签订、履行合同过程中，采取虚构事实或者隐瞒真相等欺骗手段，骗取对方当事人的财物，数额较大的行为。

首先，黄某某虚假出资成立了上海某某经贸有限公司，虽说成立公司的手段值得商榷，但并不影响上海某某经贸有限公司这一合法的法人主体的成立，并不属于"以虚假的单位或者冒用他人名义签订合同的"这一情形。

其次，既然上海某某经贸有限公司这一合法的法人主体成立，且当事人在签订合同时，有履行合同的能力，且积极地为履行合同义务而努力，根据有关司法解释的精神，即使合同签订后没有得到完全的履行，也不属于诈骗犯罪。即使以超出自己履约能力的合同签订后，行为人积极落实合同项下的义务，设法履行合同，即使最终没有完全履约，也不能认定为诈骗罪。公诉机关所称的被告人黄某某购房、买车并不是在合同履行不能时而进行的高消费。而是被告人黄某某正常的消费行为，至于后来合同履行不能，主要是市场经济固有的风险所造成的，而不是黄某某购房、买车行为造成，不能简单的认为被告人黄某某购房、买车就是有"非法占有为目的"。

法院审理

上海市中级人民法院审理认为：被告人黄某某以非法占有为目的，在签订、履行合同过程中骗取对方财物，数额较大，其行为已构成合同诈骗罪，依法应予惩处。公诉机关的指控，事实清楚，定性正确。对辩护人相关辩护意见不予以采纳，根据被告人犯罪的事实、性质、情节和对于社会的危害程度等，依照《中华人民共和国刑法》第二百二十四条第（三）项、第六十四条、第五十二条、第五十三条的规定，被告人黄某某犯合同诈骗罪，判处有期徒刑十年，并处罚金人民币 10 万元（于本判决生效之日起一个月内缴纳）。被告人黄某某退赔被害人加盟款。

宣判后，被告人黄某某没有上诉，公诉机关亦未抗诉，判决生效。

案件评析

本案中黄某某虚假出资成立上海某某经贸有限公司，成立公司后以加盟连锁的名义，非法骗取、占有加盟商所支付的加盟费，造成被害人 20 余人，骗取人民币达 185 万元的严重后果。其行为已构成刑法第二百二十二条规定虚假广告罪。

合同诈骗罪，指以非法占有为目的，在签订、履行合同过程中，采取虚构事实或者隐瞒真相等欺骗手段，骗取对方当事人的财物，数额较大的行为。

1. 本罪的客体，是复杂客体，即国家对经济合同的管理秩序和公私财产所有权。本罪的对象是公私财物。

2. 本罪的客观方面，表现为在签订、履行合同过程中，以虚构事实或者隐瞒真相的方法，骗取对方当事人财物，数额较大的行为。

首先，根据《中华人民共和国刑法》第二百二十四条，本罪的诈骗行为表现为下列五种形式：

（1）以虚构单位或者冒用他人的名义签订合同的。

（2）以伪造、变造、作废的票据或者其他虚假的产权证明作担保的。这里所称的票据，主要指能作为担保凭证的金融票据，即汇票、本票和支票等。所谓其他产权证明，包括土地使用权证、房屋所有权证以及能证明动产、不动产的各种有效证明文件。

（3）没有实际履行能力，以先履行小额合同或者部分履行合同的方法，诱骗对方当事人继续签订和履行合同的。

（4）收受对方当事人给付的货物、货款、预付款或者担保财产后逃匿的。

（5）以其他方法骗取对方当事人财物的。这里所说的其他方法，是指在签订、履行经济合同过程中使用的上述四种方法以外，以经济合同为手段、以骗取合同约定的由对方当事人交付的货物、货款、预付款、或者定金以及其他但报财物为目的的一切手段。

行为人只要实施上述一种诈骗行为，便可构成本罪。

其次，诈骗对方当事人财物必须数额较大的。所谓数额较大，根据，以非法占有为目的，在签订、履行合同过程中，骗取对方当事人财物，涉嫌下列情形之一的，应予追诉：

（1）个人诈骗公私财物，数额在 5000 元至 2 万元以上的；

（2）单位直接负责的主管人员和其他直接责任人员以单位名义实施诈骗，诈骗所得归单位所有的，数额在 5 万元至 20 万元以上的。

3. 本罪的主体，个人或单位均可构成。犯本罪的个人是一般主体，犯本罪的单位是任何单位。

4. 本罪的主观方面，表现为直接故意，并且具有非法占有对方当事人财物的目的。

通过本案，我们应该注意到，特别是加盟商，应该对自己的加盟对象有个深入的了解，比如对加盟的对象的法人资质，履行合同的能力，市场实际盈利情况，是否取得商业特许备案等进行一个比较客观理性的调查，切不可盲目轻信加盟宣传的华丽辞藻，从而让自己遭受不必要的损失。

三、特许人 D 公司虚假宣传合同诈骗案

D 公司虚假宣传罪、合同诈骗罪案

案情介绍

1999 年，D 公司注册成立，经营范围是服装设计、销售。D 公司成立后，注册"D"商标，公司坚持意大利服装设计风格，自主设计并销售"D"品牌高档女装，在所从事领域，拥有一定的知名度。

2004 年，D 公司通过报纸、网络等媒体进行以下广告宣传：D 公司与意大利 A 服装公司签署合作协议，双方整合设计及销售资源，共同从事服装设计工作，力求引领全球时尚风向标，打造最高端服装品牌；双方相互授权对方为其所在国家的总经销商，全权负责所授予品牌服装在该国的销售以及品牌扩展事宜；D 公司被授权独家从意大利进口"A"品牌全手工制作高档服装，从事中国大陆地区品牌拓展工作。为对"A"品牌进行市场拓展，D 公司决定采取特许经营方式，诚招加盟商，计划三年内在我国省会级及以上城市建立起 A 品牌的加盟店网络。

2005 年 1 月 12 日，工商行政机关向 D 公司下发［2005］10 号行政处罚决定书，该决定书称：D 公司向社会发布广告所涉及的 A 公司已于 2003 年 1 月 30 日在意大利注销登记；在意大利现在并不存在 A 公司，亦不存在"A"注册商标。D 公司发布的属于虚假广告，根据《广告法》相关规定，要求 D 公司立即删除涉案广告，并处罚金 2 万元人民币。

被告缴纳处罚金后，暂时删除了先前发布的广告，但三个月后，又重新在公共媒体上发布上述广告。广告发布后，先后有 30 人表示对此项目感兴趣。

2007 年年底，最终有 20 位确定参与 D 公司的"A"项目拓展计划，与 D 公司签订《特许经营合作书》，合同约定："A"品牌是 D 公司在中国负责市场拓展的品牌，加盟人申请获得特许授权；加盟人获得授权的区域为其住所地

所在省会级及以上城市；加盟商一次性向 D 公司支付加盟费 40 万元，D 公司负责加盟店外观设计，品牌宣传；D 公司负责提供 "A" 品牌服装，保证所提供服装均为意大利进口，采用高级面料手工制作；提供产品的利润为供应价与零售价价差的应保持在 40％ 左右……

2010 年 3 月，刘某某向当地消费者协会举报，称其在某省会城市 A 专卖店购买的 A 品牌高档女装涉嫌欺骗消费者。消费者协会经初步了解，认为此事情节严重，可能构成犯罪，遂向当地公安机关报案。后当地公安机关移送 D 公司所在地公安机关进行调查。

经公安机关调查，D 公司发布的与意大利 A 公司合作事宜属于虚假宣传，A 公司已于 2003 年 1 月 30 日在意大利注销登记；在意大利现在并不存在 A 公司，亦不存在 "A" 注册商标。另查明，由 D 公司提供的 A 品牌服装的设计工作，完全由其公司内国内设计师完成，与 D 品牌女装设计属同一团队；D 公司提供的标注 "A" 品牌服装，均在中国温州某制衣厂加工完成，采取普通面料机器制作，与 "D" 品牌服装生产过程完全相同；市场上 "A" 品牌服装统一销售价格为 "D" 品牌服装价格的 5 倍。

侦查完成后，2010 年 9 月 8 日，公安机关移交检察机关提起公诉。2011 年 10 月 8 日，人民检察院以 D 公司涉嫌构成合同诈骗罪向人民法院提起公诉。

法院审理

2011 年 11 月 17 日，人民法院作出一审判决，判决张某某构成合同诈骗罪、虚假广告罪，数罪并罚，判处有期徒刑三年六个月；D 公司构成虚假广告罪、合同诈骗罪，判处罚金 50 万元。

案件评析

本案是一起典型的特许人构成刑事犯罪，数罪并罚的案例。本案的核心问题是特许经营合同中合同诈骗罪和虚假广告罪的能否进行数罪并罚。

1. 虚假广告罪

根据《中华人民共和国刑法》（1997）第二百二十二条的规定：虚假广告

罪广告主、广告经营者、广告发布者违法国家规定，利用广告对商品或者服务作虚假宣传，情节严重的，处两年以下有期徒刑或者拘役，并处或者单处罚金。虚假广告罪侵犯的客体是国家对广告的管理制度和消费者的合法权益。

本罪的客观方面表现为违法国家规定，利用广告对商品或者服务作虚假宣传，情节严重的行为。违反国家法规，主要指违反《中华人民共和国广告法》及其他法规的规定。利用广告对商品或服务作虚假宣传，是指行为人对商品的质量、制作成分、性能、用途、生产者、有限期限、产地，或者对服务的质量、形式、价格、内容等作不符合实际的宣传，严重欺骗和误导消费者。本罪的主体是特殊主体，包括广告主、广告经营者和广告发布者才能构成本罪。本罪在主观方面上必须是故意。

2. 合同诈骗罪

根据《中华人民共和国刑法》第二百二十四条的规定：合同诈骗罪有下列情形之一，以非法占有为目的，在签订、履行合同过程中，骗取对方当事人财物，数额较大的，处三年以下有期徒刑或者拘役，并处或者单处罚金；数额巨大或者有其他严重情节的，处三年以上十年以下有期徒刑，并处罚金；数额特别巨大或者有其他特别严重情节的，处十年以上有期徒刑或者无期徒刑，并处罚金或者没收财产。

(1) 以虚构的单位或者冒用他人名义签订合同的；

(2) 以伪造、变造、作废的票据或者其他虚假的产权证明作担保的；

(3) 没有实际履行能力，以先履行小额合同或者部分履行合同的方法，诱骗对方当事人继续签订和履行合同的；

(4) 收受对方当事人给付的货物、货款、预付款或者担保财产后逃匿的；

(5) 以其他方法骗取对方当事人财物的。

本罪的客体，是复杂客体，即国家对经济合同的管理秩序和公私财产所有权。本罪的对象是公私财物。

本罪的客观方面，表现为在签订、履行合同过程中，以虚构事实或者隐瞒真相的方法，骗取对方当事人财物，数额较大的行为，具体包括刑法第二百二十四条规定的五种形式。其中所说的"其他方法"，是指在签订、履行经济合同过程中使用的上述四种方法以外，以经济合同为手段、以骗取合同约定的由对方当事人交付的货物、货款、预付款、或者定金以及其他担保财物为目的的一切手段。

本罪的主体，个人或单位均可构成。犯本罪的个人是一般主体，犯本罪的单位是任何单位。

本罪的主观方面，表现为直接故意、并且具有非法占有对方当事人财物的目的。

3. 本案中的罪名竞合与数罪并罚

在本案当中，在认定事实的基础上，人民法院所判定罪名与公诉人所起诉罪名并不完全一致。公诉方认为嫌疑人构成合同诈骗罪；而人民法院认定嫌疑人构成合同诈骗罪和虚假广告罪，应数罪并罚。笔者认为，人民法院对罪名的认定是最为恰当的。

首先，D公司存在着对消费者的虚假宣传行为。2004年，D公司通过报纸、网络等媒体进行以下广告宣传是向社会上不特定的公众发布，受众既有后来的加盟者，还有最广大的消费者群体。对于"A"品牌服装的招商宣传，同样也是针对消费者的一种宣传活动。从这一点来说，虚假宣传的行为侵犯了国家对广告的管理制度和消费者的合法权益。其行为方式符合虚假宣传罪的构成要件，应当构成虚假宣传罪。

其次，D公司也存在着对加盟者的虚假宣传和签订合同中欺诈行为，构成了虚假宣传罪和合同诈骗罪，但是D公司的虚假宣传行为只是进行合同诈骗的一种手段，其根本目的是为了与对方签订虚假合同，非法占有公私财物。因此，虚假宣传构成了合同诈骗的牵连犯，不数罪并罚，应按照合同诈骗罪进行处罚。

第二章　虚假广告罪

一、虚假广告误导投资人构成犯罪

吕某虚假广告罪案

案情介绍

　　宁波市某某区人民检察院指控，2008年10月吕某某一人出资成立了宁波市某某高新科技有限公司，主要致力于视力保健仪器和产品的研发与销售业务。后吕某某为扩大公司的经营规模，决定采用特许经营的经营模式来迅速扩张自己的市场占有率。并于2008年12月至2011年7月期间，安排公司的业务推广部门负责人黄某某进行特许经营加盟广告宣传。后黄某某擅自印刷《视力康复计划》、《致富——加盟某某视力康复连锁》等印刷品若干份，并在互联网上，电视媒体等刊物上宣传其特许经营加盟业务。对公司的服务及产品进行虚假宣传。其中虚假广告词有："宁波某某科技有限公司在国际上首次解决了近视治疗的历史性难题"、"并在全国各地拥有加盟商上万家"、"专利技术获得国家科技发明奖和国际认证"、"其拥有自主知识产权的医疗仪器和治疗手段能够有效的治疗各种假性近视、近视等"、"全国青少年近视问题严重，加盟就赚钱"、"公司制度、法律手续健全，已在商务部特许备案"，还有各种虚假的患者治疗成功案例，虚假的专家教授简介。上述虚假广告误导了广大加盟商，造成全国各地加盟商经济损失达287万元，该公司非法盈利达90万元，公诉机关认为被告人宁波某某高新科技有限公司、吕某某、黄某某的行为已经构成虚假广告罪，应依照《刑法》第二百二十二条规定进行惩处。

辩护人辩称：虚假广告罪，是指广告主、广告经营者、广告发布者违反国家规定，利用广告对商品或者服务作虚假宣传，情节严重的行为。

首先，发布虚假广告的行为必须是违反法律规定，所谓"违反国家规定"，是指违反全国人民代表大会及其常委会制定的法律和决定，国务院制定的行政法规和规定的行政措施、发布的决定和命令。具体到虚假广告罪而言，"违反国家规定"就是指违反《广告法》、《反不正当竞争法》、《消费者权益保护法》中关于广告应当合法、真实和不得发布虚假广告等相关规定。就本案情形中公诉书中所称的"虚假宣传"只是对宣传的内容进行了适当程度性的夸张，并没有虚假和隐瞒事实的行为，而根据《广告法》及相关司法解释，广告宣传中是允许采用适当的夸张的手法的，所以"违反国家规定"这一构成要件不成立。

其次，虚假广告罪的另一个构成要件是需达到"情节严重"。何为"情节严重"？目前并没有相关的法律法规或司法解释作出合理的诠释。根据"罪刑法定原则"即法无明文规定不为罪，不应仅凭主观臆断就断定此已构成"情节严重"从而追究当事人的刑事责任。

法院审理

宁波市××区人民法院审理认为：被告人宁波市某某高新科技有限公司法定代表人吕某某，业务推广部门负责人黄某某，违反法律规定，利用广告对本公司的产品及服务作虚假宣传，情节严重，其行为已构成虚假广告罪。宁波市某某高新科技有限公司成立于2008年5月，其成立后在2008年12月至2011年7月期间主要从事违法犯罪活动。根据最高人民法院《关于审理单位犯罪案件具体应用法律有关问题的解释》第二条规定：个人为进行违法犯罪活动而设立的公司、企业、事业单位实施犯罪的，或者公司、企业、事业单位设立后，以实施犯罪为主要活动的，不以单位犯罪论处。公诉机关指控被告人吕某某和黄某某在分别担任宁波市某某高新科技有限公司法定代表人、业务推广部门负责人期间，利用广告对本公司的产品及服务作虚假宣传，并造成了加盟商重大经济损失的事实清楚，证据确实、充分，适用法律正确，指控罪名成立，依法应予支持。对指控被告人宁波市某某高新科技有限公司构成虚假广告罪不予支持。被告人黄某某归案后坦白交代犯罪事实，认罪态度较好，其亲属积极代其缴纳罚金，依法可酌情从轻处罚。该院依照《中华人民共和国刑法》第二百二十二条、第五十二条、第五十三条的规定，被告人吕某某犯虚假广告罪，判处有期徒刑一年，没收违法所得，并处罚金人民币2万元（于本判决生效之日起一个月内缴纳）。被告人黄某某犯虚假广告罪，判处有期徒刑六个月，没收违法所得，并处罚金人民币1万元。

宣判后，被告人没有上诉，公诉机关亦未抗诉，判决发生法律效力。

案件评析

本案中吕某某和黄某某分别作为宁波某某高新科技有限公司的法定代表人和业务推广部门负责人。为了扩大公司的经营规模，对外采用虚假的广告宣传，造成后果情节严重。其行为已构成刑法第二百二十二条规定虚假广告罪。

虚假广告罪，是指广告主、广告经营者、广告发布者违反国家规定，利用广告对商品或者服务作虚假宣传，情节严重的行为。其构成要件如下：

1. 侵犯的客体是国家对广告经营的管理制度。犯罪对象是广告。

2. 客观方面表现为违反国家广告管理法规，利用广告对商品或者服务作虚假宣传。包括对商品的性质、产地、用途、质量、价格、生产者、生产日期、有效期、售后服务，以及对服务的内容、形式、质量、价格等做不真实的、带有欺诈内容的宣传。

3. 本罪主体是特殊主体，只能由广告主、广告经营者和广告发布者构成。

所谓广告主，是指为推销商品或提供服务，自行或委托他人设计、制作、发布广告的经济组织或个人。所谓广告经营者，是指受委托提供广告设计、制作、代理服务的经济组织或者个人。所谓广告发布者，是指为广告主或者广告主委托的广告经营者发布广告的法人或其他经济组织。

4. 主观方面表现为直接故意，即明知是不真实的广告而故意作虚假宣传。过失不构成本罪。行为人一般都以营利为目的，但其他目的动机不影响本罪成立。

通过本案，我们可以看到，在商业特许经营时代的今天，特许人在从事商业特许经营活动中，一定要规范自己的商业行为，熟悉相关的法律法规，必要时可聘请专业的法律顾问出谋划策，及时规避法律风险，并应以法律为准绳来约束自己的行为，切不可越过法律的鸿沟，否则将要承担不利的法律后果，并给自己带来不必要的经济损失。

第三章　知识产权类犯罪

一、未经许可非法使用他人著作权

C公司侵犯著作权犯罪一案

案情介绍

C公司为国内某大型卡通动画制作公司，近年来先后创作了《W》、《K》、《G和GD》等十几部卡通片，为所有作品的著作权人，享有对上述作品及其主要卡通形象的全部著作权及在形象授权产品与衍生产品上使用卡通形象的独占排他性权利，也是"GG"注册商标的所有权人。2004年始，C公司在北京市海淀区和朝阳区分别开设两家"GG"直营店，探索卡通衍生品的销售模式，由总公司统一配备店面设备、选定店面设计装饰、店员着装、经营理念，统一销售由总公司提供的卡通衍生品，包括使用G、GD、H、KB等卡通形象和商标的系列文具、玩具、服装、儿童鞋等。

2007年1月起，C公司开始发布广告，寻求C卡通商品销售加盟商。鉴于C公司卡通片的巨大成功以及两家直营店的持续盈利，加盟者络绎不绝。5

月 1 日，C 公司与来自全国 500 名加盟者签订合作经营合同，合同约定：由 C 公司提供 "GG" 商标使用权，商标使用费每年 15 万元；加盟者按照 C 公司的要求，采用相同的经营理念，采购 C 公司统一配备店面设备、店面设计、店员着装；C 公司负责 "GG" 品牌的商业宣传；由 C 公司培训加盟者的工作人员；加盟者销售的商品由 C 公司统一配送，价格为商品市面统一销售价的 40%。

2008 年 6 月，C 公司与 J 公司之间债务到期，C 公司无力偿还，遂与 J 公司签订《著作权转让协议》，约定：C 公司将 "G"、"GD" 作品著作权转让给 J 公司，由 J 公司继承上述作品及其卡通形象的全部著作权及在形象授权产品与衍生产品上使用卡通形象的独占排他性权利；J 公司对 C 公司债权自著作权转让之日起消灭。

2009 年 1 月，J 公司发现 C 公司未经其授权同意，继续生产涉及 "G"、"GD" 卡通形象的系列文具、玩具、服装、儿童鞋，并通过其直营店和加盟店进行销售。2009 年 1 月 30 日，J 公司向 C 公司发函，要求 C 公司立即停止生产、配送涉及侵权的商品；要求 C 公司赔偿经济损失 30 万元人民币；要求 C 公司彻查此事，并进行公开道歉。后 C 公司回函表示正对此事进行调查，并愿意就赔偿以及著作权使用相关事宜与 J 公司继续协商。

2010 年 10 月 8 日，J 公司向公安机关报案，称 C 公司涉嫌侵犯其享有的著作权，造成较大经济损失。经公安机关立案侦查，确定 C 公司侵犯著作权事实，2011 年 1 月 8 日移交检察机关提起公诉。2011 年 2 月 6 日，人民检察院以张某某（C 公司董事长）、李某（C 公司 "G"、"GD" 项目直接负责人）涉嫌构成侵犯著作权罪向人民法院提起公诉，J 公司提起附带民事诉讼，要求法院判决 C 公司赔偿 J 公司经济损失 100 万元。

法院审理

2011 年 3 月 15 日，人民法院作出一审判决，被告人张某某（C 公司董事长）、李某（C 公司 "G"、"GD" 项目直接负责人）构成侵犯著作权罪。根据各被告人的犯罪情节及在共同犯罪中的地位作用，依法分别判处四年有期徒刑和三年六个月有期徒刑，并处罚金每人 3 万元人民币；对 C 公司判处罚金 5 万元人民币；就附带民事诉讼部分，法院认定 C 公司侵犯 J 公司著作权，造成巨大损失，判决 C 公司立即停止侵权，并赔偿 J 公司经济损失 80 万元人民币。

案件评析

本案是一起典型的特许人侵犯知识产权犯罪的刑事案件。知识产权是一种非常重要的特许经营资源。在涉及特许经营的案件中，特许人侵犯知识产权，不仅要承担民事赔偿责任，还可能受到行政处罚，情节严重的，还可能构成犯罪，承担刑事责任。以下将以本案为基点，从以下四个方面进行分析：1. 侵犯著作权的犯罪标准；2. 侵犯著作权犯罪的犯罪主体；3. 侵犯著作权罪的起诉途径。

《中华人民共和国刑法》第二百一十七条规定了"侵犯著作权罪"：以营利为目的，有下列侵犯著作权情形之一，违法所得数额较大或者有其他严重情节的，处三年以下有期徒刑或者拘役，并处或者单处罚金；违法所得数额巨大或者有其他特别严重情节的，处三年以上七年以下有期徒刑，并处罚金：

（一）未经著作权人许可，复制发行其文字作品、音乐、电影、电视、录像作品、计算机软件及其他作品的；

（二）出版他人享有转有出版权的图书的；

（三）未经录音录像制作者许可，复制发行其制作的录音录像的；

（四）制作、出售假冒他人署名的美术作品的。

1. 侵犯著作权的犯罪标准

（1）数量标准

根据法律的规定，侵犯著作权罪是结果犯，要求具有严重的结果才会构成犯罪，承担刑事责任。根据《最高人民法院、最高人民检察院关于办理侵犯知识产权刑事案件具体应用法律若干问题的解释（二）》（2007）的规定，以营利为目的，未经著作权人许可，复制发行其文字作品、音乐、电影、电视、录像制品、计算机软件及其他作品，复制品数量合计在 500 张（份）以上的，属于刑法第二百一十七条规定的"有其他严重情节"；复制品数量在 2500 张（份）以上的，属于刑法第二百一十七条规定的"有其他特别严重情节"。

（2）数额标准

最高人民法院于《关于审理非法出版物刑事案件具体应用法律若干问题的解释》（1998）规定：以营利为目的，实施刑法第二百一十七条所列侵犯著作权行为之一，个人违法所得数额在 5 万元以上，单位违法所得数额在 20 万元以上的，属于"违法所得数额较大"；具有下列情形之一的，属于"有其他严重情节"：（1）因侵犯著作权曾经两次以上被追究行政责任或者民事责任，两年内又实施刑法第二百一十七条所列侵犯著作权行为之一的；（2）个人非法经营数额在 20 万元以上，单位非法经营数额在 100 万元以上的；（3）造成其他严重后果的。同时规定，个人违法所得数额在 20 万元以上，单位违法所得数额在 100 万元以上的，属于"违法所得数额巨大"；具有下列情形之一的，属于"有其他特别严重情节"：①个人非法经营数额在 100 万元以上，单位非法经营数额在 500 万元以上的；②造成其他特别严重后果的。

2. 侵犯著作权犯罪的犯罪主体

侵犯著作权罪的犯罪主体，包括单位和个人。单位犯罪，要求法律规定的，才可以进行处罚。《中华人民共和国刑法》（1997）第三十条规定：公司、企业、事业单位、机关、团体实施的危害社会的行为，法律规定为单位犯罪的，应当负刑事责任。

最高人民法院的司法解释确定了单位可以成为本罪的犯罪主体。根据《最高人民法院、最高人民检察院关于办理侵犯知识产权刑事案件具体应用法律若干问题的解释（二）》（2007）的规定，单位实施侵犯著作权罪的行为，按照《最高人民法院、最高人民检察院关于办理侵犯知识产权刑事责任具体应用法律若干问题的解释》和本解释规定的相应个人犯罪的定罪量刑标准定罪处罚。

针对单位犯罪，我国刑罚适用双罚制，同时处罚个人和单位。《中华人民共和国刑法》（1997）第三十一条规定，单位犯罪的，对单位判处罚金，并对其直接负责的主管人员和其他直接责任人员判处刑罚。本法分则和其他法律另有规定的，依照规定。

3. 侵犯著作权罪的起诉途径

根据我国法律的规定，针对侵犯著作权罪的起诉，被害人有两种途径可供选择。

第一种途径是被害人向公安机关报案，由公安机关立案侦查，由人民检察院向人民法院提起公诉。这也是刑事诉讼的一般程序。《中华人民共和国刑事诉讼法》对此进行了详细的程序规定。

第二种途径是被害人采取自诉的方式。根据《中华人民共和国刑事诉讼法》(1997) 第一百七十条第二项的规定，自诉案件包括"被害人有证据证明的轻微刑事案件"。

《最高人民法院　最高人民检察院　公安部　国家安全部司法部　全国人大常委会法制工作委员会关于刑事诉讼法实施中若干问题的规定》(1998) 规定，刑事诉讼法第一百七十条第二项规定的由人民法院直接受理的"被害人有证据证明的轻微刑事案件"是指下列被害人有证据证明的刑事案件：侵犯知识产权案件（严重危害社会秩序和国家利益的除外)。

《最高人民法院、最高人民检察院关于办理侵犯知识产权刑事案件具体应用法律若干问题的解释（二)》(2007) 也规定，被害人有证据证明的侵犯知识产权刑事案件，直接向人民法院起诉的，人民法院应当依法受理；严重危害社会秩序和国家利益的侵犯知识产权刑事案件，由人民检察院提起公诉。

二、分特许人假冒特许人的商标

分特许人犯假冒注册商标罪、销售假冒
注册商标的商品罪案

案情介绍

A 酒股份有限公司（以下简称"A公司"）为一家专业白酒（蒸馏酒）生产商，其生产的"A牌"白酒以其清冽的口感、浓郁的回味而深受广大消费者喜爱；此外"A牌"白酒在行业内先后获得"中国名牌"和"中国驰名商标"的称号。

自 1999 年开始，为了开拓市场份额，满足消费者对"A 牌"白酒的需求，A 公司通过加盟招商的形式在全国范围内建立专卖店。目前专卖店总数达数百家，遍布全国 26 个省区直辖市。

2000 年，B 商贸公司与 A 公司签订专卖店加盟协议，协议规定：A 公司赋予 B 商贸公司在 C 省的独家特许经营权，B 商贸公司可以将特许权再授予其他在 C 省区域内专卖店加盟商，建立起 A 公司在 C 省的"A 牌"白酒的销售网络；根据公司的统一要求标准，B 商贸公司负责本区域内下一级加盟商的营业前培训、产品供应以及管理指导；所有加盟店（包括 B 商贸公司营业点）店面装修需采用公司规定的统一的标准化模式；A 公司向 B 商贸公司提供"A 牌"白酒，B 公司拥有 C 省范围内"A 牌"白酒加盟店的独家供货权。至 2008 年，通过与 B 商贸公司的合作，A 公司在 C 省建立起了 100 家专卖店，形成了完整的销售网络。

2008 年 9 月，为确保国庆、中秋期间酒类市场安全，C 省商务部门、工商部门开展联合执法，对 C 省范围内酒类销售商进行检查，着重检查商标侵权、制假贩假的现象。通过检查，联合检查组在 C 省"A 牌"白酒专卖店陆续发现部分假冒"A 牌"白酒。执法部门通过对供货链条进行调查发现，B 商贸公司涉嫌造假、贩假活动，使得"A 牌"白酒在 C 省范围内通过专卖店的形式得以流通。因该案可能涉嫌犯罪，公安机关介入调查。

2008 年 11 月，经过公安机关的侦查后将该案移交检察机关提起公诉。公诉机关进行审查后，以 B 商贸公司、东方某某（B 商贸公司经理）涉嫌假冒注册商标罪、销售假冒注册商标的商品罪向法院提起公诉。

法院经审理查明："A 牌"白酒的生产过程要求严格，并且受当地窖藏、水质等自然条件的影响，年生产量有限，因此市场上"A 牌"白酒供货量不足，且市场单价昂贵。2008 年 8 月份，B 商贸公司在某民房内用散装白酒灌装生产假冒"A 牌"白酒，现共查获"A 牌"白酒 70 箱及零散 62 瓶，尚未灌装散装白酒 30 桶、假冒"A 牌"白酒包装 1032 套，使用 A 公司所有的注册商标共计 68722 件。经 A 公司鉴定，上述产品及商标均为假冒。共计价值 50 万元。另查明，B 商贸公司除自己生产假冒白酒外，还从 C 省 D 市一个人白酒装灌厂处购买假冒的"A牌"白酒30箱用以销售，共计金额15万元。

法院审理

本院认为，被告人B商贸公司、东方某某未经注册商标所有人许可，在同一种商品上使用与其注册商标相同的商标，情节严重，其行为已构成假冒注册商标罪，检察机关指控的罪名成立。被告人B商贸公司、东方某某销售明知是假冒注册商标的商品，销售金额数额较大，其行为已构成销售假冒注册商标的商品罪，检察机关指控的罪名成立。被告人B商贸公司、东方某某一人犯数罪，应当数罪并罚，在总和刑期以下，数刑中最高刑期以上，酌情决定执行的刑期。判决对B商贸公司判处罚金×××元；对东方某某判处有期徒刑××年，并处罚金×××元。

案件评析

本案是一起分特许人构成刑事犯罪，数罪并罚的案例。本案的核心问题是分特许人特许地位的认定，假冒注册商标罪、销售假冒注册商标的商品罪的认定和以及数罪并罚的问题。

1. 分特许人特许地位的认定

分特许也叫做二级特许或者间接特许，是指特许人将在指定区域内的独家特许经营权授予被特许人，该被特许人可将特许权再授予其他分被特许人从事经营活动，自己也可在该区域内从事经营活动。

以分特许的方式开展特许经营活动能够使特许人以较低的运营成本实现品牌较快的扩张，分特许人可根据当地市场特点改进销售模式，赢得市场份额，因此特许人通过授权特许并允许被特许人再特许的经营模式，是现今商业发展中的主要方式之一，且这种经营模式在跨国经营中表现尤为明显和突出。

但是其缺点是严重依赖于分特许人的表现，不仅经营收入因分特许人的分流而降低，甚至会因为分特许人的不法行为会在大范围内发生侵权事故，严重影响特许人的经营和消费者的权益。因此，虽然我国《商业特许经营管理条例》(2007) 没有明确提及直接特许和分特许的概念，但是在商业实践中区分直接特许和分特许的实践以及分特许人的不法行为会给社会造成较大损害的现实危险要求对分特许人进行相应的监管。在商业特许经营监管过程中，行政主管部门将分特许人视为特许人。2007 年 7 月 1 日后获得特许资格的分特许人应当具备《商业特许经营管理条例》（2007）规定的特许人所应当具备的能力和资源，应当符合"两店一年"的条件，并且应当至备案机关申报备案。

2. 假冒注册商标罪

《中华人民共和国刑法》第二百一十三条规定了"假冒注册商标罪"：未经注册商标所有人许可，在同一种商品上使用与其注册商标相同的商标，情节严重的，处三年以下有期徒刑或者拘役，并处或者单处罚金；情节特别严重的，处三年以上七年以下有期徒刑，并处罚金。

该罪的犯罪主体为一般主体，即任何企业事业单位或者个人假冒他人注册商标，情节达到犯罪标准的即构成本罪。

该罪侵犯的客体为他人合法的注册商标专用权，以及国家商标管理秩序。

该罪主观方面为故意，且以营利为目的。

该罪的客观方面为行为人实施了刑法所禁止的假冒商标行为，且情节严重。根据《最高人民法院、最高人民检察院关于办理侵犯知识产权刑事案件具体应用法律若干问题的解释》（2004），判断"情节严重"和"情节特别严重"依照以下标准：

具有下列情形之一的，为"情节严重"：非法经营数额在 5 万元以上或者违法所得数额在 3 万元以上的；假冒两种以上注册商标，非法经营数额在 3 万元以上或者违法所得数额在 2 万元以上的；其他情节严重的情形。

具有下列情形之一的，为"特别严重"：非法经营数额在 25 万元以上或者违法所得数额在 15 万元以上的；假冒两种以上注册商标，非法经营数额在 15 万元以上或者违法所得数额在 10 万元以上的；其他情节严重的情形。

3. 销售假冒注册商标的商品罪

《中华人民共和国刑法》（1997）第二百一十四条规定了"销售假冒注册商标的商品罪"：销售明知是假冒注册商标的商品，销售金额数额较大的，处三年以下有期徒刑或者拘役，并处或者单处罚金；销售金额数额巨大的，处三年以上七年以下有期徒刑，并处罚金。

该罪主体为一般主体，即可以是任何单位和个人。侵犯的客体为他人合法的注册商标专用权和国家商标管理秩序。主观方面必须是故意，即明知是假冒注册商标的商品而销售的。客观方面必须具有经销假冒注册商标的商品，并且经销金额较大的行为。根据《最高人民法院、最高人民检察院关于办理侵犯知识产权刑事案件具体应用法律若干问题的解释》（2004），判断"数额较大"和"数额巨大"依照以下标准：

数额较大：销售明知是假冒注册商标的商品，销售金额在 5 万元以上的属于数额较大；

数额巨大：销售明知是假冒注册商标的商品，销售金额在 25 万元以上的属于数额较大。

4. 假冒注册商标罪与销售假冒注册商标的商品罪的关系

行为人有假冒注册商标、销售假冒注册商标的商品的行为，根据具体情况，可能会以一罪处理，也可能数罪并罚。

根据《最高人民法院、最高人民检察院关于办理侵犯知识产权刑事案件具体应用法律若干问题的解释》（2004）的规定，实施刑法第二百一十三条规定的假冒注册商标犯罪，又销售该假冒注册商标的商品，构成犯罪的，应当按照刑法第二百一十三条的规定，以"假冒注册商标罪"一罪定罪量刑；如果实施刑法第二百一十三条规定的假冒注册商标犯罪，又销售明知是他人的假冒注册商标的商品，构成犯罪的，应当以"假冒注册商标罪"与"销售假冒注册商标的商品罪"数罪并罚。

三、特许人侵犯商业秘密并造成巨大经济损失

张某某侵犯商业秘密罪案

案情介绍

2000 年 12 月 12 日，A 通讯有限公司（甲方）与张某某（乙方）签订劳

动合同。合同约定，甲方聘用乙方到技术部门从事技术总监，聘用期限为一年，自 2001 年 1 月 1 日起至 2001 年 12 月 31 日止。之前的 2000 年 12 月 11 日，甲乙双方签订《非竞争、保密及工作成果协议》，协议定义的保密信息包括但不限于公司内部文件、计算机软件、产品开发、客户数据、市场资料等信息。协议定义的工作成果指雇佣期内及雇佣期满后两年内，由雇员单独或与他人共同构想、开发或取得的全部或部分的发现、发明、研究、产品、技术方法等或其可合理预见的结果或衍生等。在雇佣期及此后的任何时候，在为完成合同目的之外，雇员均不可以直接或间接地使用任何保密信息，或以任何形式向公司以外的第三方披露任何保密信息。协议中的非竞争条款约定，在雇佣期内及雇佣关系因任何情况而终止后的两年内，雇员不得以任何方式直接或间接地参加任何与公司构成竞争的业务或活动，不得参加其他公司与甲方已经参与或即将参与的业务存在竞争的任何实体或与其产生联系，或作为该等实体的股东拥有其股份或以其他方式形成关联关系，或与其发生利益共享或战略合作关系。在雇佣关系因任何原因终止时，雇员需将所有的工作成果、保密信息、计算机软件、文件等返还公司，雇员不得保留任何它们的复本。

被告人张某某任 A 公司研发部主任，主管 A 公司所有的技术项目，包括固定电话、手机等芯片系列的研发、设计工作。后双方签订续签协议，约定雇佣期续展，自 2001 年 12 月 31 日起至 2004 年 12 月 31 日止。

A 公司研发中的×芯片产品于 2002 年 5 月立项，由张某某负责。2004 年 2 月，某某公司中研发的芯片产品×进入设计定型阶段，被告人张某某违反公司规定，擅自备份了×芯片设计的全部数据库文件。

2004 年 8 月，被告人张某某辞去 A 公司职务。2004 年 10 月 17 日，B 公司成立，公司类型为有限责任公司，经营范围为从事电子产品领域内的技术开发、技术咨询、技术服务，电子产品的销售。由张某某任公司法定代表人兼总裁。

2004 年 9 月 6 日，被告人张某某以个人名义在英属百慕大群岛注册成立了 C 公司，在渣打银行大陆某分行开设了离岸账户，专门用于和境内外客户结算 B 公司芯片的加工费和货款。

2004 年 8 月，被告人张某某将之前擅自备份的×芯片的数据库文件复制到 B 公司内网服务器上。同年 9 月，被告人张某某以电子邮件的方式将上述数据库位置告诉相关技术人员。在公司会务上，其要求相关技术人员在设计时对该数据库参考使用。2004 年 12 月起，B 公司委托 D 科技股份有限公司为其进行芯片的组装及测试。2004 年 12 月起，B 公司通过其直接建立的网站和开设的直营店，开始将芯片产品销售给客户。

2005 年 3 月，B 公司与多家公司签订《×芯片销售合作协议》，约定由各公司在其所在省份投资建立若干家经营网点，负责×芯片的实际销售和售后服务工作；B 公司向各加盟公司提供产品，各加盟公司须按照 B 公司直营店模式建立营业网点，各营业网点需依照 B 公司提供的统一操作规范、售后服务规范开展销售和售后服务业务。

2006 年 1 月 19 日，A 公司因发现 B 公司对外销售的×芯片涉嫌侵权，向公安机关报案。公安机关介入调查，后移交检察机关提起公诉。检察机关以被告 B 公司、张某某涉嫌构成侵犯商业秘密罪向人民法院提起公诉。

法院认定：A 公司经过长期研发成功的×芯片技术中含有不为公众所知悉的内容，属于 A 公司的专有技术，该技术具有实用性和经济价值。且 A 公司对该技术信息通过制定保密规定，与关键技术人员订立保密协议予以保密。因此，符合我国刑法规定的商业秘密的构成要件。故本院确认 A 公司×芯片中有关的内容，属于 A 公司的商业秘密。被告人张某某直接参与了×芯片的研发，在离开 A 公司后，向 B 公司披露了其之前擅自备份的×芯片数据库。B 公司获取并使用他人技术秘密后，生产侵权产品的数量造成 A 公司的经营损失已达到刑事追诉标准。因被告人张某某是 B 公司的法定代表人，B 公司所获非法利益均归入 B 公司，故被告单位 B 公司构成单位犯罪，应依法判处罚金。被告人张某某对商业秘密权利人负有保密义务，但其违背保密承诺，披露并允许其本人担任法定代表人的 B 公司使用该技术秘密，造成权利人重大损失，是直接负责的主管人员，其个人也构成了侵犯商业秘密罪。公诉机关指控的罪名成立，本院予以支持。

法院审理

一、被告单位 B 公司犯侵犯商业秘密罪，判处罚金人民币×××元；

二、被告人张某某犯侵犯商业秘密罪，判处有期徒刑×年，缓刑×年，罚金人民币×××元。

案件评析

本案是一起特许经营人在经营过程中侵犯商业秘密，构成刑事犯罪的案例。

1. 商业秘密

商业秘密是企业的财产权利，它关乎企业的竞争力，对企业的生存、发展至关重要。根据《中华人民共和国反不正当竞争法》（1993）和《中华人民共和国刑法》（1997）的规定，商业秘密是指不为公众所知悉、能为权利人带来经济利益、具有实用性并经权利人采取保密措施的技术信息和经营信息。

一般来说，商业秘密的构成要件有三：（1）该信息不为公众所知悉。商业秘密的前提是不为公众所知悉，正因为如此，商业秘密并非一项绝对的权利，它并不能阻止其他人以合法手段获得该项秘密并使用的行为；（2）该信息能为权利人带来经济利益，具有实用性；（3）权利人对该信息采取了保密措施。正是由于商业秘密的非绝对性，权利人一般都会采取措施防范商业秘密的泄露，如果权利人的保护措施到位，并且其他人也没有能够通过自主研究或者其他合法途径获知该项秘密，那么权利人就可持续独享该信息并通过其营利。

2. 侵犯商业秘密罪

《中华人民共和国刑法》（1997）第二百一十九条规定了侵犯商业秘密罪：有下列侵犯商业秘密行为之一，给商业秘密的权利人造成重大损失的，处三年以下有期徒刑或者拘役，并处或者单处罚金；造成特别严重后果的，处三年以上七年以下有期徒刑，并处罚金：

（1）以盗窃、利诱、胁迫或者其他不正当手段获取权利人的商业秘密的；

（2）披露、使用或者允许他人使用以前项手段获取的权利人的商业秘密的；

（3）违反约定或者违反权利人有关保守商业秘密的要求，披露、使用或者允许他人使用其所掌握的商业秘密的。

明知或者应知前款所列行为，获取、使用或者披露他人的商业秘密的，以侵犯商业秘密论。

本条所称商业秘密，是指不为公众所知悉，能为权利人带来经济利益，具有实用性并经权利人采取保密措施的技术信息和经营信息。

本条所称权利人，是指商业秘密的所有人和经商业秘密所有人许可的商业秘密使用人。

（1）主体要件：本罪的主体一般主体。依据刑法第二百二十条之规定，单位可以构成本罪主体。单位犯本罪的，对其直接责任的主管人员和其他直接责任人员依本条规定追究刑事责任。本案即是一起单位犯罪案件。

（2）主观要件：本罪的主观方面只能是故意。

（3）客体要件：本罪侵犯的客体是商业秘密权和受国家保护的市场经济秩序。

（4）客观要件：客观上实施了侵犯商业秘密的行为，并且给权利人造成了重大损失，主要由以下两大类：一是获取商业秘密的手段非法；二是违反保密义务。

以非法手段获得商业秘密的行为包括以盗窃、利诱、胁迫或者其他不正当手段获取权利人的商业秘密和披露、使用或者允许他人使用以上述第一种手段获取的权利人的商业秘密的行为。

违反保密义务是指合法知悉商业秘密内容的人披露、使用或者允许他人使用商业秘密的行为，包括公司、企业内部的工作人员，曾在公司、企业内工作的调离人员、离退休人员以及与权利人订有保守商业秘密协议的有关人员。

3. 本案启示

本案涉及的是一起特许经营人将非法获取他人的商业秘密作为自己的经

营资源构成犯罪的行为。

特许经营的前提是特许经营人拥有注册商标、企业标志、专利和专有技术等经营资源，这是特许经营企业生存的根本，也是被特许人选择加盟时考虑的主要因素。本案对于特许人和被特许人来说都有着启示意义。

对于特许人来说，在与被特许人合作过程中如果涉及商业秘密的分享，一定要签订相应的保密协议，并通过其他手段，在保证被特许人合法利益的前提下尽可能地保护商业秘密。特许人也可根据该项商业秘密的技术开发难度和经营状况，选择将商业秘密通过注册专利的方式给予其专利法上的保护。

对于被特许人来说，在选择特许合作对象时，一定要注意对方是否合法拥有该项特许经营资源，以便更好地维护自身权利。同时被特许人也要注意遵守与特许人之间的保密协议，尊重其合法权利，不侵犯对方的商业秘密。

四、特许人假冒专利构成犯罪

A 公司构成假冒专利罪

案情介绍

1999 年，A 有限责任公司成立，专业设计、生产和销售日用容器，包括玻璃、塑料、陶瓷材质的口杯，以及餐具容器。并就其商品注册"A 牌"商标。周某某为该公司的法定代表人，担任该公司的执行董事兼任总经理，负责公司的实际运营。

2001 年，A 公司着手建立起自己的销售网络，先后与 10 家加盟商签订《A 品牌特许经营权区域代理意向书》（以下简称"《代理意向书》"），约定：1. A 公司特许加盟商在其所在城市代理 A 品牌特许经营权，专门负责对 A 品牌特许经营权的招商及协助 A 公司对加盟商代理区域进行 A 品牌特许经营的管理；2. 加盟商向 A 公司缴纳特许经营权区域代理费、A 品牌特许经营权区域代理合同保证金等费用；3. A 公司向各加盟店统一提供"A 牌"日用容器；4. 各加盟店需采用公司统一的店面装修和营销模式。

2003 年 2 月 21 日，B 玻璃工艺制品厂职工卢某就其"双层艺术玻璃容器"发明设计向中国专利局申请专利。2003 年 11 月 7 日被授予实用新型专利，专利号为中国 ZL－×××××××，专利保护期限十年。2004 年 5 月，卢某与 B 玻璃工艺制品厂就该专利的实施达成书面实施许可合同，B 玻璃工艺制品厂取得了该专利的实施权，并生产专利产品"B 牌"双层艺术玻璃口杯。

2006 年 4 月，A 公司在 S 省专利管理局检索出 B 玻璃工艺制品厂生产的"B 牌"口杯系专利产品后，对专利号 ZL－×××××××的口杯产品非常欣赏，认为其市场前景广阔。

2006 年，5 月 13 日，A 公司向中国专利局专利复审委员会请求宣告卢某的"双层艺术玻璃容器"实用新型专利无效。

A 公司在该请求被受理后，即从 C 瓶盖厂购进杯体，在技术方案，技术指标，外形及结构上模仿 B 公司专利产品，并在产品上标注自己的"A 牌"商标，以此生产该型号"A 牌"口杯。同年 5～12 月间，A 公司以每只 78～171 元不等的价格，通过其直营店和连锁加盟店在北京、石家庄、长沙、武汉等十余个城市销售，共计 3000 余只，销售额人民币 28 万余元。

2007 年 3 月 20 日，专利复审委员会作出决定，维持卢某 ZL－×××××××号专利有效。

2007 年 3 月，B 公司向公安机关报案，举报 A 公司假冒专利。经公安部门调查后，移交检察机关提起公诉。检察机关以被告 A 公司、周某某（A 公司法定代表人、执行董事兼任总经理）涉嫌构成假冒专利罪向人民法院提起公诉。B 公司提起附带民事赔偿诉讼，要求 A 赔偿因假冒 B 公司专利权而带来的经济损失。

B 省专利管理局就被告人生产的涉案型号的"A 牌"口杯，与卢某的 ZL－×××××××号专利的权利要求是否相同，是否属于假冒专利权的行为，于 2007 年 4 月 11 日作出专利侵权咨询鉴定书，认为涉案型号的"A 牌"口杯具备了 ZL－×××××××号专利的必要技术特征。

法院审理

一审法院经审理查明：被告人在生产、销售"A 牌"口杯前即明知卢某具有 ZL－××××××号专利权，被告人具有假冒专利罪的主观要件。被告人在专利保护期内，未经专利权人许可，为生产经营目的非法制造、销售假冒他人专利权的"B 牌"口杯，属假冒专利行为。被告人生产、销售口杯3000 余只，非法经营额 28 万余元，非法获利 7.6 万元，属假冒专利情节严重，被告人具备假冒专利罪的客观要件。判决 A 公司犯假冒专利罪，判处罚金×××元；周某某犯假冒专利罪，判处有期徒刑×年，缓刑三年，并处罚金×××元；被告 A 公司赔偿附带民事诉讼原告人 A 公司经济损失×××元。

被告 A 公司提起上诉，上诉称：被告人不构成假冒专利罪。理由：一是判决书对被告人周某某假冒专利罪主观要件和客观要件认定错误。

二审法院审理认为：1. 本案被告人主观上构成故意。假冒专利罪主观方面的特征是故意。就该案而言，上诉人主观认识因素的内容是其明知其假冒专利的行为会发生侵犯专利权人的合法权益，损害国家专利管理制度的社会结果，上诉人虽没有主动表白其在"明知"的情形下实施了"假冒专利"的行为，但其在 A 省专利管理局检索出 B 玻璃工艺制品厂生产的"B 牌"口杯系专利产品后，为规避法律制裁，而向专利复审委员会申请宣告卢某的 ZL－××××××号专利无效，在未得到正式决定前，即开始实施、制造、销售"A 牌"口杯的行为恰恰证明了上诉人了解其行为的性质、内容及结果，上诉人在主观上具备了"明知"，上诉人主观上不具备故意认识因素的辩护意见不能成立。2. 本案被告人客观上构成了假冒专利权的行为。被告在技术方案、技术指标、外形及结构上模仿"B 牌"专利产品，并在仿造的产品上标注自己的"A 牌"商标，达到以假乱真的效果，采取了典型的不正当竞争的方式，其行为的实质就是假冒专利产品的行为方式之一。原审事实认定清楚、法律适用正确，裁定驳回上诉，维持原判。

案件评析

这是一起特许人涉及假冒专利构成犯罪的案例。专利制度的关键环节在于保护专利人对其发明创造的独占和垄断权，促进科学技术的推广运用，同商标权、著作权一样，专利权也是一种无形财产，他人不得未经专利人许可使用其专利而获得非法经济利益。

《中华人民共和国刑法》第二百一十六条规定了假冒专利罪：假冒他人专利，情节严重的，处三年以下有期徒刑或者拘役，并处或者单处罚金。

本罪的主体一般主体。依据刑法第二百十二条之规定，单位可以构成本罪主体。单位犯本罪的，对其直接责任的主管人员和其他直接责任人员依本条规定追究刑事责任。本案即是一起单位犯罪案件。

本罪的主观方面是故意，一般具有非法获取经济利益的目的，但也有的是出于损害他人的声誉，破坏他人专利权益的目的。出于何种目的不影响本罪的成立。

本罪侵犯的客体是他人的专利所有权。专利权，是国家专利机关依据专利法授予专利申请人或其他权利继承人，在法定期限内对其发明创造享有的制造、使用或销售的专有权利。专利权是一种专有权，一经授予，除经专利权人同意外，任何单位、个人都不得实施其专利。专利可分为三类：发明专利、实用新型专利和外观设计专利。假冒他人专利的行为，不仅侵害了国家的专利制度，也侵害了专利权人的利益。

本罪在客观方面表现为，违反国家专利管理法规，在法律规定的专利有效期限内，假冒他人被授予的专利，侵犯他人专利权益，情节严重的行为。假冒专利的行为方式多种多样《中华人民共和国专利法实施细则》（2010）对其主要方式进行了列举，包括：（一）在未被授予专利权的产品或者其包装上标注专利标识，专利权被宣告无效后或者终止后继续在产品或者其包装上标注专利标识，或者未经许可在产品或者产品包装上标注他人的专利号；（二）销售第（一）项所述产品；（三）在产品说明书等材料中将未被授予专利权的技术或者设计称为专利技术或者专利设计，将专利申请称为专利，或者未经许可使用他人的专利号，使公众将所涉及的技术或者设计误认为是专利技术或者专利设计；（四）伪造或者变造专利证书、专利文件或者专利申请文件；（五）其他使公众混淆，将未被授予专利权的技术或者设计误认为是专利技术或者专利设计的行为。

情节严重是构成本罪的必备要件。行为人的上述行为必须达到情节严重的程度，才构成犯罪，这是罪与非罪的界限。根据最高人民检察院、公安部《关于公安机关管辖的刑事案件立案追诉标准的规定（二）》（2010）和最高人民法院、最高人民检察院《关于办理侵犯知识产权刑事案件具体应用法律若干问题的解释》（2007），"假冒他人专利，非法经营数额在 20 万元以上或者违法所得数额在 10 万元以上的；给专利权人造成直接经济损失在 50 万元以上的；假冒两项以上他人专利，非法经营数额在 10 万元以上或者违法所得数额在 5 万元以上的；以及其他情节严重的情形，应予追诉。"

关于侵犯专利权的民事赔偿数额确定方面。根据《中华人民共和国专利法》（2008）第六十五条的规定：侵犯专利权的赔偿数额按照权利人因被侵权所受到的实际损失确定；实际损失难以确定的，可以按照侵权人因侵权所获得的利益确定。权利人的损失或者侵权人获得的利益难以确定的，参照该专利许可使用费的倍数合理确定。赔偿数额还应当包括权利人为制止侵权行为所支付的合理开支。权利人的损失、侵权人获得的利益和专利许可使用费均难以确定的，人民法院可以根据专利权的类型、侵权行为的性质和情节等因素，确定给予 1 万元以上 100 万元以下的赔偿。

第四章　其他刑事犯罪

一、以特许加盟方式传销构成犯罪

李某某与曹某某等人传销构成组织、领导传销活动罪

案情介绍

2000 年 3 月，李某某与曹某某等人出资人民币 100 万元，注册设立了 A 商贸有限公司，经营范围是高档装饰品，主要是一种特殊制作的金箔画，并就其商品注册"A 牌"商标，李某某担任法定代表人，曹某某出任执行董事和总经理。

2002 年，A 公司开始通过在公共媒体进行宣传，进行特许加盟的招商工作。其先后与几十家加盟商签订《A 品牌特许经营合同》，初步建立起了独立的产品销售网络，合同约定：1. A 公司特许加盟商在其所在城市代理 A 品牌特许经营权；2. 加盟商向 A 公司缴纳特许经营权区域代理费、A 品牌特许经营权区域代理合同保证金等费用；3. A 公司向各加盟店统一提供"A 牌"高档装饰品；4. 各加盟店需采用公司统一的店面装修和营销模式；5. A 公司负

责相关产品的市场宣传工作，各加盟商认可 A 公司的市场销售方案。

2008 年，A 公司金箔画产品销售逐渐艰难，而 A 公司又未能及时开发出新的赢得市场认可的产品，合同到期的加盟商逐渐退出 A 公司的特许经营活动。为维持 A 公司的经营，李某某与曹某某，在 A 公司的网站上推出"消费者也能成为资本家"的"消费投资理论"，并规定了加盟店奖励办法和按期返还高额红利的具体经营措施，具体规定：（1）加盟商在向公司交纳加盟金 1.5 万元及网站管理服务费 800 元，签订相关协议后成为 A 公司的特许加盟商。A 公司提供相关的"A 牌"的金箔画产品，并定好商品的零售价和对应的消费积分，由加盟店按定价销售。（2）消费者需要花 10 元钱在 A 公司的直营店或者特许加盟店办理一张会员优惠卡，然后可以参与公司的消费积分返利：消费会员从加盟店面购买商品，获取相应的积分，达到指定积分后获得对应的兑奖权，即每达到 150 分的积分可得到一个兑奖权，每人每月不超过 100 个兑奖权。每个兑奖权在下期兑奖日前（每半月为一期）重复消费积分累计达 30 分（一般最低消费 39 元的商品可获 30 分积分），才能兑奖，可获 A 公司返利 100 元（2008 年开始 A 公司以税金的名义扣留 3% 归公司所有，实得 97 元）。每个兑奖权最多只能重复消费六次，获得返利六次后，该兑奖权终止。即消费会员在六个月内每消费 429 元（195 元＋39 元×6＝429 元）就可以获得返利 600 元（100 元×6＝600 元），扣除所谓 3%"税金"后，仍实际获得返利 582 元。（3）会员可以发展其他消费者成为 A 公司消费会员并获得其所发展的消费会员消费积分 3% 的加盟费。（4）会员还可以推荐其他消费会员开设新的加盟店并获取 A 公司奖励 3000 元推荐费，以及该商行每期消费积分 2% 的提成。（5）加盟店负责人除享有消费会员的上述权利外，还可获得消费会员在其经营店面消费总额 10% 的提成。

从 2008 年 4 月至 2010 年 12 月，A 公司共发展 2000 余家特许加盟店，消费会员 7 万余人，共收取加盟费和销售款项 3 亿余元人民币。

2010 年 12 月，接群众举报 A 公司涉嫌传销，公安机关介入调查，后将该案移交检察院提起公诉。检察机关以李某某、曹某某涉嫌构成组织、领导传销活动罪向人民法院提起公诉。

被告李某某、曹某某辩称：1. 其营销模式是基于经济学界"消费投资理论"建立起来的，并且采取了我国法律允许和国家政策鼓励的特许经营的商业销售模式，其行为并不构成犯罪。2. A公司的盈利返还属于正常的促销手段，并不构成犯罪。

法院审理

法院经审理认为：A公司的营销方式看似与消费投资理论吻合，其实不然。即使A公司出售的产品是零成本，那公司"卖"出价值429元的产品，利润为429元，但是却要给消费者返还600元，这就意味着公司所售产品的利润都给别人了还不够，公司另外还得搭上171元。没有盈利，又何谈把利润返还给消费者呢？唯一的"解决办法"只有拉人头，让后面购买者的资金来支付前面购买者的利益，最终走向传销。此外从A公司的实际运作来看，购买者消费功能已异化，消费者购买产品主要是为了投资获利，而不是为了真实的消费需求。基于以上分析，法院认定被告李某某、曹某某的行为构成变相传销，触犯刑法第二百二十四条之一构成"组织、领导传销活动罪"，判处A公司罚金×××元；对李某某、曹某某分别判处有期徒刑×年和罚金×××元。

案件评析

本案是一起特许经营企业借特许经营的名义进行非法传销，从而构成组织、领导传销活动罪的案例。

《中华人民共和国刑法》第二百二十四条之一规定了组织、领导传销活动罪：组织、领导以推销产品，提供服务等经营活动为名，要求参加者以缴纳费用或者购买商品、服务等方式获得加入资格，并按照一定顺序组成层级，直接或者间接以发展人员数量作为计酬或者返利依据，引诱、胁迫参加者继续发展他人参加，骗取财物，扰乱经济社会秩序的传销活动的，处五年以下有期徒刑或者拘役，并处罚金；情节严重的，处五年以上有期徒刑，并处罚金。

本罪的主体是特殊主体，即传销组织的组织和领导者，所谓传销活动的组织者、领导者，是指在传销活动中起组织、领导作用的发起人、决策人、操纵人，以及在传销活动中担负策划、指挥、布置、协调等重要职责，或者在传销活动中起到关键作用的人员。

本罪的主观要件为故意，即行为人明知其实施传销的行为而故意为之。

本罪侵犯的客体是本罪侵犯的客体为市场经济秩序和社会管理秩序，同时还侵犯了公民的财产所有权。

本罪的客观方面表现为传销活动的组织、领导者以推销产品，提供服务等经营活动为名，要求参加者以缴纳费用或者购买商品、服务等方式获得加入资格，并按照一定顺序组成层级，直接或者间接以发展人员数量作为计酬或者返利依据，引诱、胁迫参加者继续发展他人参加，骗取财物的行为。在实践当中，传销集团常常以高额返利的幌子诱骗人们上当，并称之为促销行为。此外，近些年随着商业特许这种商业模式在我国的快速发展，传销集团借商业特许之名进行传销的犯罪行为也屡见不鲜。因此，要将正常的促销行为和商业特许经营与传销行为区分开。

促销本是商业、企业正常营销手段，企业通过以质量合格、价格合理、让利销售使消费者了解商业、企业的产品并促使消费者购买，销售产品是企业营运的基础并有相应合法的促销报酬和保障机制等。而本案中，按照A公司的促销模式，其返利的支出远远大于其卖出商品获得的成本，这就意味着A公司卖出产品后不仅不能获利，而且还要再支出一部分钱用于利润返还，这是不符合商业经营常理的。究其本质，这是A公司办理优惠卡和变相购买商品的方式，取得加入传销组织的资格，引诱他人成为A公司传销活动组织的加盟商和消费会员，并按一定顺序组成层级，计酬上直接或间接以所发展的加盟商、消费会员和消费额作为返利依据，引诱参加者继续发展他人成立加盟店和成为消费会员，骗取财物，扰乱经济社会秩序。其行为具有明显的传销骗财的性质和特征。

商业特许经营是指拥有注册商标、企业标志、专利、专有技术等经营资源的企业，以合同形式将其拥有的经营资源许可其他经营者使用，被特许人按照合同约定在同一的经营模式下开展经营，并向特许人支付特许经营费用的经营活动。商业特许是以一定的经营资源为基础的。在本案中，A公司的经营资源，即"A牌"高级装饰品在失去市场之后，A公司并未开发新的经营资源，而是走上了变相传销的道路。其与加盟商行签订的代理协议，既不具备《商业特许经营管理条例》规定订立特许经营合同应当包括的真实内容和条件，也未按规定向商务主管部门备案。事实上A公司已经由一个正规的采用商业特许经营模式的企业蜕变成一个传销集团进行变相传销，以后继加入者交付的钱款来支付先行加入者的返利回报。即使是《商业特许经营管理条例》也明确规定，以特许经营名义从事传销行为的，依照《禁止传销条例》处罚。本案被告人所实施的行为并非商业特许经营。

二、生产销售不符合安全标准食品构成犯罪

某某蜂蜜公司特许人等构成生产、销售不符合安全标准的食品罪

案情介绍

1990年，某某蜂蜜公司注册成立。该公司集蜜蜂养殖、产品研发、生产以及销售为一体，业务范围主要涉及蜂蜜、蜂胶、蜂王浆蜂花粉等系列产品。自公司成立以来，先后建立起多家直营店进行产品的销售工作。多年来，公司经营以其"质优、价廉、服务好"，赢得了广大消费者的认可。

1997年，公司在其官方网站及各大媒体进行招商加盟的宣传，加盟采取单体特许的方式，由被特许人与公司直接签订特许加盟合同，公司赋予加盟商在某个地点开设一家加盟店的权利。蜂蜜公司负责产品在全国范围内的营销策划及广告宣传工作，公司对加盟者进行统一的营业前培训、产品供应以及管理指导，各加盟店装修需采用公司规定的统一的标准化模式。至2007年，500多家特许加盟店在全国建立，公司初步形成了全国销售网络。

2007年10月，在药品、食品行政监督部门对一家加盟店的蜂蜜产品进行例行抽查时，发现贴有该公司商标的一款蜂蜜产品铝含量严重超标。在对该公司进行深入调查后发现，自2006年开始，该公司使用蜜蜂精、明矾、白糖

和死蜜蜂等原料生产某款蜂蜜产品，并通过各加盟店和该公司的直营店将其销售。

2007年11月，经过公安机关的侦查，公诉机关以某某蜂蜜公司、赵某某（某某蜂蜜公司董事长）、张某（某某蜂蜜公司办公室主任）、李某某（某某蜂蜜公司涉案蜂蜜产品生产负责人）犯生产、销售不符合食品安全标准的食品罪向法院提起公诉。法院经审理查明：2006年春，某某蜂蜜公司养蜂基地因养殖过程中出现差错，致使大量蜜蜂死亡，基地蜂蜜产量大减，不能满足生产需要。为保证公司蜂蜜产品的供应量，李某某向张某和赵某某建议可采用蜂蜜精加明矾、白糖和死蜜蜂的办法合成蜂蜜，以满足该公司其中一款蜂蜜的产品供应，张某和赵某某表示，在不影响食品安全的情况下，可用此法解燃眉之急。该蜂蜜公司即开始以李某某建议的办法开始生产蜂蜜，由于此种方法成本极低，至案发时，该公司仍以这种办法进行涉案一款的蜂蜜生产。经当地计量质量检测机构测试，该假蜂蜜中铝含量为244mg/kg；经当地疾病预防控制中心鉴定，该蜂蜜中铝的残留量可能造成严重食物中毒或食源性疾患。

法院审理

一审法院判决，被告人某某蜂蜜公司、赵某某、张某、李某某生产、销售不符合食品安全标准的食品，足以造成严重食物中毒或者其他严重食源性疾病，其行为已触犯国家刑律，构成生产、销售不符合食品安全标准的食品罪，公诉机关指控被告人刘某的犯罪事实及罪名成立。判决对被告单位判处罚金；对被告赵某某、张某、李某某分别判处有期徒刑和罚金。

四被告不服原判决提出上诉，上诉称：上诉人制作蜂蜜的方法并不足以危害人体健康，理由如下：1.上诉人虽然使用合成方法制作蜂蜜，但是所用材料并非有毒、有害原材料；2.中国人正常饮食中铝摄入量本身就是非常高的；3.现在并无因铝摄入量高而发生危害人身安全的实际案例。

二审法院认定：上诉人提供的产品中铝含量高达244mg/kg，严重超过国家标准；人体摄入后大部分会在体内蓄积，虽然目前并无报告显示人经口服途径摄入铝会引致急性中毒。但是根据科学研究均认定铝与老年性痴呆症有密切关系，同时也可能减退记忆力、抑制免疫功能及阻碍神经传导。此外，也有报告证实铝化合物会影响实验动物的生殖系统和发育中的神经系统。上诉人生产、销售不符合食品安全标准的食品，足以造成严重食物中毒或者其他严重食源性疾病，其行为已触犯国家刑律，构成生产、销售不符合食品安全标准的食品罪。原审事实认定清楚，刑罚判定适当，裁定驳回上诉维持原判。

案例评析

本案涉及生产、销售不符合食品安全标准的食品罪的认定以及该罪与《中华人民共和国刑法》第三章第一节"生产、销售伪劣商品罪"中相关罪名的区分与竞合问题。

《中华人民共和国刑法》第一百四十三条规定了生产、销售不符合安全标准的食品罪：生产、销售不符合食品安全标准的食品，足以造成严重食物中毒事故或者其他严重食源性疾病的，处三年以下有期徒刑或者拘役，并处罚金；对人体健康造成严重危害或者有其他严重情节的，处三年以上七年以下有期徒刑，并处罚金；后果特别严重的，处七年以上有期徒刑或者无期徒刑，并处罚金或者没收财产。

1. 生产、销售不符合食品安全标准的食品罪的认定

（1）犯罪主体要件

本罪的主体是一般主体，包括个人和单位。即所有生产、销售不符合卫生标准的食品的单位或自然人都可以成为本罪的主体，其中既包括合法经营者，也包括非法经营者。

（2）犯罪主观方面

本罪在主观方面表现为故意，包括直接故意和间接故意，过失不构成本罪。本罪中犯罪目的与犯罪动机不影响本罪的认定。构成本罪，行为人一般都是出于非法牟利的目的，但是犯罪目的和犯罪动机并不是构成本罪的要素，不影响本罪的认定。

（3）犯罪客体要件

本罪侵犯的客体是复杂客体，既侵犯了国家对食品卫生的监督管理制度以及不特定多数人的身体健康权利。

本罪的犯罪对象是不符合卫生标准的食品。根据《中华人民共和国食品卫生法》（1995）第九条的规定，包括：①腐败变质、油脂酸败、霉变、生虫、污秽不洁、混有异物或者其他感官性异常，可能对人体健康有害的；②含有毒、有害物质或者被有毒、有害物质污染，可能对人体健康有害的；③含有致病性寄生虫、微生物的，或者微生物毒素含量超过国家限定标准的；④未经兽医卫生检验或者检验不合格的肉类及其制品；⑤病死、毒死或者死因不明的禽、畜、兽、水产物及其制品；⑥容器包装污秽不洁、严重破损或者运输工具不洁造成污染的；⑦掺杂、掺假、伪造，影响营养、卫生的；⑧用非食品原料加工的，加入非食品用化学物质的或者将非食品当做食品的；⑨超过保质期限的；⑩为防病特殊需要，国务院卫生行政部门或者省、自治区、直辖市人民政府专门规定禁止销售的；⑪含有未经国务院卫生行政部门批准使用的添加剂的或者农药残留超过国家规定容许量的；⑫其他不符合食品卫生称准和卫生规定的。

（4）犯罪客观方面

本罪是危险犯，在客观方面表现为违反国家食品卫生管理法规，生产、销售不符合卫生标准的食品，足以造成严重食物中毒事故或者其他严重食源性疾患的行为。

认定本罪的关键是涉案行为是否达到了"足以造成严重食物中毒或者其他严重食源性疾患"的程度。本罪所称"足以"，是指行为人生产、销售不符合卫生标准的食品，具有造成严重食物中毒事故严重食源性疾患的客观危险状态，并不要求实际危害结果的出现。如果这种危险状态所显现的危害结果实际发生，则构成结果加重犯，应按照刑法第一百四十三条结果加重犯的规定进行处罚。

2. 本罪与生产、销售伪劣产品罪的关系

我国《刑法》第一百四十条规定"生产、销售伪劣产品罪"：生产者、销售者在产品中掺杂、掺假，以假充真，以次充好或者以不合格产品冒充合格产品，销售金额5万元以上不满20万元的，处两年以下有期徒刑或者拘役，并处或者单处销售金额50％以上两倍以下罚金；销售金额20万元以上不满50万元的，处2年以上七年以下有期徒刑，并处销售金额50％以上两倍以下罚金；销售金额50万元以上不满200万元的，处七年以上有期徒刑，并处销售金额50％以上两倍以下罚金；销售金额200万元以上的，处十五年有期徒刑或者无期徒刑，并处销售金额50％以上两倍以下罚金或者没收财产。

根据《刑法》第一百四十九条的规定，生产、销售不符合安全标准的食品的行为不构成生产、销售不符合安全标准的食品罪的，但是销售金额5万元以上的，按照生产、销售伪劣产品罪进行处罚；如果涉案行为既构成生产、销售不符合安全标准的食品罪，同时又构成生产、销售伪劣产品罪的，则依照处罚较重的规定进行处罚，即按照生产、销售不符合安全标准的食品罪进行处罚。

三、食品中违法使用有毒材料构成犯罪

特许人生产、销售有毒、有害食品罪

案情介绍

1994年，A肉联公司注册成立。经过多年发展，该公司的经营范围涵盖该肉类加工产业的上游、中游和下游，形成了肉禽肉畜养殖、饲料加工、屠宰、肉制品加工以及产品销售的生产、销售链条。依靠先进的经营理念、安全的产品和优质的服务，A公司的某品牌鲜肉赢得了A省消费者的普遍认可。

2000年，A公司通过公共媒体和其官网进行招商加盟宣传，加盟政策包括：1. 加盟采取单体特许的方式，由被特许人与公司直接签订特许加盟合同，公司赋予加盟商在某个地点开设一家加盟店的权利。2. 装修费用公司承担带有某品牌标志部分的50％，分三年（根据营业天数）平均返还。经营未满一年退出的不予返还。3. 公司提供设备设施配置标准。4. 免收加盟费，收取

3000 元履约保证金，加盟商提出解除合同三个月后，如无违约行为，则如数无息退还。5. 统一免费配货到门店；统一形象，统一管理。6. 开业期间公司给予部分产品特价支持。

2008 年，A 公司通过特许加盟方式在 A 省建立起 300 多家某品牌鲜肉销售店，销售网络覆盖 A 省县级以上地区。

2008 年 12 月以来，A 公司在对其鲜肉产品自检过程当中，陆续检测出盐酸克仑特罗（俗称"瘦肉精"），相关负责人向李某某（A 公司董事长）、张某（A 公司总经理）报告此事，李、张召集相关负责人开会要求查找问题来源，但考虑到公司形象，又要求此事不要声张。在随后公司的内部调查中发现，含有瘦肉精的鲜肉来自于 A 公司一处生猪养殖场，该厂负责人方某随即向李某某、张某承认添加瘦肉精一事，同时表示春节临近，市场上肉品需求量激增，瘦肉价格更是高涨；并且 A 公司的某品牌鲜肉在 A 省知名度高，质检和工商部门对其监察也肯定会存在漏洞，短时间内加工含有盐酸克仑特罗的鲜肉不容易被发现。李、张二人表示还是要控制用量，不要搞出事情。随后，A 公司并未停止生产、销售含有盐酸克仑特罗的鲜肉产品。据统计，从 2008 年年底至 2009 年 3 月间，A 公司某品牌鲜肉销售额达到了 475 万元。

2009 年 "3·15" 期间，媒体对 A 公司鲜肉产品含有 "瘦肉精" 一事进行了曝光，工商部门随即进行查处，并将相关样品送检疫部门，随后该省检疫部门报告显示，送检的 16 个批次鲜肉样品中 15 个批次被检出盐酸克仑特罗。由于该案涉及范围广、危害性大、情节严重，可能构成犯罪，公安部门随即介入调查。经公安部门调查，后移交检察机关提起公诉。检察机关以被告 A 公司、李某某（A 公司董事长）、张某（A 公司总经理）、方某（养殖场负责人）犯生产、销售有毒、有害食品罪向人民法院提起公诉。

法院审理

一审法院经审理认定，A 公司的管理层明知盐酸克仑特罗等是国家禁止用于喂养生猪的药品，明知食用使用盐酸克仑特罗喂养的生猪肉制品对人体有害，但为牟取利益，销售使用盐酸克仑特罗喂养的生猪制成的鲜肉产品，对我国的食品安全和人民生命健康造成重大威胁，并造成重大影响，并且 A 公司的非法收益均归入 A 公司，其行为已构成销售有毒、有害食品罪，故被告 A 公司成立单位犯罪，应依法判处罚金。被告李某某、张某、方某作为主管人员和直接责任人员分别被判处有期徒刑×年，并处罚金×××元。

三被告不服原判决提出上诉，上诉称：上诉人在实际生产过程中对盐酸克伦特罗的用量严格控制，并未对人体造成危害，并且其使用含有盐酸克伦特罗的牲畜制作鲜肉产品时间较短，也并未造成严重危害，请求二审法院做无罪判决。

二审法院经审理认定，根据《刑法》第一百四十四条生产、销售有毒有害食品罪的规定，本罪的成立不以该行为造成严重后果或者构成实际危害为前提，只要行为人出于故意实施了在所生产、销售的食品中掺入有毒、有害的非食品原料之行为，或者明知是掺有有毒、有害物质的食品仍然予以销售的行为，就构成本罪。如果有以上行为，造成受害人死亡或者其他严重后果，则构成结果加重犯，需依照一百四十四条第二款的规定从重处罚。法院裁定：原审事实认定清楚，法律适用正确，刑罚判定适当，裁定驳回上诉，维持原判。

案例评析

本案涉及生产、销售有毒、有害食品罪的认定。

1. 生产、销售有毒、有害食品罪的认定

《中华人民共和国刑法》第一百四十四条规定了生产、销售有毒、有害食品罪：在生产、销售的食品中掺入有毒、有害的非食品原料的，或者销售明知掺有有毒、有害的非食品原料的食品的，处五年以下有期徒刑或者拘役，并处或者单处销售金额 50% 以上两倍以下罚金；造成严重食物中毒事故或者其他严重食源性疾患，对人体健康造成严重危害的，处五年以上十年以下有期徒刑，并处销售金额 50% 以上两倍以下罚金；致人死亡或者对人体健康造成特别严重危害的，依照本法第一百四十一条的规定处罚。

本罪侵犯的客体包括国家对食品卫生的监督管理秩序和不特定多数人，

即广大消费者的生命、健康权利。在本案中被违反的食品卫生管理法规主要为《中华人民共和国食品安全法》。

本罪的主体是一般主体，包括自然人和单位。依据《刑法》第三十一条和第一百五十条的规定，在单位犯罪的情况下实行双罚制，对单位判处罚金，并对其直接负责的主管人员和其他直接人员判处刑罚。

本罪在主观方面只能由故意构成。

本罪在客观方面表现为违反国家食品卫生管理法规，在生产、销售的食品中掺入有毒、有害的非食品原料或者销售明知掺有有毒、有害的非食品原料的食品的行为。本罪为行为犯，只要行为人出于故意实施了在所生产、销售的食品中掺入有毒、有害的非食品原料之行为，或者明知是掺有有毒、有害物质的食品仍然予以销售的行为，就构成本罪。如果有以上行为，造成受害人死亡或者其他严重后果，则构成结果加重犯，需依照一百四十四条第二款的规定从重处罚。这也是本案中上诉人上诉理由不成立的理由之一。

首先，行为人实施的行为必须是违反国家食品卫生管理法规的行为。违反国家食品卫生管理法规，是指违反《食品卫生法》、《禁止食品加药卫生管理办法》、《食品营养强化剂卫生管理办法》、《新资源食品卫生管理办法》和《保健食品管理办法》等法律法规。在本案当中，犯罪分子违反的国家食品卫生管理法规，主要是《食品卫生法》的相关规定。

其次，行为人实施了掺入有毒、有害的非食品原料的行为。有毒、有害的非食品原料与食品添加剂、食品强化剂不同，其摄入人体后会对将会对人体的组织和生理机能造成破坏。合乎食品生产标准和生产工艺的食品添加剂和食品强化剂不属于有毒、有害的非食品原料。结合本案，在我国，盐酸克伦特罗（俗称"瘦肉精"）是禁止在饲料和动物饮用水中使用的药品，加工和销售使用盐酸克伦特罗饲养的动物制成的供人食用的肉制品也是我国法律严禁的行为。

再次，掺入有毒、有害的非食品原料的对象应为生产、销售的食品，即是在生产、销售的食品中掺入了有毒、有害的非食品原料，虽有掺入有毒、有害的非食品原料的行为，但是不是在自己所生产或销售的食品中，如在他人食用的食品中掺入有毒有害的非食品原料，不构成本罪，构成犯罪的，应以其他犯罪论处。

四、特许人设立时抽逃注册资本构成犯罪

特许经营企业股东抽逃出资构成抽逃出资罪

案情介绍

2003 年 5 月，张某某、景某某和范某某商议共同出资成立 A 陶瓷有限责任公司（以下简称 "A 公司"），因资金不足，张某某向殷某高息借得注册资本 1020 万元，借期五年。2003 年 6 月 23 日，该公司成立，张某某以货币出资 1020 万元占公司注册资本比例为 51%，景某某以货币出资 500 万元占公司注册资本比例为 25%，范某某以货币出资 480 万元占公司注册资本比例为 24%。张某某为该公司的法定代表人，担任该公司的执行董事兼任总经理，负责公司的实际运营。

A 公司的主要经营范围是 "A 牌" 陶瓷的生产和销售。A 公司通过建立直营示范店和招揽加盟商的方式建立起了自己的销售网络。各 "A 牌" 陶瓷销售店的设立均参照 A 公司直营示范店的经营模式，采取统一装潢、统一供货、统一宣传、统一售后服务。

2005 年 11 月 9 日，A 公司向某市城市银行订立保证担保借款合同一份，同日取得该银行贷款 1200 万元人民币，还款期限至 2006 年 10 月 30 日。该笔贷款用于 A 公司的生产设备升级和产品市场拓展。2005 年 11 月 30 日，A 公司以借款名义将贷款中的 700 万元划至张某某的个人账户。

2006 年 3 月公司进行年度审计时发现上述借款行为，公安机关介入调查，后移交检察机关提起公诉。检察机关以张某某犯抽逃出资罪向人民法院提起公诉。

在法庭上，张某某承认 A 公司将 700 万元贷款划至其个人账户的行为，但其辩称这 700 万元属于合法的财产转移，其中 400 万元是张某某个人向公

司借款，另外 300 万元是支付公司三家直营店的租赁张某某的 3 处商业用房的 2004—2005 年度租金。

法院审理

法院经审理后认定，该案的焦点问题是被告张某某是否存在抽逃 A 公司注册资金的行为。针对张某某的辩护意见，法院做如下认定：

1. 针对借款的辩护理由

根据工商企字（2002）第 180 号《国家工商行政管理总局关于股东借款是否属于抽逃出资行为问题的答复》的精神，"公司借款给股东，是公司依法享有其财产所有权的体现，股东与公司之间的这种关系属于借贷关系，合法的借贷关系受法律保护，公司对合法借出的资金依法享有相应的债权，借款的股东依法承担相应的债务。"如果 A 公司向张某某划款的行为合法的借款行为，应视为 A 公司对张某某借款人民币 400 万元，双方属正常的债权债务关系。

但是，张某某并未向法庭提供借款合同、借据等证据证明该笔划款为借款性质，在公司的财务记录里也无法显示 A 公司对张某某借款人民币 400 万元借款一事，因此张某某声称的借款理由，法院不予认可。

2. 针对支付房租的辩护理由

依据 A 公司、张某某于 2003 年 7 月 1 日签订的商业用房租用协议约定"每年每处租费计人民币 30 万元"计算，以此计算，2004—2005 年度三处商业用房租金应为 90 万元人民币，虽然被告张某某在庭审中认为超过部分为水电以及相关设施的维修费用，但是却未提供任何依据，而且数额明显超出合理范围，所以本院认为 A 公司向张某某划款人民币 300 万元人民币是交纳厂房租金及水电费和相关维修费用的观点明显不合情理及商业惯例。另外，在 A 公司的财务记录中也并无显示公司向张某支付了 2004—2005 年度的三处房产的租金，这将导致公司除此次划拨资金外，向张某某支付三处商业用房的租金。鉴于张某某为该公司的法定代表人，担任该公司的执行董事兼任总经理，负责公司的实际运营，法院有理由相信 2005 年 11 月 30 日 A 公司向张某某划款 700 万元人民币中的 300 万元，并非用于交纳厂房租金，其性质应为抽逃注册资金。另查明，2005 年 11 月 30 日，张某某向殷某偿还借款 700 万元人民币。

基于上述事实和分析，法庭认定张某某作为公司股东，在取得公司注册登记后，将公司注册资本全部抽逃，数额巨大，其行为已构成抽逃出资罪，判处张某某有期徒刑×年，并处罚金人民币×××元。罚金均应于判决生效后一个月内缴纳。

案件评析

《中华人民共和国刑法》第一百五十九条规定虚假出资、抽逃出资罪：公司发起人、股东违反公司法的规定未交付货币、实物或者未转移财产权，虚假出资，或者在公司成立后又抽逃其出资，数额巨大、后果严重或者有其他严重情节的，处五年以下有期徒刑或者拘役，并处或者单处虚假出资金额或者抽逃出资金额 2% 以上 10% 以下罚金。

本罪是选择性罪名，行为人只要是违反公司法的规定，实施了虚假出资或抽逃出资，数额巨大、后果严重或者有其他严重情节时，就可构成本罪，不需虚假出资、抽逃出资同时具备。

根据我国《商业特许经营管理条例》(2007) 第三条第二款的规定"企业以外的其他单位和个人不得作为特许人从事特许经营活动"。我国现行法律并无对"企业"概念的认定，一般认为，特许经营活动中的作为主体的"企业"包括股份有限公司、有限责任公司、合伙企业、股份合作企业和个人独资企业。因此，特许经营主体在企业治理过程当中，也有可能触犯我国刑法，构成第三章第三节"妨害对公司、企业的管理秩序罪"中的各项罪名。本案即是有限责任公司股东抽逃注册资本构成抽逃出资罪的典型案例。以下将从抽逃出资罪的构成要件进行分析，主要在犯罪客体中分析抽逃出资行为的认定。

1. 犯罪客体

本罪的犯罪客体是国家的工商管理制度以及债权人、其他发起人、股东的合法权益。

2. 犯罪主体

本罪主体是特殊主体，即公司发起人或者股东。在本案当中，由于经营主体是有限责任公司，不存在发起人的问题，因此本案的犯罪主体就只能是股东。

3. 主观要件

抽逃出资的主观方面只能由故意构成。虚假出资可能还存在着因为过失造成出资不实的情况，例如对非货币出资的评估出现一些误差造成的虚假出资等。但是抽逃出资的案件中，则不会存在此种情况，犯罪主体必然是出于故意进行的抽逃出资的行为。

4. 客观要件

本罪在客观方面表现为在公司成立后又抽逃其出资，数额巨大、后果严重或者有其他严重情节的行为。有限责任公司的股东在公司成立后，抽逃其出资的行为是《公司法》第二百零九条所明令禁止的行为。所谓抽逃出资应包括以下三个要件：一是公司已有效成立；二是抽逃出资的直接责任主体仅限于公司发起人、股东和直接认购增资而成为股东者；三是股东已出资并构成公司注册资本的一部分。

实践中，抽逃出资的表现形式多种多样，并且新的抽逃出资的形式也在不断产生。经学者总结，主要由以下几种：1. 利用股东地位，特别是经营关系和控股关系，强行从公司账上或走资金或者将实物转走。2. 股东伪造虚假交易，将资金转入个人账户后，既不交易又不返还价款。3. 利用关联交易和关联投资，形成许多"空壳公司"。4. 违反《公司法》第一百六十七条的规定，在公司弥补亏损和提取法定公积金之前，或者制造虚假财务报表，以分配利润的名义提走资金。5. 公司从股东购回股本后股东仍持有该部分股票的情形等。

本案采取的主要方式是利用公司向借款的手段抽逃出资，这也是经常出现的抽逃出资的情形之一。借款和抽逃出资的区别其实是非常明显的：股东抽逃其出资后，通常不会返还，却仍然享有股东权利；而向公司借款行为是股东经法定程序，办理合法手续后从公司借走资金，并按期还本付息的行为。在认定是否以借款的名义抽逃出资时，可综合衡量股东取得的资产占其出资比率、有无还款期限、是否履行内部程序、该股东有无控制地位、财务记录是否显示该事项等多种因素进行综合考虑。在本案中，法院认定股东向公司借款，必须提供借款合同、借据等证明其借款性质，否则即可认定为抽逃出资。

"数额巨大、后果严重或者有其他严重情节"是划清本罪与非罪的主要界限。《最高人民检察院公安部关于公安机关管辖的刑事案件立案追诉标准的规定（二）》（2010）第四条规定了针对抽逃出资行为的立案标准：

公司发起人、股东违反公司法的规定……在公司成立后又抽逃其出资，涉嫌下列情形之一的，应予立案追诉：

……

（二）有限责任公司股东抽逃出资数额在 30 万元以上并占其实缴出资数额 60％以上的，股份有限公司发起人、股东抽逃出资数额在 300 万元以上并占其实缴出资数额 30％以上的；

（三）造成公司、股东、债权人的直接经济损失累计数额在 10 万元以上的；

（四）虽未达到上述数额标准，但具有下列情形之一的：

1. 致使公司资不抵债或者无法正常经营的；

2. 公司发起人、股东合谋……抽逃出资的；

3. 两年内因虚假出资、抽逃出资受过行政处罚两次以上，又虚假出资、抽逃出资的；

4. 利用……抽逃出资所得资金进行违法活动的。

（五）其他后果严重或者有其他严重情节的情形。

五、特许人弄虚作假偷逃税款构成犯罪

特许人偷逃税款构成逃税罪

案情介绍

2000 年，A 有限责任公司注册成立，专业生产和销售婴儿用品，包括服装、玩具和早教用品。并就其商品注册"A牌"商标。张某是该公司的法定代表人兼经理，全面负责公司经营管理。

2001年，A公司开始在各地建立起自己的销售网络，先后与几十家加盟商签订《A品牌特许经营权区域代理合同》，约定：1. A公司特许加盟商在其所在城市代理A品牌特许经营权；2. 加盟商向A公司缴纳特许经营权区域代理费、A品牌特许经营权区域代理合同保证金等费用；3. A公司向各加盟店统一提供"A牌"婴儿用品，包括服装、玩具和早教用品；4. 各加盟店需采用公司统一的店面装修和营销模式。

2001年2月至2010年10月，A公司共生产婴儿服装30万套、婴儿玩具40万件以及早教用品20万件。A公司对上述每类产品产量的70%进行入账登记，对其于的30%的产品不登记入库，另做记录。其在各地的直营店的销售人员可以通过打白条的方式领走相应比例的未登记入库的产品。

与此同时，A公司建立起加盟商分级制度，根据销售业绩对加盟商进行相应的分级，级数越高的加盟商会享有公司规定的更为优惠的经营政策。2008年，公司与十家业绩最优加盟商私下订立协议，协议约定自2008年3月始，十家加盟商从A公司进货时享有"顶级优惠政策"，即A公司向十家加盟商配送一定比例的内部价格产品，其价格低于同类的其他产品，各加盟商通过A公司发放的"内部提货单"进行购买。后来事实证明，所谓"内部价格产品"即属于A公司未登记入库的30%的产品中的一部分。

2010年10月，接群众举报，公安机关对此立案侦查，后转交检察机关提起公诉。检察院以被告A公司及被告人张某犯逃税罪向法院提起公诉。

法院审理

法院审理查明，2001年2月至2010年10月，A公司共生产婴儿服装30万套、婴儿玩具40万件以及早教用品20万件，其中婴儿服装9万套、婴儿玩具12万件和早教用品6万件既没有向A公司登记入库，亦未向国税部门申报纳税，但是却通过其直营店和其选中的加盟店进行销售，销售金额450余万元，销售额也并未在公司登记入账，致A公司偷逃增值税税款人民币65万余元，占同期应纳税款额的 30％。

法院认为：被告 A 公司及其直接责任人王某为企业获取非法利益，违反税收法规，采用生产的产品不入账，用白条出库，收款不入账的手段，通过其直营店和选中的特许加盟店销售上述产品。A 公司的行为破坏了税收征管制度，扰乱了社会市场经济秩序，均已构成逃税罪，应予惩处。人民检察院指控被告 A 公司、被告人张某犯逃税罪的事实清楚，证据充分，指控的罪名成立。依照《中华人民共和国刑法》（1997）和《最高人民法院关于审理偷税抗税刑事案件具体应用法律若干问题的解释》（2002）相关条款的规定，判决：1. 被告单位 A 公司犯逃税罪，判处罚金人民币×××元；2. 被告张某犯逃税罪，判处有期徒刑×年，缓刑三年，并处罚金×××元。

案件评析

税收制度是一个国家财政制度的主要内容和基本形式，是调节经济的重要杠杆，是国家进行宏观调控的重要手段保证国家实现其服务职能。偷逃税款情节严重的，就有可能构成刑事犯罪，本案即是一起典型的纳税人偷逃税款构成"逃税罪"的案例。

《中华人民共和国刑法》第二百零一条规定了逃税罪：纳税人采取伪造、变造、隐匿、擅自销毁账簿、记账凭证，在账簿上多列支出或者不列、少列收入，经税务机关通知申报而拒不申报或者进行虚假的纳税申报的手段，不缴或者少缴应纳税款，偷税数额占应纳税额的 10％以上不满 30％并且偷税数额在 1 万元以上不满 10 万元的，或者因偷税被税务机关给予两次行政处罚又偷税的，处三年以下有期徒刑或者拘役，并处偷税数额一倍以上五倍以下罚金；偷税数额占应纳税额的 30％以上并且偷税数额在 10 万元以上的，处三年以上七年以下有期徒刑，并处偷税数额一倍以上五倍以下罚金。

扣缴义务人采取前款所列手段，不缴或者少缴已扣、已收税款，数额占应缴税额的 10％以上并且数额在 1 万元以上的，依照前款的规定处罚。

对多次犯有前两款行为，未经处理的，按照累计数额计算。

有第一款行为，经税务机关依法下达追缴通知后，补缴应纳税款，缴纳滞纳金，已受行政处罚的，不予追究刑事责任；但是，五年内因逃避缴纳税款受过刑事处罚或者被税务机关给予两次以上行政处罚的除外。

本罪的主体是特殊主体。既包括负有纳税义务的个人，也包括负有纳税义务的国有、集体、私有企事业单位以及外资企业、中外资企业等法人或单位，而且还包括扣缴义务人，即依照法律或行政法规规定负有代扣代缴、代收代缴税款义务的单位和个人。根据《中华人民共和国》（1997）第二百一十一条的规定，单位犯逃税罪的，对单位判处罚金，并对其直接负责的主管人员和其他直接责任人员依照逃税罪的规定处罚。

本罪在主观方面是出于直接故意，并且具有逃避缴纳应缴税款义务而非法获利的目的。如果不具有这种主观上的直接故意和非法获利的目的，比如行为人是因不懂税法或者一时疏忽而没有按时申报纳税，或者是因管理制度混乱，账目不清，人员职责不清或调动频繁因而漏报、漏缴税款的，都不构成偷税罪。

本罪侵犯的客体是国家的税收管理制度，税收管理制度是国家各种税收和税款征收办法的总称，包括征收对象、税率、纳税期限、征收管理体制等内容，任何应税产品不纳税，不按规定的税率、纳税期限纳税以及违反税收管理体制等行为，都是对我国税收管理制度的侵犯。

本罪在客观方面表现为违反国家税收法规，采取伪造、变造、隐匿、擅自销毁账簿、记账凭证，在账簿上多列支出或者不列、少列收入，经税务机关通知申报而拒不申报或者进行虚假的纳税申报的手段，不缴或者少缴应缴纳的税款，情节严重的行为。具体包括以下几种行为：1. 伪造账簿、记账凭证。行为人为了偷税而编造出假凭证、假账簿、无中生有。2. 变造账簿和记账凭证。行为人把已有的真实账簿和凭证进行篡改、合并或删除，以此充彼、以少充多或以多充少，或者账外设账、账外经营、真假并存，从而使人对其经营数额和应税项目产生误解，达到不缴或少缴税款的目的。3. 建立账外账。纳税人建置真假两本账，真账自己使用，却把假账当作真账交给税务人员检查，作为纳税依据。4. 多行开户、隐瞒收入。有的纳税人在多个银行开户，同时使用，却只向税务机关提供一个，将大量的实际收入隐瞒起来。5. 假借发票、偷漏税款，包括"大头小尾"发票、人为涂改发票、代开发票、使用外地发票、不开发票、买卖假发票。6. 销毁、隐匿账簿。7. 多列支出、少列收入。8. 虚假纳税申报，包括虚报生产盈亏状况、虚报生产规模、虚报应税项目、虚报真实收入、虚报职工人数等。9. 钻国家税务扶持政策的空子，以种种手段骗取减税、免税，已达到其偷逃税款的目的。

偷税罪是结果犯，它必须达到法定结果才能成立。根据《中华人民共和国刑法》(1997) 第二百一十一条和《最高人民法院关于审理偷税抗税刑事案件具体应用法律若干问题的解释》(2002) 第一条的规定，逃税罪的法定结果有两个：其一，偷税数额达 1 万元以上，且占应纳税额的 10%；其二，行为人因偷税受到两次行政处罚。行为人只要具备其中一点，即可构成偷税罪。

第一，我国刑法针对逃税罪的规定采取了"数额加比例"的标准，要求行为人既要达到"1 万元"这一绝对数额标准，又要达到"10%"这一相对比例标准。

第二，所要求的"两次行政处罚"标准是一项富有特色的规定。《中华人民共和国税收征收管理法》(2001) 第四十条规定，行为人实施了偷税行为，但却未达到"1 万元"及"10%"这一双项标准，即不构成偷税罪，可由税务机关对该行为人处以偷税数额五倍以下的罚款。在司法实践中，有些纳税人经常偷逃纳税款，但是每次都未达到刑法规定的定罪标准，以此来逃避刑法制裁。"两次行政处罚"的规定实际是弥补法律漏洞的手段，给偷税人划了一条"事不过三"的定罪界限，只要行为人曾因偷税受到过两次行政处罚，再实施新的偷税行为时，不管数额是否达到"数额加比例"标准，都可以认定为偷税罪。

六、被告人利用特许经营合同集资诈骗构成犯罪

冯某某集资诈骗案

案情介绍

2005 年 7 月，被告人冯某某出资成立 A 生态农业有限责任公司，先后招

聘数百名业务员，进行培训，打着 S 市关于推进农村土地承包经营权流转意见以及 K 县发展计划局关于建设项目立项登记通知的旗号，从 2005 年 11 月开始，采取散发邀请函、宣传单，主动登门及电话联系等手段，邀请广大群众去参观蔬菜种植基地，并大肆吹嘘公司实力、前景，鼓动群众与公司签订特许经营合同，又称加盟合同。合同约定，被特许人即加盟人应一次性向 A 公司交纳保证金 2 万元，种子采购费以及各项培训费 1.5 万元。经鉴定确认，A 公司从成立至 2006 年 6 月 19 日，先后与被害人沈某某等 861 人签订合同，非法集资 2021.344 万元，所得款项大部分被挥霍。

法院审理

S 中级人民法院经审理查明：被告人冯某某，原系 A 科技开发有限公司董事长、法定代表人，曾因犯诈骗罪、脱逃罪被判处有期徒刑。2005 年 7 月至 2006 年 6 月，冯某某以高额回报为诱饵，夸大、虚假宣传 A 公司蔬菜种植基地的经营状况，在安徽、河南、河北、山东、江西、江苏、北京等 7 省市 116 县区，以 A 公司的名义先后与 861 人（次）签订《特许种植合同书》，非法集资人民币 2021.344 万余元，所得款项绝大部分被冯某某用于个人购车、购置房产、挥霍、转移隐匿以及支付先前集资的本息、发放高额集资业务奖励及业务提成等。至案发时止，尚有集资款人民币 1000 余万元无法归还，并导致一名被害人自杀。

S 中级人民法院以集资诈骗罪判处被告人冯某某死刑，剥夺政治权利终身，并处没收个人全部财产。宣判后，冯某某不服，提出上诉。S 高级人民法院经开庭审理，依法驳回冯某某的上诉，维持原判，并依法报请最高人民法院核准。

最高人民法院经复核认为，被告人冯某某以非法占有为目的，伙同他人采取虚构资金用途方式骗取他人钱财，其行为已构成集资诈骗罪，且诈骗数额特别巨大，给人民群众利益造成特别重大损失。冯某某策划、指挥集资诈骗活动，系主犯，并系累犯，犯罪情节特别恶劣，罪行极其严重，依法应予严惩。因此，依法核准 P 高级人民法院维持第一审对被告人冯某某以集资诈骗罪判处死刑，剥夺政治权利终身，并处没收个人全部财产的刑事裁定。

案件评析

应以集资诈骗罪还是以合同诈骗罪定罪量刑，是本案的关键性问题。

集资诈骗罪，是指以非法占有为目的，使用诈骗方法非法集资，数额较大的行为。其构成要件是：1. 本罪侵犯的客体是国家的金融管理制度和公私财产的所有权。2. 客观方面表现为使用诈骗方法非法集资，数额较大的行为。"使用诈骗方法"是指行为人采取虚构集资用途，以虚假的证明文件和高回报率为诱饵，骗取集资款的一种手段。"非法集资"是指法人、其他组织或者个人，未经有权机关批准，向社会公众募集资金的行为。3. 犯罪主体是一般主体，自然人和单位都可以构成本罪的主体。4. 主观方面由直接故意构成，并且具有非法占有集资款的目的。即犯罪行为人在主观上具有将非法聚集的资金据为己有的目的。所谓据为己有，既包括将非法募集的资金置于非法集资的个人控制之下，也包括将非法募集的资金置于本单位的控制之下。间接故意和过失不构成本罪。

合同诈骗罪，是指以非法占有为目的，在签订、履行合同过程中，骗取对方当事人财物，数额较大的行为。该罪的构成要件是：1. 本罪侵犯的客体是经济合同管理秩序和公私财物的所有权。"合同"主要是指经济合同。2. 客观方面表现为在签发合同过程中，骗取对方当事人财物，数额较大的行为。主要包括以下五种行为：A. 以虚构的单位或者冒用他人的名义签订合同的。B. 以伪造、变造作废的票据或者其他虚假的产权证明作担保的。C. 没有实际履行能力，以先履行小额合同或者部分履行合同的方法，诱骗对方当事人继续签订和履行合同的。D. 收受对方当事人给付的货物、货款、预付款或者担保财产后逃匿的。E. 以其他方法骗取对方当事人财物的。3. 犯罪主体为一般主体，个人和单位均可构成本罪的主体。4. 主观方面由故意构成，并且具有非法占有公私财物的目的。

集资诈骗罪与合同诈骗罪均是以非法占有为目的，骗取他人财物的行为。两者的区别在于：

1. 犯罪客体不同：前者侵犯的是国家金融管理制度和公私财产的所有权。该犯罪行为不但严重侵害了社会公众的利益，特别是损害了投资者的切身利益，而且扰乱了国家的金融秩序，直接影响到社会的稳定。后者侵犯的是公私财产的所有权和市场秩序，该犯罪行为在侵害他人财产权益的同时，也侵害了经济合同管理秩序，扰乱的是我国市场经济秩序。

2. 犯罪的对象不同：前者是行为人使用诈骗方法非法向社会公众募集资金的行为，其侵害的对象是不特定的群体，严重侵害了社会公众的利益，特别是损害了投资者的切身利益。而合同诈骗罪是行为人在合同签订、履行过程中，骗取对方当事人财物的行为，其侵害的对象是相对特定的人。

综上，本案中被告冯某某以非法占有为目的，采用特许经营合同的形式以高回报率为诱饵向不特定的人进行非法集资，数额较大，符合集资诈骗罪的构成要件。

特许经营作为一种新的商业模式在我国加工及服务业中迅猛发展，但目前，相关的法律法规有待进一步完善，再加上目前一些人急于想通过少量投资进行自主创业，使得特许经营中的"委托加盟"被一些不法分子利用，进行非法集资。而受害者主要是有一定积蓄的社会中下层人士，以下岗职工、打工者、老人居多，数量大、影响恶劣。

第一，工商部门应建立全方位的广告监控，随时掌握特许加盟企业的动态。广告是特许加盟业的生命线，大多数加盟者主要通过广告获悉特许经营信息。各级工商部门应在各自辖区内建立广告监控网络，加强内部信息沟通，及时将有关信息反映到特许加盟企业注册地，使特许加盟企业的活动处于有效监督之下。广告监控要覆盖报纸、电视、杂志、网络、邮寄、传单等常用的媒体形式。

第二，对特许加盟公司实施主动的信誉监察。各级工商部门应对辖区内的特许加盟企业实施主动的信誉监察，尤其是要重点监察新成立的特许加盟企业。可以着重监察公司的实际资产状况、所推广项目的经营历史和经营业绩、在所推广项目上的专业资历、广告宣传的诚实度等。如发现可疑问题，应及时向投资者发出警示。

第三，对特许经营企业的推广项目进行效益评估。用低成本、高利润的口号吸引加盟者是特许经营企业最常用的手段。各级工商部门有必要建立一个审查制度，委托行业专家对特许加盟企业所推广的项目进行效益评估，对严重不实的项目宣传要及早采取措施：夸大其词的要加以制裁、严令整改；涉嫌诈骗的要立即通报司法机关，并第一时间采取相应措施保全投资人的利益。

七、非法吸收公众存款　两案犯被判处缓刑

M 公司上海分公司非法吸收公众存款罪

案情介绍

2009 年 10 月 15 日，上海市某区警方接到市民武某、应某的子女报案称，他们父母将退休后的积蓄，以加盟广东 M 保健品连锁经营管理有限公司上海分公司（以下简称"M 公司上海分公司"）的名义存入该公司，以人民币 1 万元为单位，分定期 18 个月和 24 个月两种还本付息，每月利息 1.8%，年息为 21.6%，每季度付息一次。因父母年事已高，风险意识较差，经不起大大高于银行存款利息的诱惑，将毕生积蓄投入该公司。

接报后，警方调查发现常有一些中老年人进入该公司，被业务员一对一的"培训"，甚至有业务员陪同老人回家或银行取款，符合非法吸收公众存款的特征，如不加以查处，加盟客户发展到一定规模后，因融资成本高，资金链极易断裂。而该公司近两年的财务报表均为亏损，该公司银行账户上未有大量资金进出，资金去向不明，若资金链一旦断裂，必将引发群体性的社会不稳定事件。

2010 年 3 月 23 日，在掌握大量确凿证据情况下，警方适时对该分公司负责人黄某、公司出纳肖某依法传唤，并当场查获了涉及非法吸收资金的大量名单和支付利息凭据等资料，有效锁定了犯罪证据。2010 年 6 月 12 日，检察机关以 M 公司上海分公司、黄某和肖某非法吸收公共存款罪，向上海市某区

法院提出起诉。

法院审理

法院审理认为，本案被告人变相吸收公众存款，扰乱了国家金融秩序，且涉案金额巨大。鉴于在公安机关调查时，均能主动交代犯罪事实，系自首，有认罪悔罪的表现，涉案赃款均已被追回，弥补了被害人的经济损失。遂法院于 2010 年 6 月下旬，一审以非法吸收公众存款罪，判处 M 公司上海分公司罚金人民币 18 万元；黄某被判处有期徒刑两年，缓刑两年，并处罚金人民币 2 万元；肖某被判处有期徒刑一年，缓刑一年，并处罚金人民币 2 万元。

案件评析

我国《刑法》第一百七十六条对非法吸收公众存款罪进行了相应的量刑规定，但法律并未对什么是非法吸收公众存款、变相吸收公众存款作出明确具体的规定，而非法吸收公众存款行为中的民事法律关系和刑事法律关系交织在一起，使得罪与非罪界限比较模糊，难以界定。按照通常理解，《刑法》第一百七十六条所规定的非法吸收公众存款罪是指违反国家金融管理法规非法吸收公众存款或变相吸收公众存款，扰乱金融秩序的行为。该罪主体可以是一般自然人，也可以是单位。犯罪对象是公众存款，所谓存款是指存款人将资金存入银行或者其他金融机构，银行或者其他金融机构向存款人支付利息的一种经济活动；所谓公众存款是指存款人是不特定的群体。而该罪侵犯的客体，是国家的金融管理制度。其行为方式主要表现为三大类：一是以非法提高存款利率的方式吸收存款；二是以变相提高利率的方式吸收存款；三是依法无资格从事吸收公众存款业务的单位非法吸收公众存款，扰乱金融秩序的行为。客观表现为未经中国人民银行批准，向社会不特定对象吸收资金，或者不以吸收公众存款的名义，出具凭证，承诺在一定期限内还本付息，扰乱金融秩序的行为。

本案中，M 公司上海分公司以加盟该公司进行投资的名义向受害人非法吸收存款，并规定以人民币 1 万元为单位，分定期 18 个月和 24 个月两种还本付息、每月利息 1.8%、年息 21.6%、每季度付息一次的方式进行集资，其行为符合非法吸收公众存款罪的犯罪构成要件，即未经中国人民银行的批准，没有从事吸收公众存款业务的资格向社会不特定的对象吸收资金，并承诺在一定期限内还本付息，扰乱社会的金融秩序，因此，法院根据《刑法》第一百七十六条的规定进行判决是正确的。

八、特许人加盟销售实为非法传销案

李某某犯传销罪

案情介绍

2009 年 7 月，李某某与他人在 A 市宛城区 S 社区成立 "天津某某生物有限公司销售团队"，是团队大主任，称缴纳费用获得加入其销售团队资格，成为其加盟主，推销产品还能挣钱，发展下线还能从中提取下线奖金，奖金不封顶等。短短 4 个月时间，该非法团队人数发展至 100 多人，并从中牟利 150 余万元。

2008 年 1 月，A 市宛城区人民检察院提起公诉，指控被告人李×× 伙同他人在 A 市宛城区 S 社区成立 "天津某某物有限公司销售团队"，任该团队大主任，以推销产品能挣钱为名，引诱他人参加，缴纳费用获得加入销售团队资格，并胁迫参加者继续发展下线，从中骗取财物，扰乱社会经济秩序。其先后组织、领导 100 余人，以发展下线收取加盟费的方式进行非法传销活动，从中牟利 150 余万元，其行为已构成非法组织、领导传销活动罪。

被告人李某某对指控罪名无异议，辩称自己不是大主任，没有从中牟利。

法院审理

法院认为：被告人李某某非法组织、领导传销活动，以推销产品能挣钱为名，引诱他人参加，缴纳费用获得加入销售团队资格，并胁迫参加者继续发展下线，从中骗取财物，扰乱社会经济秩序，其行为已构成非法组织、领导传销活动罪，公诉机关指控罪名成立。被告人李某某在庭审中拒不供认自己组织、领导传销活动，牟取非法利益，但有龙某某等多人的证人证言和侦查机关调取李某某的笔记本等相关书证相佐证，证实李某某组织、领导传销组织，牟取非法利益的事实。被告人李某某的辩解意见不予采纳。故依照《中华人民共和国刑法》第二百二十四条之规定，判决如下：被告人李某某犯组织、领导传销活动罪，判处有期徒刑三年，并处罚金 15 万元。

案件评析

本案焦点是被告人李某某是否构成组织、领导传销活动罪。

《中华人民共和国刑法修正案（七）》第四条在刑法第二百二十四条后增加一条，作为第二百二十四条之一："组织、领导以推销商品、提供服务等经营活动为名，要求参加者以缴纳费用或者购买商品、服务等方式获得加入资格，并按照一定顺序组成层级，直接或者间接以发展人员的数量作为计酬或者返利依据，引诱、胁迫参加者继续发展他人参加，骗取财物，扰乱经济社会秩序的传销活动的，处五年以下有期徒刑或者拘役，并处罚金；情节严重的，处五年以上有期徒刑，并处罚金。"组织、领导传销罪的罪名直接针对传销行为的组织和领导者，可将罪名暂定为组织、领导传销罪。

刑法修正案对传销行为的规制，由非法经营罪一个罪名的单轨制变成了由非法经营罪和组织、领导传销罪两个罪名的双轨制。对传销经营活动的组织、领导者以《刑法》第二百二十四条之一处罚，对于其他传销经营者以《刑法》第二百二十五条对其进行处罚。

而我国《刑法》第二百二十五条对于非法经营罪做了规定：违反国家规定，有下列非法经营行为之一，扰乱市场秩序，情节严重的，处五年以下有期徒刑或者拘役，并处或者单处违法所得一倍以上五倍以下罚金；情节特别严重的，处五年以上有期徒刑，并处违法所得一倍以上五倍以下罚金或者没收财产：1. 未经许可经营法律、行政法规规定的专营、专卖物品或者其他限制买卖的物品的；2. 买卖进出口许可证、进出口原产地证明以及其他法律、行政法规规定的经营许可证或者批准文件的；3. 其他严重扰乱市场秩序的非法经营行为。

本案被告人李某某在庭审中拒不供认自己组织、领导传销活动，牟取非法利益没有证据加以证明，而龙某某等多人的证言和侦查机关调取李某某的笔记本等相关书证相佐证，证实李某某组织、领导传销组织，牟取非法利益的事实，所以被告人李某某构成组织、领导传销组织罪。

九、"量子营销"模式的犯罪活动

非法吸收公众存款案

案情介绍

2004 年 9 月，梁某某与他人合资成立上海某某生物科技有限公司（以下简称"某某公司"），公司经营范围包括生物专业领域等。2006 年 2 月，某某公司转让 25% 股份给时任公司代理商的被告人陈某，被告人陈某开始参与负责公司经营，但公司一直处于负债经营的状况。2007 年 8 月，被告人陈某身为公司具体经营人之一，与被告人刘某某、朱某某（另案处理）商定某某公司实行"量子营销"经营模式，并经刘某某、朱某某介绍聘用被告人童某来参与负责执行"量子营销"模式，其后某某公司聘用被告人童某、刘某某分别担任该公司事业一部总经理、招商总监，共同对外招商并推广公司产品基因能量液，同时约定两人享有"业绩提成"。其后，三被告人将"量子营销"经营模式实质化为融集公司运转资金的手段，在某某公司等地，以该公司的名义，分别与严某某、邱某某、周某某、程某某、胡某某等 15 名浙江温州、金华籍加盟商签订加盟店合作协议，向上述加盟商承诺数月后即可收回投资款并能获取高额的投资回报。同时，要求加盟商另行投入资金参与公司摇奖活动，许诺三个月内保本付息，除保证本金返还以外，中奖有 30% 的收益，不中奖有最低 5% 的收益。2007 年 11 月，某某公司在被告人陈某和童某的组织，被告人刘某某的参与下，主办了专场创业项目推荐会。通过该推荐会，童某在某某公司内，以承诺数月后即可收回投资款并能获取高额的投资回报的相同方式，先后与黄某某、李某某、伊某某签订加盟店合作协议，非法吸收上述人员的加盟费 15 万元、投资款 65 万余元人民币以上，某某公司共计非法吸收投资款 280 余万元，另有加盟款数十万元。经营期间，被告人陈某某、童某某、刘某某等人先后将吸收款项用于返还上述加盟商的投资款、兑现高额回报、支付公司债务、支付业绩提成、用于公司运转开支，至案发前造成上述投资人共计 150 余万元的损失，公司资金链断裂，无法继续经营。童某在案发后携款潜逃，后自首归案。××人民检察院以沪长检刑诉〔2008〕382 号起诉书指控被告单位上海某某生物科技有限公司、被告人陈某、童某、刘某某犯非法吸收公众存款罪，于 2009 年 2 月 10 日向法院提起公诉。

被告人陈某某对起诉书指控的犯罪事实予以否认，认为自己不构成犯罪。被告人童某某、刘某某对起诉书指控没有异议。

法院审理

法院审理查明被告单位上海某某生物科技有限公司、被告人陈某、童某、刘某某通过执行"量子营销"模式和摇奖活动非法吸收公众存款 280 余万元，给受害人造成 150 万元的损失是事实，法院认为，被告单位上海某某生物科技有限公司变相吸收公众存款，扰乱金融秩序，其行为已构成非法吸收公众存款罪，被告人陈某系单位直接负责的主管人员，被告人童某、刘某某系直接责任人员，对此应当承担刑事责任，依法应予惩处。公诉机关的指控，事实清楚，定性正确。为维护金融管理秩序，保护公私财产权利不受侵犯，依照《中华人民共和国刑法》第一百七十六条、第三十条、第三十一条、第六十五条第一款、第六十七条第一款、第五十三条、第六十四条之规定，判决如下：

一、被告单位上海某某生物科技有限公司犯非法吸收公众存款罪，判处罚金人民币 3 万元。

二、被告人陈某犯非法吸收公众存款罪，判处有期徒刑二年六个月，并处罚金人民币 2.5 万元。

三、被告人童某犯非法吸收公众存款罪，判处有期徒刑二年六个月，并处罚金人民币 2.5 万元。

四、被告人刘某某犯非法吸收公众存款罪，判处有期徒刑二年，并处罚金人民币 2 万元。

五、违法所得予以追缴。

案件评析

本案是被告人假以特许经营为幌子，行诈骗之实。

我国《刑法》第一百七十六条对非法吸收公众存款罪进行了相应的量刑规定，但法律并未对什么是非法吸收公众存款、变相吸收公众存款作出明确具体的规定，而非法吸收公众存款行为中的民事法律关系和刑事法律关系交织在一起，使得罪与非罪界限比较模糊，难以界定。按照通常理解，《刑法》第一百七十六条所规定的非法吸收公众存款罪是指违反国家金融管理法规非法吸收公众存款或变相吸收公众存款，扰乱金融秩序的行为。该罪主体可以是一般自然人，也可以是单位。犯罪对象是公众存款，所谓存款是指存款人将资金存入银行或者其他金融机构，银行或者其他金融机构向存款人支付利息的一种经济活动；所谓公众存款是指存款人是不特定的群体。而该罪侵犯的客体，是国家的金融管理制度。其行为方式主要表现为三大类：一是以非法提高存款利率的方式吸收存款；二是以变相提高利率的方式吸收存款；三是依法无资格从事吸收公众存款业务的单位非法吸收公众存款，扰乱金融秩序的行为。客观表现为未经中国人民银行批准，向社会不特定对象吸收资金，或者以吸收公众存款的名义，出具凭证，承诺在一定期限内还本付息，扰乱金融秩序的行为。

本案中，被告人商定上海某某公司初始实行"量子营销"经营模式，后三被告人将"量子营销"经营模式实质化为融集公司运转资金的手段，骗取与加盟商签订合同，收取加盟费，并向加盟商承诺数月后即可收回投资款并能获取高额的投资回报。同时，要求加盟商另行投入资金参与公司摇奖活动，许诺三个月内保本付息，除保证本金返还以外，中奖有 30% 的收益，不中奖有最低 5% 的收益，非法吸收公众存款高达 280 余万元。从前述行为可知，被告人是不具有从事吸收公众存款业务的单位，却大肆向不特定的公众融集资金，并承诺在一定期限内还本付息，严重扰乱了金融秩序。

第四部分 商业特许经营法律法规汇编

第一章　商业特许经营专门法
法规、部门规章

一、商业特许经营管理条例

中华人民共和国国务院令第 485 号

《商业特许经营管理条例》已于 2007 年 1 月 31 日国务院第 167 次常务会议通过，现予以公布，自 2007 年 5 月 1 日起施行。

总理：温家宝
二〇〇七年二月六日

商业特许经营管理条例

第一章　总　　则

第一条　为规范商业特许经营活动，促进商业特许经营健康、有序发展，维护市场秩序，制定本条例。

第二条　在中华人民共和国境内从事商业特许经营活动，应当遵守本条例。

第三条　本条例所称商业特许经营（以下简称"特许经营"），是指拥有注册商标、企业标志、专利、专有技术等经营资源的企业（以下称"特许人"），以合同形式将其拥有的经营资源许可其他经营者（以下称"被特许人"）使用，被特许人按照合同约定在统一的经营模式下开展经营，并向特许人支付特许经营费用的经营活动。

企业以外的其他单位和个人不得作为特许人从事特许经营活动。

第四条　从事特许经营活动，应当遵循自愿、公平、诚实信用的原则。

第五条　国务院商务主管部门依照本条例规定，负责对全国范围内的特许经营活动实施监督管理。省、自治区、直辖市人民政府商务主管部门和设区的市级人民政府商务主管部门依照本条例规定，负责对本行政区域内的特许经营活动实施监督管理。

第六条　任何单位或者个人对违反本条例规定的行为，有权向商务主管部门举报。商务主管部门接到举报后应当依法及时处理。

第二章　特许经营活动

第七条　特许人从事特许经营活动应当拥有成熟的经营模式，并具备为被特许人持续提供经营指导、技术支持和业务培训等服务的能力。

特许人从事特许经营活动应当拥有至少两个直营店，并且经营时间超过一年。

第八条　特许人应当自首次订立特许经营合同之日起十五日内，依照本条例的规定向商务主管部门备案。在省、自治区、直辖市范围内从事特许经营活动的，应当向所在地省、自治区、直辖市人民政府商务主管部门备案；跨省、自治区、直辖市范围从事特许经营活动的，应当向国务院商务主管部门备案。

特许人向商务主管部门备案，应当提交下列文件、资料：

（一）营业执照复印件或者企业登记（注册）证书复印件；

（二）特许经营合同样本；

（三）特许经营操作手册；

（四）市场计划书；

（五）表明其符合本条例第七条规定的书面承诺及相关证明材料；

（六）国务院商务主管部门规定的其他文件、资料。

特许经营的产品或者服务，依法应当经批准方可经营的，特许人还应当提交有关批准文件。

第九条　商务主管部门应当自收到特许人提交的符合本条例第八条规定的文件、资料之日起十日内予以备案，并通知特许人。特许人提交的文件、资料不完备的，商务主管部门可以要求其在七日内补充提交文件、资料。

第十条　商务主管部门应当将备案的特许人名单在政府网站上公布，并及时更新。

第十一条　从事特许经营活动，特许人和被特许人应当采用书面形式订立特许经营合同。

特许经营合同应当包括下列主要内容：

（一）特许人、被特许人的基本情况；

（二）特许经营的内容、期限；

（三）特许经营费用的种类、金额及其支付方式；

（四）经营指导、技术支持以及业务培训等服务的具体内容和提供方式；

（五）产品或者服务的质量、标准要求和保证措施；

（六）产品或者服务的促销与广告宣传；

（七）特许经营中的消费者权益保护和赔偿责任的承担；

（八）特许经营合同的变更、解除和终止；

（九）违约责任；

（十）争议的解决方式；

（十一）特许人与被特许人约定的其他事项。

第十二条　特许人和被特许人应当在特许经营合同中约定，被特许人在特许经营合同订立后一定期限内，可以单方解除合同。

第十三条 特许经营合同约定的特许经营期限应当不少于三年。但是，被特许人同意的除外。

特许人和被特许人续签特许经营合同的，不适用前款规定。

第十四条 特许人应当向被特许人提供特许经营操作手册，并按照约定的内容和方式为被特许人持续提供经营指导、技术支持、业务培训等服务。

第十五条 特许经营的产品或者服务的质量、标准应当符合法律、行政法规和国家有关规定的要求。

第十六条 特许人要求被特许人在订立特许经营合同前支付费用的，应当以书面形式向被特许人说明该部分费用的用途以及退还的条件、方式。

第十七条 特许人向被特许人收取的推广、宣传费用，应当按照合同约定的用途使用。推广、宣传费用的使用情况应当及时向被特许人披露。

特许人在推广、宣传活动中，不得有欺骗、误导的行为，其发布的广告中不得含有宣传被特许人从事特许经营活动收益的内容。

第十八条 未经特许人同意，被特许人不得向他人转让特许经营权。

被特许人不得向他人泄露或者允许他人使用其所掌握的特许人的商业秘密。

第十九条 特许人应当在每年第一季度将其上一年度订立特许经营合同的情况向商务主管部门报告。

第三章 信 息 披 露

第二十条 特许人应当依照国务院商务主管部门的规定，建立并实行完备的信息披露制度。

第二十一条 特许人应当在订立特许经营合同之日前至少三十日，以书面形式向被特许人提供本条例第二十二条规定的信息，并提供特许经营合同文本。

第二十二条 特许人应当向被特许人提供以下信息：

（一）特许人的名称、住所、法定代表人、注册资本额、经营范围以及从事特许经营活动的基本情况；

（二）特许人的注册商标、企业标志、专利、专有技术和经营模式的基本情况；

（三）特许经营费用的种类、金额和支付方式（包括是否收取保证金以及保证金的返还条件和返还方式）；

（四）向被特许人提供产品、服务、设备的价格和条件；

（五）为被特许人持续提供经营指导、技术支持、业务培训等服务的具体内容、提供方式和实施计划；

（六）对被特许人的经营活动进行指导、监督的具体办法；

（七）特许经营网点投资预算；

（八）在中国境内现有的被特许人的数量、分布地域以及经营状况评估；

（九）最近两年的经会计师事务所审计的财务会计报告摘要和审计报告摘要；

（十）最近五年内与特许经营相关的诉讼和仲裁情况；

（十一）特许人及其法定代表人是否有重大违法经营记录；

（十二）国务院商务主管部门规定的其他信息。

第二十三条　特许人向被特许人提供的信息应当真实、准确、完整，不得隐瞒有关信息，或者提供虚假信息。

特许人向被特许人提供的信息发生重大变更的，应当及时通知被特许人。

特许人隐瞒有关信息或者提供虚假信息的，被特许人可以解除特许经营合同。

第四章　法律责任

第二十四条　特许人不具备本条例第七条第二款规定的条件，从事特许经营活动的，由商务主管部门责令改正，没收违法所得，处 10 万元以上 50 万元以下的罚款，并予以公告。

企业以外的其他单位和个人作为特许人从事特许经营活动的，由商务主管部门责令停止非法经营活动，没收违法所得，并处 10 万元以上 50 万元以下的罚款。

第二十五条 特许人未依照本条例第八条的规定向商务主管部门备案的，由商务主管部门责令限期备案，处 1 万元以上 5 万元以下的罚款；逾期仍不备案的，处 5 万元以上 10 万元以下的罚款，并予以公告。

第二十六条 特许人违反本条例第十六条、第十九条规定的，由商务主管部门责令改正，可以处 1 万元以下的罚款；情节严重的，处 1 万元以上 5 万元以下的罚款，并予以公告。

第二十七条 特许人违反本条例第十七条第二款规定的，由工商行政管理部门责令改正，处 3 万元以上 10 万元以下的罚款；情节严重的，处 10 万元以上 30 万元以下的罚款，并予以公告；构成犯罪的，依法追究刑事责任。

特许人利用广告实施欺骗、误导行为的，依照广告法的有关规定予以处罚。

第二十八条 特许人违反本条例第二十一条、第二十三条规定，被特许人向商务主管部门举报并经查实的，由商务主管部门责令改正，处 1 万元以上 5 万元以下的罚款；情节严重的，处 5 万元以上 10 万元以下的罚款，并予以公告。

第二十九条 以特许经营名义骗取他人财物，构成犯罪的，依法追究刑事责任；尚不构成犯罪的，由公安机关依照《中华人民共和国治安管理处罚法》的规定予以处罚。

以特许经营名义从事传销行为的，依照《禁止传销条例》的有关规定予以处罚。

第三十条 商务主管部门的工作人员滥用职权、玩忽职守、徇私舞弊，构成犯罪的，依法追究刑事责任；尚不构成犯罪的，依法给予处分。

第五章 附 则

第三十一条 特许经营活动中涉及商标许可、专利许可的，依照有关商标、专利的法律、行政法规的规定办理。

第三十二条 有关协会组织在国务院商务主管部门指导下，依照本条例的规定制定特许经营活动规范，加强行业自律，为特许经营活动当事人提供相关服务。

第三十三条　本条例施行前已经从事特许经营活动的特许人，应当自本条例施行之日起一年内，依照本条例的规定向商务主管部门备案；逾期不备案的，依照本条例第二十五条的规定处罚。

前款规定的特许人，不适用本条例第七条第二款的规定。

第三十四条　本条例自 2007 年 5 月 1 日起施行。

二、商业特许经营备案管理办法

中华人民共和国商务部令

2011 年　第 5 号

修订后的《商业特许经营备案管理办法》已经 2011 年 11 月 7 日商务部第 56 次部务会议审议通过，现予发布，自 2012 年 2 月 1 日起施行。《商业特许经营备案管理办法》（商务部 2007 年第 15 号令）同时废止。

部　长：陈德铭

2011 年 12 月 12 日

商业特许经营备案管理办法

第一条　为加强对商业特许经营活动的管理，规范特许经营市场秩序，根据《商业特许经营管理条例》（以下简称"《条例》"）的有关规定，制定本办法。

第二条　在中华人民共和国境内（以下简称"中国境内"）从事商业特许经营活动，适用本办法。

第三条　商务部及省、自治区、直辖市人民政府商务主管部门是商业特许经营的备案机关。在省、自治区、直辖市范围内从事商业特许经营活动的，向特许人所在地省、自治区、直辖市人民政府商务主管部门备案；跨省、自治区、直辖市范围从事特许经营活动的，向商务部备案。

商业特许经营实行全国联网备案。符合《条例》规定的特许人，依据本办法规定通过商务部设立的商业特许经营信息管理系统进行备案。

第四条 商务部可以根据有关规定，将跨省、自治区、直辖市范围从事商业特许经营的备案工作委托有关省、自治区、直辖市人民政府商务主管部门完成。受委托的省、自治区、直辖市人民政府商务主管部门应当自行完成备案工作，不得再委托其他任何组织和个人备案。

受委托的省、自治区、直辖市人民政府商务主管部门未依法行使备案职责的，商务部可以直接受理特许人的备案申请。

第五条 任何单位或者个人对违反本办法规定的行为，有权向商务主管部门举报，商务主管部门应当依法处理。

第六条 申请备案的特许人应当向备案机关提交以下材料：

（一）商业特许经营基本情况。

（二）中国境内全部被特许人的店铺分布情况。

（三）特许人的市场计划书。

（四）企业法人营业执照或其他主体资格证明。

（五）与特许经营活动相关的商标权、专利权及其他经营资源的注册证书。

（六）符合《条例》第七条第二款规定的证明文件。

在 2007 年 5 月 1 日前已经从事特许经营活动的特许人在提交申请商业特许经营备案材料时不适用于上款的规定。

（七）与中国境内的被特许人订立的第一份特许经营合同。

（八）特许经营合同样本。

（九）特许经营操作手册的目录（须注明每一章节的页数和手册的总页数，对于在特许系统内部网络上提供此类手册的，须提供估计的打印页数）。

（十）国家法律法规规定经批准方可开展特许经营的产品和服务，须提交相关主管部门的批准文件。

外商投资企业应当提交《外商投资企业批准证书》，《外商投资企业批准证书》经营范围中应当包括"以特许经营方式从事商业活动"项目。

（十一）经法定代表人签字盖章的特许人承诺。

（十二）备案机关认为应当提交的其他资料。

以上文件在中华人民共和国境外形成的，需经所在国公证机关公证（附中文译本），并经中华人民共和国驻所在国使领馆认证，或者履行中华人民共和国与所在国订立的有关条约中规定的证明手续。在中国香港、澳门、台湾地区形成的，应当履行相关的证明手续。

第七条　特许人应当在与中国境内的被特许人首次订立特许经营合同之日起十五日内向备案机关申请备案。

第八条　特许人的以下备案信息有变化的，应当自变化之日起三十日内向备案机关申请变更：

（一）特许人的工商登记信息。

（二）经营资源信息。

（三）中国境内全部被特许人的店铺分布情况。

第九条　特许人应当在每年 3 月 31 日前将其上一年度订立、撤销、终止、续签的特许经营合同情况向备案机关报告。

第十条　特许人应认真填写所有备案事项的信息，并确保所填写内容真实、准确和完整。

第十一条　备案机关应当自收到特许人提交的符合本办法第六条规定的文件、资料之日起十日内予以备案，并在商业特许经营信息管理系统予以公告。

特许人提交的文件、资料不完备的，备案机关可以要求其在七日内补充提交文件、资料。备案机关在特许人材料补充齐全之日起十日内予以备案。

第十二条　已完成备案的特许人有下列行为之一的，备案机关可以撤销备案，并在商业特许经营信息管理系统予以公告：

（一）特许人注销工商登记，或因特许人违法经营，被主管登记机关吊销营业执照的。

（二）备案机关收到司法机关因为特许人违法经营而做出的关于撤销备案的司法建议书。

（三）特许人隐瞒有关信息或者提供虚假信息，造成重大影响的。

（四）特许人申请撤销备案并经备案机关同意的。

（五）其他需要撤销备案的情形。

第十三条 各省、自治区、直辖市人民政府商务主管部门应当将备案及撤销备案的情况在十日内反馈商务部。

第十四条 备案机关应当完整准确地记录和保存特许人的备案信息材料，依法为特许人保守商业秘密。

特许人所在地的（省、自治区、直辖市或设区的市级）人民政府商务主管部门可以向通过备案的特许人出具备案证明。

第十五条 公众可通过商业特许经营信息管理系统查询以下信息：

（一）特许人的企业名称及特许经营业务使用的注册商标、企业标志、专利、专有技术等经营资源。

（二）特许人的备案时间。

（三）特许人的法定经营场所地址与联系方式法定代表人姓名。

（四）中国境内全部被特许人的店铺分布情况。

第十六条 特许人未按照《条例》和本办法的规定办理备案的，由设区的市级以上商务主管部门责令限期备案，并处 1 万元以上 5 万元以下罚款；逾期仍不备案的，处 5 万元以上 10 万元以下罚款，并予以公告。

第十七条 特许人违反本办法第九条规定的，由设区的市级以上商务主管部门责令改正，可以处 1 万元以下的罚款；情节严重的，处 1 万元以上 5 万元以下的罚款，并予以公告。

第十八条 国外特许人在中国境内从事特许经营活动，按照本办法执行。中国香港、澳门特别行政区及台湾地区特许人参照本办法执行。

第十九条 相关协会组织应当依照本办法规定，加强行业自律，指导特许人依法备案。

第二十条 本办法由商务部负责解释。

第二十一条　本办法自 2012 年 2 月 1 日起施行。2007 年 5 月 1 日施行的《商业特许经营备案管理办法》（商务部 2007 年第 15 号令）同时废止。

三、商业特许经营信息披露管理办法

中华人民共和国商务部令

2012 年　第 2 号

修订后的《商业特许经营信息披露管理办法》已经 2012 年 1 月 18 日商务部第 60 次部务会议审议通过，现予发布，自 2012 年 4 月 1 日起施行。《商业特许经营信息披露管理办法》（商务部令 2007 年第 16 号）同时废止。

部　长：陈德铭

2012 年 2 月 23 日

商业特许经营信息披露管理办法

第一条　为维护特许人与被特许人双方的合法权益，根据《商业特许经营管理条例》（以下简称"《条例》"），制定本办法。

第二条　在中华人民共和国境内开展商业特许经营活动适用本办法。

第三条　本办法所称关联方，是指特许人的母公司或其自然人股东、特许人直接或间接拥有全部或多数股权的子公司、与特许人直接或间接地由同一所有人拥有全部或多数股权的公司。

第四条　特许人应当按照《条例》的规定，在订立商业特许经营合同之日前至少三十日，以书面形式向被特许人披露本办法第五条规定的信息，但特许人与被特许人以原特许合同相同条件续约的情形除外。

第五条　特许人进行信息披露应当包括以下内容：

（一）特许人及特许经营活动的基本情况。

1. 特许人名称、通讯地址、联系方式、法定代表人、总经理、注册资本额、经营范围以及现有直营店的数量、地址和联系电话。

2. 特许人从事商业特许经营活动的概况。

3. 特许人备案的基本情况。

4. 由特许人的关联方向被特许人提供产品和服务的，应当披露该关联方的基本情况。

5. 特许人或其关联方过去两年内破产或申请破产的情况。

（二）特许人拥有经营资源的基本情况。

1. 注册商标、企业标志、专利、专有技术、经营模式及其他经营资源的文字说明。

2. 经营资源的所有者是特许人关联方的，应当披露该关联方的基本信息、授权内容，同时应当说明在与该关联方的授权合同中止或提前终止的情况下，如何处理该特许体系。

3. 特许人（或其关联方）的注册商标、企业标志、专利、专有技术等与特许经营相关的经营资源涉及诉讼或仲裁的情况。

（三）特许经营费用的基本情况。

1. 特许人及代第三方收取费用的种类、金额、标准和支付方式，不能披露的，应当说明原因，收费标准不统一的，应当披露最高和最低标准，并说明原因。

2. 保证金的收取、返还条件、返还时间和返还方式。

3. 要求被特许人在订立特许经营合同前支付费用的，该部分费用的用途以及退还的条件、方式。

（四）向被特许人提供产品、服务、设备的价格、条件等情况。

1. 被特许人是否必须从特许人（或其关联方）处购买产品、服务或设备及相关的价格、条件等。

2. 被特许人是否必须从特许人指定（或批准）的供货商处购买产品、服务或设备。

3. 被特许人是否可以选择其他供货商以及供货商应具备的条件。

（五）为被特许人持续提供服务的情况。

1. 业务培训的具体内容、提供方式和实施计划，包括培训地点、方式和期限等。

2. 技术支持的具体内容、提供方式和实施计划，包括经营资源的名称、类别及产品、设施设备的种类等。

（六）对被特许人的经营活动进行指导、监督的方式和内容。

1. 经营指导的具体内容、提供方式和实施计划，包括选址、装修装潢、店面管理、广告促销、产品配置等。

2. 监督的方式和内容，被特许人应履行的义务和不履行义务的责任。

3. 特许人和被特许人对消费者投诉和赔偿的责任划分。

（七）特许经营网点投资预算情况。

1. 投资预算可以包括下列费用：加盟费；培训费；房地产和装修费用；设备、办公用品、家具等购置费；初始库存；水、电、气费；为取得执照和其他政府批准所需的费用；启动周转资金。

2. 上述费用的资料来源和估算依据。

（八）中国境内被特许人的有关情况。

1. 现有和预计被特许人的数量、分布地域、授权范围、有无独家授权区域（如有，应说明预计的具体范围）的情况。

2. 现有被特许人的经营状况，包括被特许人实际的投资额、平均销售量、成本、毛利、纯利等信息，同时应当说明上述信息的来源。

（九）最近两年的经会计师事务所或审计事务所审计的特许人财务会计报告摘要和审计报告摘要。

（十）特许人最近五年内与特许经营相关的诉讼和仲裁情况，包括案由、诉讼（仲裁）请求、管辖及结果。

（十一）特许人及其法定代表人重大违法经营记录情况。

1. 被有关行政执法部门处以 30 万元以上罚款的。

2. 被追究刑事责任的。

（十二）特许经营合同文本。

1. 特许经营合同样本。

2. 如果特许人要求被特许人与特许人（或其关联方）签订其他有关特许

经营的合同，应当同时提供此类合同样本。

第六条 特许人在推广、宣传活动中，不得有欺骗、误导的行为，发布的广告中不得含有宣传单个被特许人从事商业特许经营活动收益的内容。

第七条 特许人向被特许人披露信息前，有权要求被特许人签署保密协议。

被特许人在订立合同过程中知悉的商业秘密，无论特许经营合同是否成立，不得泄露或者不正当使用。

特许经营合同终止后，被特许人因合同关系知悉特许人商业秘密的，即使未订立合同终止后的保密协议，也应当承担保密义务。

被特许人违反本条前两款规定，泄露或者不正当使用商业秘密给特许人或者其他人造成损失的，应当承担相应的损害赔偿责任。

第八条 特许人在向被特许人进行信息披露后，被特许人应当就所获悉的信息内容向特许人出具回执说明（一式两份），由被特许人签字，一份由被特许人留存，另一份由特许人留存。

第九条 特许人隐瞒影响特许经营合同履行致使不能实现合同目的的信息或者披露虚假信息的，被特许人可以解除特许经营合同。

第十条 特许人违反本办法有关规定的，被特许人有权向商务主管部门举报，经查实的，分别依据《条例》第二十六条、第二十七条、第二十八条予以处罚。

第十一条 本办法由中华人民共和国商务部负责解释。

第十二条 本办法自2012年4月1日起施行。原《商业特许经营信息披露管理办法》（商务部令2007年第16号）同时废止。

四、关于不具备"拥有至少两个直营店并且经营时间超过一年"的特许人所签订的特许经营合同是否有效的复函

(2010) 民三他字第18号

广西壮族自治区高级人民法院：

你院（2010）桂请字第65号《关于特许人不拥有两个直营店且经营时间

超过一年特许经营合同是否有效的请示》收悉。经研究，批复如下：

2007 年 5 月 1 日起施行的《商业特许经营管理条例》第七条第二款关于"特许人从事特许经营活动应当拥有至少两个直营店，并且经营时间超过一年"的规定，属于行政法规的管理性强制性规定。特许人不具备上述条件，并不当然导致其与他人签订的特许经营合同无效。

此复

最高人民法院

二〇一〇年十一月二十四日

五、关于企业以外的其他单位和个人作为特许人所签订的特许经营合同是否有效的复函

〔2010〕民三他字第 19 号

广西壮族自治区高级人民法院：

你院（2010）桂请字第 64 号《关于特许人不具备企业资格签订特许经营合同是否有效的请示》收悉。经研究，批复如下：

2007 年 5 月 1 日起施行的《商业特许经营管理条例》第三条第二款关于"企业以外的其他单位和个人不得作为特许人从事特许经营活动"的规定，可以认定为行政法规的效力性强制性规定。企业以外的其他单位和个人作为特许人与他人签订特许经营合同，可以认定为无效。

本案中，请受诉法院注意结合特许经营资源的拥有人或者实际控制人、在商务主管部门的备案信息、经营指导、技术支持以及业务培训等服务的实际提供者、涉案合同的签字人和签约名义及签字人与特许经营资源拥有人或者实际控制人之间的法律关系等因素，准确认定涉案合同的特许人，依法妥善审理好本案。

此复

最高人民法院

二〇一〇年十一月二十四日

六、北京市高级人民法院关于审理商业特许经营合同纠纷案件适用法律若干问题的指导意见

京高法发〔2011〕49号

为妥善处理商业特许经营合同（以下简称"特许经营合同"）纠纷，统一审判标准和裁判尺度，根据《中华人民共和国民法通则》、《中华人民共和国合同法》及《商业特许经营管理条例》等法律、行政法规的相关规定，结合审判实践，特制订本意见。

第一条　商业特许经营（以下简称"特许经营"）是指拥有注册商标、企业标志、专利等经营资源的企业（以下称"特许人"），以合同形式将其拥有的经营资源许可其他经营者（以下称"被特许人"）使用，被特许人按照合同约定在统一的经营模式下开展经营，并向特许人支付特许经营费用的经营活动。特许经营的基本特征在于：

（一）特许人拥有注册商标、企业标志、专利等经营资源；

（二）被特许人根据特许人的授权在特定经营模式下使用特许人的经营资源；

（三）被特许人按照约定向特许人支付特许经营费用。

第二条　经营资源既包括注册商标、企业标志、专利，也包括字号、商业秘密、具有独特风格的整体营业形象，以及在先使用并具有一定影响的未注册商标等能够形成某种市场竞争优势的经营资源。特许人原始取得或经受让取得经营资源，或者取得包括再许可权在内的经营资源独占使用权的，可以视为拥有经营资源。

第三条　特许经营合同性质的认定应当以双方当事人约定的合同内容为主要依据，合同名称及合同中有关"本合同不属于特许经营合同"等类似约定一般不影响对特许经营合同性质的认定。合同的实际履行与合同中相应约定不一致的，该实际履行可以视为对合同相应约定的变更，并可与合同约定

的其他内容一起作为认定特许经营合同性质的依据。

第四条　合同中约定一方以另一方的分支机构或者关联公司等名义进行注册并经营，当事人据此主张该合同不属于特许经营合同的，应结合合同约定及实际履行情况等因素综合认定该合同是否属于特许经营合同。

第五条　当事人可以在特许经营合同中直接约定特许经营费用，也可以通过货款返点、盈利提成、培训费等形式约定特许经营费用。特许经营合同既约定被特许人向特许人一次性交付经营资源特许使用费，又约定被特许人按照其经营收入的一定比例等方式向特许人定期交付经营资源特许使用费的，从其约定。

第六条　从事特许经营活动，特许人和被特许人应当订立书面特许经营合同。特许人许可被特许人从事特许经营业务，但未采用书面形式的，一般不影响特许经营合同的效力。

第七条　特许人应当自首次订立特许经营合同之日起十五日内依法向商务主管部门备案。特许人未及时向商务主管部门备案的，一般不影响特许经营合同的效力。

第八条　特许人从事特许经营活动应当拥有至少两个直营店，并且经营时间均超过一年。特许经营合同不因特许人不具备前述条件而无效。特许人拥有的直营店是指特许人利用其经营资源直接从事特许经营业务的直营机构。

第九条　企业以外的其他单位和个人不得作为特许人从事特许经营活动，其签订的特许经营合同无效。

第十条　法律、行政法规明确规定特许经营的产品或者服务应当经批准方可经营，或者从事特许经营的业务需要具备其他特定条件的，特许人或被特许人为规避上述规定签订的特许经营合同无效，但特许人或被特许人在特许经营纠纷发生前已具备相关特定条件的，可以不认定为无效合同。

第十一条　经营资源具有不可续展的法定期限，或者虽具有可续展的法定期限但未依法续展，当事人约定的特许经营合同期限超过该法定期限的，超过部分的约定无效。

第十二条　经营资源被依法撤销或者宣告无效的，特许人或被特许人可以依法解除该特许经营合同。特许经营合同实际履行完毕后，当事人以相关经营资源已被依法撤销或者宣告无效为由请求解除该合同的，不予支持，但因特许人恶意造成被特许人损失的，应当承担损害赔偿等法律责任。

第十三条 特许经营合同的一方当事人未按约定履行合同致使合同根本目的难以实现的，对方当事人可以根据《中华人民共和国合同法》第九十四条、九十六条等规定解除合同。特许经营合同的根本目的是指被特许人在特许人指导下使用特许人的相关经营资源，在特定经营模式下开展特许业务。除当事人另有约定外，被特许人是否盈利不属于特许经营合同的根本目的。

第十四条 特许人在推广宣传特许经营业务过程中使用的广告或者宣传手册等资料通常应视为要约邀请，但特许人就特许经营所作的说明和承诺对特许经营合同的订立有重大影响的，亦可视为合同内容，当事人违反该说明和承诺的，应当承担违约责任。

第十五条 对特许人欺诈的认定应综合考虑特许人隐瞒的信息、提供的虚假信息或夸大的经营资源与合同目的的关联性、与真实信息的背离程度及其对特许经营合同订立和履行的影响程度等因素。特许人在订立合同过程中隐瞒、提供或者夸大直接关系到特许经营实质内容的相关信息或经营资源，足以导致被特许人签订特许经营合同的，被特许人可以请求撤销或者依法解除该特许经营合同。

第十六条 特许人在签订特许经营合同后隐瞒重大变更信息或者提供虚假信息、夸大经营资源，给被特许人从事特许经营业务造成实质影响的，被特许人可以请求撤销或者依法解除该特许经营合同。

与特许人有关的诉讼、仲裁或行政处罚可能直接影响到被特许人是否签订特许经营合同，或者可能对被特许人实现特许经营合同目的产生重大影响，但特许人隐瞒该诉讼、仲裁或行政处罚情况，或者提供虚假诉讼、仲裁或行政处罚信息的，被特许人可以依法解除该特许经营合同。

第十七条 在特许经营合同的约定期限内，一方当事人被吊销营业执照，致使其无法按照合同约定履行相应义务的，当事人可以解除该特许经营合同。

特许经营合同的当事人被吊销营业执照致使其无法按照合同约定履行相

应义务，该当事人隐瞒该信息给对方当事人造成损失的，应承担损害赔偿等法律责任。

第十八条　特许人和被特许人在特许经营合同中约定或者通过其他形式约定被特许人在特许经营合同订立后一定期限内可以单方解除合同的，从其约定。

特许人和被特许人未约定被特许人在特许经营合同订立后一定期限内可以单方解除合同的，被特许人在特许经营合同订立后的合理期限内仍可以单方解除合同，但被特许人已经实际利用经营资源的除外。

第十九条　特许经营合同因特许人的原因未成立、未生效、无效、解除或撤销，或者因被特许人的原因终止履行，被特许人请求返还已经支付的特许经营费用的，应当综合考虑合同的订立和履行情况、实际经营期限、双方当事人的过错程度等因素合理确定返还的数额、比例或方式。

第二十条　特许经营合同已经履行完毕，或者虽未履行完毕但合同约定的返还条件成就的，特许人应当及时向被特许人返还押金、保证金，但该押金、保证金已经充抵特许经营费用或被特许人其他债务的除外。

因特许人的原因致使合同未成立或无效、撤销或者解除的，或者被特许人对特许经营合同未成立、无效、撤销或者解除无过错的，特许人应当向被特许人返还押金、保证金。特许人和被特许人明确约定押金、保证金系定金的，可以适用《中华人民共和国合同法》等相关法律、行政法规的规定。

第二十一条　特许经营合同未成立、未生效、无效、解除或撤销的，除当事人另有约定外，被特许人应停止使用特许人许可其使用的相关经营资源，特许人亦可请求被特许人返还或销毁与经营资源有关的授权书、特许使用证明、特许商业标志、技术资料、牌匾等文件或材料。

被特许人不能返还上述文件或材料的，应当赔偿特许人因此受到的损失，但属于被特许人从事特许经营业务过程中的正常消耗的材料的，可不予返还且不承担损害赔偿责任。

第二十二条　特许经营合同未成立、未生效、无效、解除或撤销的，除属于从事特许经营业务过程中的正常消耗外，特许人向被特许人提供的产品或者设备应当返还或折价返还。

　　第二十三条　特许经营合同未成立、未生效、无效、撤销或解除的，无过错的一方当事人可以请求过错方当事人赔偿其因订立及履行合同而产生的实际损失，对于无过错方遭受的丧失缔约机会或其他可得利益的损失，亦可酌情确定过错方予以赔偿。

　　第二十四条　特许经营合同未成立、无效、被撤销以及因解除等事由而终止，或者被认定为不属于特许经营合同的，当事人应按照合同约定履行相应的保密、保管等注意义务，任何一方违反该义务造成对方当事人损失的，应当承担损害赔偿等法律责任。

　　第二十五条　一方当事人主张特许经营合同未成立、未生效、无效或应被解除或撤销而对方当事人主张继续履行合同的，在认定该特许经营合同属于未成立、未生效、无效、应予解除或撤销的情形时，应告知当事人可就特许经营费用、产品设备、经营资源的处置等事由请求一并处理，但当事人坚持另行处理的除外。

七、商务部关于"十二五"期间促进商业特许经营健康发展的指导意见

商流通发〔2011〕510 号

　　"十一五"期间，我国商业特许经营发展迅猛，企业数量剧增，截至2010 年年底，我国特许经营体系已超过 4500 个，位居世界第一，经营范围已覆盖 70 多个行业业态。但我国商业特许经营仍处于成长阶段，存在一些亟待解决的问题：多数商业特许经营企业缺乏核心竞争力、标准化管理能力和品牌推广扩张能力，在规模化、标准化、信息化等方面与发达国家存在较大差距；有些商业特许经营企业的运营和管理系统不完善，品牌存活率低，一些中小城市市场加盟店质量难以达到要求，个别地方还存在不法分子以招商加盟形式实施商业欺诈的现象。为促进"十二五"期间商

业特许经营健康发展，推动我国商贸流通业发展方式加快转变，现提出以下意见：

一、指导思想、基本原则和主要目标

（一）指导思想

深入贯彻落实科学发展观，以提高商贸流通业组织化程度，促进品牌建设，扩大创业和增加就业为目标，以完善商业特许经营管理为基础，以政策扶持和联合执法为手段，坚持一手抓规范，一手抓发展，在规范中发展，在发展中规范，推动我国商业特许经营快速发展。

（二）基本原则

促进发展与加强规范相结合。积极运用中小企业发展专项资金等相关政策，针对商业特许经营企业成长中的薄弱环节和瓶颈，加大政策扶持力度。巩固"十一五"时期对商业特许经营进行规范和管理的成果，进一步净化商业特许经营市场环境。

市场运作与政策引导相结合。尊重市场经济运行规律和商业特许经营企业的主体地位，找准政府在商业特许经营发展中的定位，针对关键环节，完善相关政策，采取有力措施，促进商业特许经营健康发展。

备案管理与日常服务相结合。继续做好商业特许经营备案管理工作，采取有效措施，逐步提高备案率。积极做好商业特许经营企业备案后的跟踪管理、后续服务和统计信息分析工作，及时准确了解和掌握我国商业特许经营发展动态，为完善我国商业特许经营政策体系提供决策依据。

品牌培育与加强知识产权保护相结合。把商业特许经营品牌培育作为发展我国商业特许经营的重要任务，支持优秀品牌做大做强。对侵犯商业秘密和知识产权、违反《商业特许经营管理条例》的行为，加大联合执法力度和处罚力度，切实维护特许经营市场秩序。

（三）主要目标

用五年时间，实现主要特许经营品牌的加盟店数量、经营规模、规范水平均有较大提高；商业特许经营管理体系进一步完善，商业特许经营备案率逐年提高，投诉率逐年下降；形成一批市场发展潜力大、标准化管理能力强、诚信经营的知名商业特许经营企业和品牌。

二、工作任务

（一）加强商业特许经营管理，以规范促发展

完善法律法规标准。推动《商业特许经营管理条例》修订工作，进一步完善《商业特许经营备案管理办法》和《商业特许经营信息披露管理办法》，逐步引入和建立纠纷调解机制，不断强化法律法规的执行力度，切实将特许经营管理纳入法制化轨道。加强《特许经营管理体系指南》、《特许经营术语》等标准的实施和推广，提高商业特许经营的规范化水平。

加强行业监督管理。认真做好商业特许经营备案及投诉咨询工作，加强与有关部门沟通与配合，对商业特许经营品牌进行跟踪管理，同时加大执法力度，严厉打击假借特许经营实施商业欺诈和侵犯知识产权的不法分子，切实保护特许人与被特许人的合法权益。

（二）支持品牌做大做强，以效益促发展

制订特许品牌培育规划。将培育商业特许经营品牌纳入各地国内贸易发展规划，结合本地区经济社会发展实际，提出支持商业特许经营品牌做大做强的总体思路、目标和具体措施，有计划、有步骤、有重点地推进。

扶持优秀特许品牌发展。建立优秀商业特许经营品牌评价机制，以"商业特许经营连锁百强"为基础，进一步发掘优秀商业特许经营品牌、加强品牌建设和宣传、培育一批市场潜力大、扩张能力强、诚信经营的知名企业。

（三）集中解决企业成长薄弱环节，以提升促发展

加强企业信息系统建设。支持商业特许经营企业引入信息联网管理，鼓励有条件的企业开发先进适用的商业软件，完善企业管理信息系统。

加快物流体系建设。鼓励商业特许经营企业进一步提高商品配送率，支持商业特许经营企业建设配送中心或充分利用社会化配送中心，实行统一采购、统一配送，切实减轻加盟店的负担，发挥商业特许经营的规模效益。

加强企业特许管理体系建设。支持商业特许经营企业完善内部管理机制

建设，建立完备的标准化、信息化商业特许经营管理系统和财务审计制度，不断完善《特许经营手册》，建立培训、督导机制，确保加盟店的标准化运营。

（四）加强公共平台建设，以服务促发展

健全行业统计和信用评价。加强商业特许经营行业统计工作，分行业开展商业特许经营调研和分析，及时掌握行业发展动态和趋势，加快建立全国统一的备案商业特许经营企业的信息共享机制，按照"树品牌、评诚信、建体系"要求，拓展商业特许经营备案管理系统的信息服务功能和品牌评价功能，完善信用监督约束和失信惩戒机制，扩大备案特许经营企业信用评价覆盖面。

加大宣传与培训力度。采取多种形式开展宣传，普及商业特许经营相关知识和法规政策，让公众充分了解和认识商业特许经营。加强培训工作和培训制度建设，对管理人员、商业特许经营企业有针对性地开展政策、法规、业务培训，提高依法行政管理水平和企业经营水平。

三、保障措施

（一）完善工作管理机制

各地商务主管部门要协调公安、司法、工商、行政管理等部门建立跨部门商业特许经营行业管理工作机制，按照职责分工，加强协作配合，落实目标任务，完善政策措施，加强监督指导。结合商务行政执法，加强商业特许经营执法力量，切实保证监管措施落实到位，推进商业特许经营健康发展。

（二）加强政策支持

加快中小商贸流通企业服务体系建设，为商业特许经营企业提供咨询、融资、市场开拓、管理提升等服务，促进商业特许经营企业的规模化发展。会同有关部门制定促进商业特许经营发展的财税政策，积极争取对具有一定规模且管理比较成熟的商业特许经营企业给予税收优惠和资金支持；研究制定中小企业发展商业特许经营的扶持政策，重点鼓励老字号、特色店、知名品牌企业在严格管理、保证质量的前提下发展商业特许经营。

（三）发挥行业协会作用

充分发挥行业协会作用，制定行规行约，加强行业自律，为企业开展信息咨询、宣传培训、品牌保护、国际交流与合作等提供服务，鼓励行业协会与大专院校开展合作，加强商业特许经营人才培育。

中华人民共和国商务部

二〇一二年一月四日

第二章 与商业特许经营有关的法律法规

一、民事基本法律及司法解释

中华人民共和国民法通则（节选）

（1988 年 1 月 26 日最高人民法院审判委员会讨论通过）

第四十九条 企业法人有下列情形之一的，除法人承担责任外，对法定代表人可以给予行政处分、罚款，构成犯罪的，依法追究刑事责任：

（一）超出登记机关核准登记的经营范围从事非法经营的；

（二）向登记机关、税务机关隐瞒真实情况、弄虚作假的；

（三）抽逃资金、隐匿财产逃避债务的；

（四）解散、被撤销、被宣告破产后，擅自处理财产的；

（五）变更、终止时不及时申请办理登记和公告，使利害关系人遭受重大损失的；

（六）从事法律禁止的其他活动，损害国家利益或者社会公共利益的。

第五十七条　民事法律行为从成立时起具有法律约束力。行为人非依法律规定或者取得对方同意，不得擅自变更或者解除。

第五十八条　下列民事行为无效：

（一）无民事行为能力人实施的；

（二）限制民事行为能力人依法不能独立实施的；

（三）一方以欺诈、胁迫的手段或者乘人之危，使对方在违背真实意思的情况下所为的；

（四）恶意串通，损害国家、集体或者第三人利益的；

（五）违反法律或者社会公共利益的；

（六）经济合同违反国家指令性计划的；

（七）以合法形式掩盖非法目的的。

无效的民事行为，从行为开始起就没有法律约束力。

第五十九条　下列民事行为，一方有权请求人民法院或者仲裁机关予以变更或者撤销：

（一）行为人对行为内容有重大误解的；

（二）显失公平的。

被撤销的民事行为从行为开始起无效。

第六十条　民事行为部分无效，不影响其他部分的效力的，其他部分仍然有效。

第六十一条　民事行为被确认为无效或者被撤销后，当事人因该行为取得的财产，应当返还给受损失的一方。有过错的一方应当赔偿对方因此所受的损失，双方都有过错的，应当各自承担相应的责任。

双方恶意串通，实施民事行为损害国家的、集体的或者第三人的利益的，应当追缴双方取得的财产，收归国家、集体所有或者返还第三人。

第八十八条　合同的当事人应当按照合同的约定，全部履行自己的义务。

合同中有关质量、期限、地点或者价款约定不明确，按照合同有关条款内容不能确定，当事人又不能通过协商达成协议的，适用下列规定：

（一）质量要求不明确的，按照国家质量标准履行，没有国家质量标准的，按照通常标准履行。

（二）履行期限不明确的，债务人可以随时向债权人履行义务，债权人也可以随时要求债务人履行义务，但应当给对方必要的准备时间。

（三）履行地点不明确，给付货币的，在接受给付一方的所在地履行，其他标的在履行义务一方的所在地履行。

（四）价格约定不明确，按照国家规定的价格履行；没有国家规定价格的，参照市场价格或者同类物品的价格或者同类劳务的报酬标准履行。

合同对专利申请权没有约定的，完成发明创造的当事人享有申请权。

合同对科技成果的使用权没有约定的，当事人都有使用的权利。

第一百一十一条 当事人一方不履行合同义务或者履行合同义务不符合约定条件的，另一方有权要求履行或者采取补救措施，并有权要求赔偿损失。

第一百一十二条 当事人一方违反合同的赔偿责任，应当相当于另一方因此所受到的损失。

当事人可以在合同中约定，一方违反合同时，向另一方支付一定数额的违约金；也可以在合同中约定对于违反合同而产生的损失赔偿额的计算方法。

第一百一十三条 当事人双方都违反合同的，应当分别承担各自应负的民事责任。

第一百一十四条 当事人一方因另一方违反合同受到损失的，应当及时采取措施防止损失的扩大；没有及时采取措施致使损失扩大的，无权就扩大的损失要求赔偿。

第一百一十五条 合同的变更或者解除，不影响当事人要求赔偿损失的权利。

第一百三十四条 承担民事责任的方式主要有：

（一）停止侵害；

（二）排除妨碍；

（三）消除危险；

（四）返还财产；

（五）恢复原状；

（六）修理、重做、更换；

（七）赔偿损失；

（八）支付违约金；

（九）消除影响、恢复名誉；

（十）赔礼道歉。

以上承担民事责任的方式，可以单独适用，也可以合并适用。

人民法院审理民事案件，除适用上述规定外，还可以予以训诫、责令具结悔过，收缴进行非法活动的财物和非法所得，并可以依照法律规定处以罚款、拘留。

贯彻执行《中华人民共和国民法通则》若干问题的意见（试行）

（一九八六年四月十二日第六届全国人民代表大会第四次会议通过）

第五十八条　企业法人的法定代表人和其他工作人员，以法人名义从事的经营活动，给他人造成经济损失的，企业法人应当承担民事责任。

第五十九条　企业法人解散或者被撤销的，应当由其主管机关组织清算小组进行清算。企业法人被宣告破产的，应当由人民法院组织有关机关和有关人员成立清算组织进行清算。

第六十条　清算组织是以清算企业法人债权、债务为目的而依法成立的组织。它负责对终止的企业法人的财产进行保管、清理、估价、处理和清偿。

对于涉及终止的企业法人债权、债务的民事诉讼，清算组织可以用自己的名义参加诉讼。

以逃避债务责任为目的而成立的清算组织，其实施的民事行为无效。

第六十一条　人民法院审理案件时，如果查明企业法人有民法通则第四十九条所列的六种情形之一的，除企业法人承担责任外，还可以根据民法通则第四十九条和第一百三十四条第三款的规定，对企业法定代表人直接给予罚款的处罚；对需要给予行政处分的，可以向有关部门提出司法建议，由有关部门决定处理；对构成犯罪需要依法追究刑事责任的，应当依法移送公安、检察机关。

第六十二条　人民法院在审理案件中，依法对企业法定代表人或者其他人采用罚款、拘留制裁措施，必须经院长批准，另行制作民事制裁决定书。被制裁人对决定不服的，在收到决定书的次日起十日内可以向上一级人民法院申请复议一次。复议期间，决定暂不执行。

第六十三条　对法定代表人直接处以罚款的数额一般在两千元以下。法律另有规定的除外。

第七十三条　对于重大误解或者显失公平的民事行为，当事人请求变更的，人民法院应当予以变更；当事人请求撤销的，人民法院可以酌情予以变更或者撤销。

可变更或者可撤销的民事行为，自行为成立时起超过一年当事人才请求变更或者撤销的，人民法院不予保护。

第一百三十八条　法人、个体工商户、个人合伙通过申请商标注册或者受让等方式取得的商标专用权，除依法定程序撤销者外，应当予以保护。

转让商标专用权应当由国家工商行政管理局商标局核准，商标专用权自核准之日起转移。

中华人民共和国合同法（节选）

（1999 年 3 月 15 日第九届全国人民代表大会第二次会议通过，
现予以公布，自 1999 年 10 月 1 日起施行）

第十三条　当事人订立合同，采取要约、承诺方式。

第十四条　要约是希望和他人订立合同的意思表示，该意思表示应当符合下列规定：

（一）内容具体确定；

（二）表明经受要约人承诺，要约人即受该意思表示约束。

第十五条 要约邀请是希望他人向自己发出要约的意思表示。寄送的价目表、拍卖公告、招标公告、招股说明书、商业广告等为要约邀请。

商业广告的内容符合要约规定的，视为要约。

第十六条 要约到达受要约人时生效。

采用数据电文形式订立合同，收件人指定特定系统接收数据电文的，该数据电文进入该特定系统的时间，视为到达时间；未指定特定系统的，该数据电文进入收件人的任何系统的首次时间，视为到达时间。

第五十二条 有下列情形之一的，合同无效：

（一）一方以欺诈、胁迫的手段订立合同，损害国家利益；

（二）恶意串通，损害国家、集体或者第三人利益；

（三）以合法形式掩盖非法目的；

（四）损害社会公共利益；

（五）违反法律、行政法规的强制性规定。

第五十四条 下列合同，当事人一方有权请求人民法院或者仲裁机构变更或者撤销：

（一）因重大误解订立的；

（二）在订立合同时显失公平的。

一方以欺诈、胁迫的手段或者乘人之危，使对方在违背真实意思的情况下订立的合同，受损害方有权请求人民法院或者仲裁机构变更或者撤销。

当事人请求变更的，人民法院或者仲裁机构不得撤销。

第五十五条 有下列情形之一的，撤销权消灭：

（一）具有撤销权的当事人自知道或者应当知道撤销事由之日起一年内没有行使撤销权；

（二）具有撤销权的当事人知道撤销事由后明确表示或者以自己的行为放弃撤销权。

第五十六条 无效的合同或者被撤销的合同自始没有法律约束力。合同部分无效，不影响其他部分效力的，其他部分仍然有效。

第五十七条 合同无效、被撤销或者终止的，不影响合同中独立存在的有关解决争议方法的条款的效力。

第五十八条　合同无效或者被撤销后，因该合同取得的财产，应当予以返还；不能返还或者没有必要返还的，应当折价补偿。有过错的一方应当赔偿对方因此所受到的损失，双方都有过错的，应当各自承担相应的责任。

第六十二条　当事人就有关合同内容约定不明确，依照本法第六十一条的规定仍不能确定的，适用下列规定：

（一）质量要求不明确的，按照国家标准、行业标准履行；没有国家标准、行业标准的，按照通常标准或者符合合同目的的特定标准履行。

（二）价款或者报酬不明确的，按照订立合同时履行地的市场价格履行；依法应当执行政府定价或者政府指导价的，按照规定履行。

（三）履行地点不明确，给付货币的，在接受货币一方所在地履行；交付不动产的，在不动产所在地履行；其他标的，在履行义务一方所在地履行。

（四）履行期限不明确的，债务人可以随时履行，债权人也可以随时要求履行，但应当给对方必要的准备时间。

（五）履行方式不明确的，按照有利于实现合同目的的方式履行。

（六）履行费用的负担不明确的，由履行义务一方负担。

第七十五条　撤销权自债权人知道或者应当知道撤销事由之日起一年内行使。自债务人的行为发生之日起五年内没有行使撤销权的，该撤销权消灭。

第七十六条　合同生效后，当事人不得因姓名、名称的变更或者法定代表人、负责人、承办人的变动而不履行合同义务。

第九十三条　当事人协商一致，可以解除合同。

当事人可以约定一方解除合同的条件。解除合同的条件成立时，解除权人可以解除合同。

第九十四条　有下列情形之一的，当事人可以解除合同：

（一）因不可抗力致使不能实现合同目的的；

（二）在履行期限届满之前，当事人一方明确表示或者以自己的行为表明不履行主要债务；

（三）当事人一方迟延履行主要债务，经催告后在合理期限内仍未履行；

（四）当事人一方迟延履行债务或者有其他违约行为致使不能实现合同目的；

（五）法律规定的其他情形。

第九十五条　法律规定或者当事人约定解除权行使期限，期限届满当事人不行使的，该权利消灭。

法律没有规定或者当事人没有约定解除权行使期限，经对方催告后在合理期限内不行使的，该权利消灭。

第九十六条　当事人一方依照本法第九十三条第二款、第九十四条的规定主张解除合同的，应当通知对方。合同自通知到达对方时解除。对方有异议的，可以请求人民法院或者仲裁机构确认解除合同的效力。

第九十七条　合同解除后，尚未履行的，终止履行；已经履行的，根据履行情况和合同性质，当事人可以要求恢复原状、采取其他补救措施，并有权要求赔偿损失。

第一百一十二条　当事人一方不履行合同义务或者履行合同义务不符合约定的，在履行义务或者采取补救措施后，对方还有其他损失的，应当赔偿损失。

第一百一十三条　当事人一方不履行合同义务或者履行合同义务不符合约定，给对方造成损失的，损失赔偿额应当相当于因违约所造成的损失，包括合同履行后可以获得的利益，但不得超过违反合同一方订立合同时预见到或者应当预见到的因违反合同可能造成的损失。

第一百一十五条　当事人可以依照《中华人民共和国担保法》约定一方向对方给付定金作为债权的担保。债务人履行债务后，定金应当抵作价款或者收回。给付定金的一方不履行约定的债务的，无权要求返还定金；收受定金的一方不履行约定的债务的，应当双倍返还定金。

第一百一十六条　当事人既约定违约金，又约定定金的，一方违约时，对方可以选择适用违约金或者定金条款。

最高人民法院关于适用《中华人民共和国合同法》若干问题的解释（一）

（1999 年 12 月 1 日最高人民法院审判委员会第 1090 次会议通过，
自 1999 年 12 月 29 日起施行。）

第四条　合同法实施以后，人民法院确认合同无效，应当以全国人大及其常委会制定的法律和国务院制定的行政法规为依据，不得以地方性法规、行政规章为依据。

二、与知识产权相关的法律、法规、司法解释

中华人民共和国商标法（节选）

（1982 年 8 月 23 日第五届全国人民代表大会常务委员会第二十四次会议通过，根据 1993 年 2 月 22 日第七届全国人民代表大会常务委员会第三十次会议《关于修改〈中华人民共和国商标法〉的决定》第一次修正根据 2001 年 10 月 27 日第九届全国人民代表大会常务委员会第二十四次会议《关于修改〈中华人民共和国商标法〉的决定》第二次修正）

第三十条　对初步审定的商标，自公告之日起三个月内，任何人均可以提出异议。公告期满无异议的，予以核准注册，发给商标注册证，并予公告。

第三十七条　注册商标的有效期为十年，自核准注册之日起计算。

第三十八条　注册商标有效期满，需要继续使用的，应当在期满前六个月内申请续展注册；在此期间未能提出申请的，可以给予六个月的宽展期。宽展期满仍未提出申请的，注销其注册商标。

每次续展注册的有效期为十年。续展注册经核准后，予以公告。

第三十九条　转让注册商标的，转让人和受让人应当签订转让协议，并共同向商标局提出申请。受让人应当保证使用该注册商标的商品质量。

转让注册商标经核准后，予以公告。受让人自公告之日起享有商标专用权。

第四十条 商标注册人可以通过签订商标使用许可合同，许可他人使用其注册商标。许可人应当监督被许可人使用其注册商标的商品质量。被许可人应当保证使用该注册商标的商品质量。

经许可使用他人注册商标的，必须在使用该注册商标的商品上标明被许可人的名称和商品产地。

商标使用许可合同应当报商标局备案。

第四十四条 使用注册商标，有下列行为之一的，由商标局责令限期改正或者撤销其注册商标：

（一）自行改变注册商标的；

（二）自行改变注册商标的注册人名义、地址或者其他注册事项的；

（三）自行转让注册商标的；

（四）连续三年停止使用的。

第四十五条 使用注册商标，其商品粗制滥造，以次充好，欺骗消费者的，由各级工商行政管理部门分别不同情况，责令限期改正，并可以予以通报或者处以罚款，或者由商标局撤销其注册商标。

第四十六条 注册商标被撤销的或者期满不再续展的，自撤销或者注销之日起一年内，商标局对与该商标相同或者近似的商标注册申请，不予核准。

第四十七条 违反本法第六条规定的，由地方工商行政管理部门责令限期申请注册，可以并处罚款。

第四十八条 使用未注册商标，有下列行为之一的，由地方工商行政管理部门予以制止，限期改正，并可以予以通报或者处以罚款：

（一）冒充注册商标的；

（二）违反本法第十条规定的；

（三）粗制滥造，以次充好，欺骗消费者的。

第四十九条 对商标局撤销注册商标的决定，当事人不服的，可以自收到通知之日起十五日内向商标评审委员会申请复审，由商标评审委员会作出决定，并书面通知申请人。

第五十一条 注册商标的专用权，以核准注册的商标和核定使用的商品为限。

第五十二条　有下列行为之一的，均属侵犯注册商标专用权：

（一）未经商标注册人的许可，在同一种商品或者类似商品上使用与其注册商标相同或者近似的商标的；

（二）销售侵犯注册商标专用权的商品的；

（三）伪造、擅自制造他人注册商标标识或者销售伪造、擅自制造的注册商标标识的；

（四）未经商标注册人同意，更换其注册商标并将该更换商标的商品又投入市场的；

（五）给他人的注册商标专用权造成其他损害的。

第五十三条　有本法第五十二条所列侵犯注册商标专用权行为之一，引起纠纷的，由当事人协商解决；不愿协商或者协商不成的，商标注册人或者利害关系人可以向人民法院起诉，也可以请求工商行政管理部门处理。工商行政管理部门处理时，认定侵权行为成立的，责令立即停止侵权行为，没收、销毁侵权商品和专门用于制造侵权商品、伪造注册商标标识的工具，并可处以罚款。当事人对处理决定不服的，可以自收到处理通知之日起十五日内依照《中华人民共和国行政诉讼法》向人民法院起诉；侵权人期满不起诉又不履行的，工商行政管理部门可以申请人民法院强制执行。进行处理的工商行政管理部门根据当事人的请求，可以就侵犯商标专用权的赔偿数额进行调解；调解不成的，当事人可以依照《中华人民共和国民事诉讼法》向人民法院起诉。

第五十四条　对侵犯注册商标专用权的行为，工商行政管理部门有权依法查处；涉嫌犯罪的，应当及时移送司法机关依法处理。

第五十五条　县级以上工商行政管理部门根据已经取得的违法嫌疑证据或者举报，对涉嫌侵犯他人注册商标专用权的行为进行查处时，可以行使下列职权：

（一）询问有关当事人，调查与侵犯他人注册商标专用权有关的情况；

（二）查阅、复制当事人与侵权活动有关的合同、发票、账簿以及其他有关资料；

（三）对当事人涉嫌从事侵犯他人注册商标专用权活动的场所实施现场检查；

（四）检查与侵权活动有关的物品；对有证据证明是侵犯他人注册商标专用权的物品，可以查封或者扣押。

工商行政管理部门依法行使前款规定的职权时，当事人应当予以协助、配合，不得拒绝、阻挠。

第五十六条 侵犯商标专用权的赔偿数额，为侵权人在侵权期间因侵权所获得的利益，或者被侵权人在被侵权期间因被侵权所受到的损失，包括被侵权人为制止侵权行为所支付的合理开支。

前款所称侵权人因侵权所得利益，或者被侵权人因被侵权所受损失难以确定的，由人民法院根据侵权行为的情节判决给予五十万元以下的赔偿。

销售不知道是侵犯注册商标专用权的商品，能证明该商品是自己合法取得的并说明提供者的，不承担赔偿责任。

第五十七条 商标注册人或者利害关系人有证据证明他人正在实施或者即将实施侵犯其注册商标专用权的行为，如不及时制止，将会使其合法权益受到难以弥补的损害的，可以在起诉前向人民法院申请采取责令停止有关行为和财产保全的措施。

人民法院处理前款申请，适用《中华人民共和国民事诉讼法》第九十三条至第九十六条和第九十九条的规定。

第五十八条 为制止侵权行为，在证据可能灭失或者以后难以取得的情况下，商标注册人或者利害关系人可以在起诉前向人民法院申请保全证据。

人民法院接受申请后，必须在四十八小时内作出裁定；裁定采取保全措施的，应当立即开始执行。

人民法院可以责令申请人提供担保，申请人不提供担保的，驳回申请。

申请人在人民法院采取保全措施后十五日内不起诉的，人民法院应当解除保全措施。

第五十九条 未经商标注册人许可，在同一种商品上使用与其注册商标相同的商标，构成犯罪的，除赔偿被侵权人的损失外，依法追究刑事责任。

伪造、擅自制造他人注册商标标识或者销售伪造、擅自制造的注册商标标识，构成犯罪的，除赔偿被侵权人的损失外，依法追究刑事责任。

销售明知是假冒注册商标的商品，构成犯罪的，除赔偿被侵权人的损失外，依法追究刑事责任。

第六十条　从事商标注册、管理和复审工作的国家机关工作人员必须秉公执法，廉洁自律，忠于职守，文明服务。

商标局、商标评审委员会以及从事商标注册、管理和复审工作的国家机关工作人员不得从事商标代理业务和商品生产经营活动。

第六十一条　工商行政管理部门应当建立健全内部监督制度，对负责商标注册、管理和复审工作的国家机关工作人员执行法律、行政法规和遵守纪律的情况，进行监督检查。

第六十二条　从事商标注册、管理和复审工作的国家机关工作人员玩忽职守、滥用职权、徇私舞弊，违法办理商标注册、管理和复审事项，收受当事人财物，牟取不正当利益，构成犯罪的，依法追究刑事责任；尚不构成犯罪的，依法给予行政处分。

最高人民法院关于审理商标民事纠纷案件
适用法律若干问题的解释

已于 2002 年 10 月 12 日由最高人民法院审判委员会第 1246 次会议通过。现予公布，自 2002 年 10 月 16 日起施行。

第三条　《商标法》第四十条规定的商标使用许可包括以下三类：

（一）独占使用许可，是指商标注册人在约定的期间、地域和以约定的方式，将该注册商标仅许可一个被许可人使用，商标注册人依约定不得使用该注册商标；

（二）排他使用许可，是指商标注册人在约定的期间、地域和以约定的方式，将该注册商标仅许可一个被许可人使用，商标注册人依约定可以使用该注册商标但不得另行许可他人使用该注册商标；

（三）普通使用许可，是指商标注册人在约定的期间、地域和以约定的方式，许可他人使用其注册商标，并可自行使用该注册商标和许可他人使用其注册商标。

第十九条 商标使用许可合同未经备案的，不影响该许可合同的效力，但当事人另有约定的除外。

商标使用许可合同未在商标局备案的，不得对抗善意第三人。

第二十条 注册商标的转让不影响转让前已经生效的商标使用许可合同的效力，但商标使用许可合同另有约定的除外。

中华人民共和国著作权法

第一条 为保护文学、艺术和科学作品作者的著作权，以及与著作权有关的权益，鼓励有益于社会主义精神文明、物质文明建设的作品的创作和传播，促进社会主义文化和科学事业的发展与繁荣，根据宪法制定本法。

第二条 中国公民、法人或者其他组织的作品，不论是否发表，依照本法享有著作权。

外国人、无国籍人的作品根据其作者所属国或者经常居住地国同中国签订的协议或者共同参加的国际条约享有的著作权，受本法保护。

外国人、无国籍人的作品首先在中国境内出版的，依照本法享有著作权。

未与中国签订协议或者共同参加国际条约的国家的作者以及无国籍人的作品首次在中国参加的国际条约的成员国出版的，或者在成员国和非成员国同时出版的，受本法保护。

第三条 本法所称的作品，包括以下列形式创作的文学、艺术和自然科学、社会科学、工程技术等作品：

（一）文字作品；

（二）口述作品；

（三）音乐、戏剧、曲艺、舞蹈、杂技艺术作品；

（四）美术、建筑作品；

（五）摄影作品；

（六）电影作品和以类似摄制电影的方法创作的作品；

（七）工程设计图、产品设计图、地图、示意图等图形作品和模型作品；

（八）计算机软件；

（九）法律、行政法规规定的其他作品。

第四条　依法禁止出版、传播的作品，不受本法保护。

著作权人行使著作权，不得违反宪法和法律，不得损害公共利益。

第五条　本法不适用于：

（一）法律、法规，国家机关的决议、决定、命令和其他具有立法、行政、司法性质的文件，及其官方正式译文；

（二）时事新闻；

（三）历法、通用数表、通用表格和公式。

第六条　民间文学艺术作品的著作权保护办法由国务院另行规定。

第七条　国务院著作权行政管理部门主管全国的著作权管理工作；各省、自治区、直辖市人民政府的著作权行政管理部门主管本行政区域的著作权管理工作。

第八条　著作权人和与著作权有关的权利人可以授权著作权集体管理组织行使著作权或者与著作权有关的权利。著作权集体管理组织被授权后，可以以自己的名义为著作权人和与著作权有关的权利人主张权利，并可以作为当事人进行涉及著作权或者与著作权有关的权利的诉讼、仲裁活动。

著作权集体管理组织是非营利性组织，其设立方式、权利义务、著作权许可使用费的收取和分配，以及对其监督和管理等由国务院另行规定。

第九条　著作权人包括：

（一）作者；

（二）其他依照本法享有著作权的公民、法人或者其他组织。

第十条　著作权包括下列人身权和财产权：

（一）发表权，即决定作品是否公之于众的权利；

（二）署名权，即表明作者身份，在作品上署名的权利；

（三）修改权，即修改或者授权他人修改作品的权利；

（四）保护作品完整权，即保护作品不受歪曲、篡改的权利；

（五）复制权，即以印刷、复印、拓印、录音、录像、翻录、翻拍等方式将作品制作一份或者多份的权利；

（六）发行权，即以出售或者赠与方式向公众提供作品的原件或者复制件的权利；

（七）出租权，即有偿许可他人临时使用电影作品和以类似摄制电影的方法创作的作品、计算机软件的权利，计算机软件不是出租的主要标的的除外；

（八）展览权，即公开陈列美术作品、摄影作品的原件或者复制件的权利；

（九）表演权，即公开表演作品，以及用各种手段公开播送作品的表演的权利；

（十）放映权，即通过放映机、幻灯机等技术设备公开再现美术、摄影、电影和以类似摄制电影的方法创作的作品等的权利；

（十一）广播权，即以无线方式公开广播或者传播作品，以有线传播或者转播的方式向公众传播广播的作品，以及通过扩音器或者其他传送符号、声音、图像的类似工具向公众传播广播的作品的权利；

（十二）信息网络传播权，即以有线或者无线方式向公众提供作品，使公众可以在其个人选定的时间和地点获得作品的权利；

（十三）摄制权，即以摄制电影或者以类似摄制电影的方法将作品固定在载体上的权利；

（十四）改编权，即改变作品，创作出具有独创性的新作品的权利；

（十五）翻译权，即将作品从一种语言文字转换成另一种语言文字的权利；

（十六）汇编权，即将作品或者作品的片段通过选择或者编排，汇集成新作品的权利；

（十七）应当由著作权人享有的其他权利。

著作权人可以许可他人行使前款第（五）项至第（十七）项规定的权利，

并依照约定或者本法有关规定获得报酬。

著作权人可以全部或者部分转让本条第一款第（五）项至第（十七）项规定的权利，并依照约定或者本法有关规定获得报酬。

第十一条　著作权属于作者，本法另有规定的除外。创作作品的公民是作者。

由法人或者其他组织主持，代表法人或者其他组织意志创作，并由法人或者其他组织承担责任的作品，法人或者其他组织视为作者。

如无相反证明，在作品上署名的公民、法人或者其他组织为作者。

第十二条　改编、翻译、注释、整理已有作品而产生的作品，其著作权由改编、翻译、注释、整理人享有，但行使著作权时不得侵犯原作品的著作权。

第十三条　两人以上合作创作的作品，著作权由合作作者共同享有。没有参加创作的人，不能成为合作作者。

合作作品可以分割使用的，作者对各自创作的部分可以单独享有著作权，但行使著作权时不得侵犯合作作品整体的著作权。

第十四条　汇编若干作品、作品的片段或者不构成作品的数据或者其他材料，对其内容的选择或者编排体现独创性的作品，为汇编作品，其著作权由汇编人享有，但行使著作权时，不得侵犯原作品的著作权。

第十五条　电影作品和以类似摄制电影的方法创作的作品的著作权由制片者享有，但编剧、导演、摄影、作词、作曲等作者享有署名权，并有权按照与制片者签订的合同获得报酬。

电影作品和以类似摄制电影的方法创作的作品中的剧本、音乐等可以单独使用的作品的作者有权单独行使其著作权。

第十六条　公民为完成法人或者其他组织工作任务所创作的作品是职务作品，除本条第二款的规定以外，著作权由作者享有，但法人或者其他组织有权在其业务范围内优先使用。作品完成两年内，未经单位同意，作者不得许可第三人以与单位使用的相同方式使用该作品。

有下列情形之一的职务作品，作者享有署名权，著作权的其他权利由法人或者其他组织享有，法人或者其他组织可以给予作者奖励：

（一）主要是利用法人或者其他组织的物质技术条件创作，并由法人或者其他组织承担责任的工程设计图、产品设计图、地图、计算机软件等职务作品；

（二）法律、行政法规规定或者合同约定著作权由法人或者其他组织享有的职务作品。

第十七条　受委托创作的作品，著作权的归属由委托人和受托人通过合同约定。合同未作明确约定或者没有订立合同的，著作权属于受托人。

第十八条　美术等作品原件所有权的转移，不视为作品著作权的转移，但美术作品原件的展览权由原件所有人享有。

第十九条　著作权属于公民的，公民死亡后，其本法第十条第一款第（五）项至第（十七）项规定的权利在本法规定的保护期内，依照继承法的规定转移。

著作权属于法人或者其他组织的，法人或者其他组织变更、终止后，其本法第十条第一款第（五）项至第（十七）项规定的权利在本法规定的保护期内，由承受其权利义务的法人或者其他组织享有；没有承受其权利义务的法人或者其他组织的，由国家享有。

第二十条　作者的署名权、修改权、保护作品完整权的保护期不受限制。

第二十一条　公民的作品，其发表权、本法第十条第一款第（五）项至第（十七）项规定的权利的保护期为作者终生及其死亡后五十年，截止于作者死亡后第五十年的 12 月 31 日；如果是合作作品，截止于最后死亡的作者死亡后第五十年的 12 月 31 日。

法人或者其他组织的作品、著作权（署名权除外）由法人或者其他组织享有的职务作品，其发表权、本法第十条第一款第（五）项至第（十七）项规定的权利的保护期为五十年，截止于作品首次发表后第五十年的 12 月 31 日，但作品自创作完成后五十年内未发表的，本法不再保护。

电影作品和以类似摄制电影的方法创作的作品、摄影作品，其发表权、本法第十条第一款第（五）项至第（十七）项规定的权利的保护期为五十年，截止于作品首次发表后第五十年的 12 月 31 日，但作品自创作完成后五十年内未发表的，本法不再保护。

第二十二条　在下列情况下使用作品，可以不经著作权人许可，不向其支付报酬，但应当指明作者姓名、作品名称，并且不得侵犯著作权人依照本法享有的其他权利：

（一）为个人学习、研究或者欣赏，使用他人已经发表的作品；

（二）为介绍、评论某一作品或者说明某一问题，在作品中适当引用他人已经发表的作品；

（三）为报道时事新闻，在报纸、期刊、广播电台、电视台等媒体中不可避免地再现或者引用已经发表的作品；

（四）报纸、期刊、广播电台、电视台等媒体刊登或者播放其他报纸、期刊、广播电台、电视台等媒体已经发表的关于政治、经济、宗教问题的时事性文章，但作者声明不许刊登、播放的除外；

（五）报纸、期刊、广播电台、电视台等媒体刊登或者播放在公众集会上发表的讲话，但作者声明不许刊登、播放的除外；

（六）为学校课堂教学或者科学研究，翻译或者少量复制已经发表的作品，供教学或者科研人员使用，但不得出版发行；

（七）国家机关为执行公务在合理范围内使用已经发表的作品；

（八）图书馆、档案馆、纪念馆、博物馆、美术馆等为陈列或者保存版本的需要，复制本馆收藏的作品；

（九）免费表演已经发表的作品，该表演未向公众收取费用，也未向表演者支付报酬；

（十）对设置或者陈列在室外公共场所的艺术作品进行临摹、绘画、摄影、录像；

（十一）将中国公民、法人或者其他组织已经发表的以汉语言文字创作的作品翻译成少数民族语言文字作品在国内出版发行；

（十二）将已经发表的作品改成盲文出版。

前款规定适用于对出版者、表演者、录音录像制作者、广播电台、电视台的权利的限制。

第二十三条 为实施九年制义务教育和国家教育规划而编写出版教科书，除作者事先声明不许使用的外，可以不经著作权人许可，在教科书中汇编已经发表的作品片段或者短小的文字作品、音乐作品或者单幅的美术作品、摄影作品，但应当按照规定支付报酬，指明作者姓名、作品名称，并且不得侵犯著作权人依照本法享有的其他权利。

前款规定适用于对出版者、表演者、录音录像制作者、广播电台、电视台的权利的限制。

第二十四条 使用他人作品应当同著作权人订立许可使用合同，本法规定可以不经许可的除外。许可使用合同包括下列主要内容：

（一）许可使用的权利种类；

（二）许可使用的权利是专有使用权或者非专有使用权；

（三）许可使用的地域范围、期间；

（四）付酬标准和办法；

（五）违约责任；

（六）双方认为需要约定的其他内容。

第二十五条 转让本法第十条第一款第（五）项至第（十七）项规定的权利，应当订立书面合同。

权利转让合同包括下列主要内容：

（一）作品的名称；

（二）转让的权利种类、地域范围；

（三）转让价金；

（四）交付转让价金的日期和方式；

（五）违约责任；

（六）双方认为需要约定的其他内容。

第二十六条 许可使用合同和转让合同中著作权人未明确许可、转让的权利，未经著作权人同意，另一方当事人不得行使。

第二十七条 使用作品的付酬标准可以由当事人约定，也可以按照国务院著作权行政管理部门会同有关部门制定的付酬标准支付报酬。当事人约定不明确的，按照国务院著作权行政管理部门会同有关部门制定的付酬标准支付报酬。

第二十八条　出版者、表演者、录音录像制作者、广播电台、电视台等依照本法有关规定使用他人作品的，不得侵犯作者的署名权、修改权、保护作品完整权和获得报酬的权利。

第二十九条　图书出版者出版图书应当和著作权人订立出版合同，并支付报酬。

第三十条　图书出版者对著作权人交付出版的作品，按照合同约定享有的专有出版权受法律保护，他人不得出版该作品。

第三十一条　著作权人应当按照合同约定期限交付作品。图书出版者应当按照合同约定的出版质量、期限出版图书。

图书出版者不按照合同约定期限出版，应当依照本法第五十三条的规定承担民事责任。

图书出版者重印、再版作品的，应当通知著作权人，并支付报酬。图书脱销后，图书出版者拒绝重印、再版的，著作权人有权终止合同。

第三十二条　著作权人向报社、期刊社投稿的，自稿件发出之日起十五日内未收到报社通知决定刊登的，或者自稿件发出之日起三十日内未收到期刊社通知决定刊登的，可以将同一作品向其他报社、期刊社投稿。双方另有约定的除外。

作品刊登后，除著作权人声明不得转载、摘编的外，其他报刊可以转载或者作为文摘、资料刊登，但应当按照规定向著作权人支付报酬。

第三十三条　图书出版者经作者许可，可以对作品修改、删节。

报社、期刊社可以对作品作文字性修改、删节。对内容的修改，应当经作者许可。

第三十四条　出版改编、翻译、注释、整理、汇编已有作品而产生的作品，应当取得改编、翻译、注释、整理、汇编作品的著作权人和原作品的著作权人许可，并支付报酬。

第三十五条 出版者有权许可或者禁止他人使用其出版的图书、期刊的版式设计。

前款规定的权利的保护期为十年，截止于使用该版式设计的图书、期刊首次出版后第十年的 12 月 31 日。

第三十六条 使用他人作品演出，表演者（演员、演出单位）应当取得著作权人许可，并支付报酬。演出组织者组织演出，由该组织者取得著作权人许可，并支付报酬。

使用改编、翻译、注释、整理已有作品而产生的作品进行演出，应当取得改编、翻译、注释、整理作品的著作权人和原作品的著作权人许可，并支付报酬。

第三十七条 表演者对其表演享有下列权利：

（一）表明表演者身份；

（二）保护表演形象不受歪曲；

（三）许可他人从现场直播和公开传送其现场表演，并获得报酬；

（四）许可他人录音录像，并获得报酬；

（五）许可他人复制、发行录有其表演的录音录像制品，并获得报酬；

（六）许可他人通过信息网络向公众传播其表演，并获得报酬。

被许可人以前款第（三）项至第（六）项规定的方式使用作品，还应当取得著作权人许可，并支付报酬。

第三十八条 本法第三十七条第一款第（一）项、第（二）项规定的权利的保护期不受限制。

本法第三十七条第一款第（三）项至第（六）项规定的权利的保护期为五十年，截止于该表演发生后第五十年的 12 月 31 日。

第三十九条 录音录像制作者使用他人作品制作录音录像制品，应当取得著作权人许可，并支付报酬。

录音录像制作者使用改编、翻译、注释、整理已有作品而产生的作品，应当取得改编、翻译、注释、整理作品的著作权人和原作品著作权人许可，并支付报酬。

录音制作者使用他人已经合法录制为录音制品的音乐作品制作录音制品，可以不经著作权人许可，但应当按照规定支付报酬；著作权人声明不许使用的不得使用。

第四十条　录音录像制作者制作录音录像制品，应当同表演者订立合同，并支付报酬。

第四十一条　录音录像制作者对其制作的录音录像制品，享有许可他人复制、发行、出租、通过信息网络向公众传播并获得报酬的权利；权利的保护期为五十年，截止于该制品首次制作完成后第五十年的 12 月 31 日。

被许可人复制、发行、通过信息网络向公众传播录音录像制品，还应当取得著作权人、表演者许可，并支付报酬。

第四十二条　广播电台、电视台播放他人未发表的作品，应当取得著作权人许可，并支付报酬。

广播电台、电视台播放他人已发表的作品，可以不经著作权人许可，但应当支付报酬。

第四十三条　广播电台、电视台播放已经出版的录音制品，可以不经著作权人许可，但应当支付报酬。当事人另有约定的除外。具体办法由国务院规定。

第四十四条　广播电台、电视台有权禁止未经其许可的下列行为：

（一）将其播放的广播、电视转播；

（二）将其播放的广播、电视录制在音像载体上以及复制音像载体。

前款规定的权利的保护期为五十年，截止于该广播、电视首次播放后第五十年的 12 月 31 日。

第四十五条　电视台播放他人的电影作品和以类似摄制电影的方法创作的作品、录像制品，应当取得制片者或者录像制作者许可，并支付报酬；播放他人的录像制品，还应当取得著作权人许可，并支付报酬。

第四十六条　有下列侵权行为的，应当根据情况，承担停止侵害、消除影响、赔礼道歉、赔偿损失等民事责任：

（一）未经著作权人许可，发表其作品的；

（二）未经合作作者许可，将与他人合作创作的作品当作自己单独创作的作品发表的；

（三）没有参加创作，为谋取个人名利，在他人作品上署名的；

（四）歪曲、篡改他人作品的；

（五）剽窃他人作品的；

（六）未经著作权人许可，以展览、摄制电影和以类似摄制电影的方法使用作品，或者以改编、翻译、注释等方式使用作品的，本法另有规定的除外；

（七）使用他人作品，应当支付报酬而未支付的；

（八）未经电影作品和以类似摄制电影的方法创作的作品、计算机软件、录音录像制品的著作权人或者与著作权有关的权利人许可，出租其作品或者录音录像制品的，本法另有规定的除外；

（九）未经出版者许可，使用其出版的图书、期刊的版式设计的；

（十）未经表演者许可，从现场直播或者公开传送其现场表演，或者录制其表演的；

（十一）其他侵犯著作权以及与著作权有关的权益的行为。

第四十七条 有下列侵权行为的，应当根据情况，承担停止侵害、消除影响、赔礼道歉、赔偿损失等民事责任；同时损害公共利益的，可以由著作权行政管理部门责令停止侵权行为，没收违法所得，没收、销毁侵权复制品，并可处以罚款；情节严重的，著作权行政管理部门还可以没收主要用于制作侵权复制品的材料、工具、设备等；构成犯罪的，依法追究刑事责任：

（一）未经著作权人许可，复制、发行、表演、放映、广播、汇编、通过信息网络向公众传播其作品的，本法另有规定的除外；

（二）出版他人享有专有出版权的图书的；

（三）未经表演者许可，复制、发行录有其表演的录音录像制品，或者通过信息网络向公众传播其表演的，本法另有规定的除外；

（四）未经录音录像制作者许可，复制、发行、通过信息网络向公众传播其制作的录音录像制品的，本法另有规定的除外；

（五）未经许可，播放或者复制广播、电视的，本法另有规定的除外；

（六）未经著作权人或者与著作权有关的权利人许可，故意避开或者破坏权利人为其作品、录音录像制品等采取的保护著作权或者与著作权有关的权利的技术措施的，法律、行政法规另有规定的除外；

（七）未经著作权人或者与著作权有关的权利人许可，故意删除或者改变作品、录音录像制品等的权利管理电子信息的，法律、行政法规另有规定的除外；

（八）制作、出售假冒他人署名的作品的。

第四十八条　侵犯著作权或者与著作权有关的权利的，侵权人应当按照权利人的实际损失给予赔偿；实际损失难以计算的，可以按照侵权人的违法所得给予赔偿。赔偿数额还应当包括权利人为制止侵权行为所支付的合理开支。

权利人的实际损失或者侵权人的违法所得不能确定的，由人民法院根据侵权行为的情节，判决给予五十万元以下的赔偿。

第四十九条　著作权人或者与著作权有关的权利人有证据证明他人正在实施或者即将实施侵犯其权利的行为，如不及时制止将会使其合法权益受到难以弥补的损害的，可以在起诉前向人民法院申请采取责令停止有关行为和财产保全的措施。

人民法院处理前款申请，适用《中华人民共和国民事诉讼法》第九十三条至第九十六条和第九十九条的规定。

第五十条　为制止侵权行为，在证据可能灭失或者以后难以取得的情况下，著作权人或者与著作权有关的权利人可以在起诉前向人民法院申请保全证据。

人民法院接受申请后，必须在四十八小时内作出裁定；裁定采取保全措施的，应当立即开始执行。

人民法院可以责令申请人提供担保，申请人不提供担保的，驳回申请。

申请人在人民法院采取保全措施后十五日内不起诉的，人民法院应当解除保全措施。

第五十一条 人民法院审理案件，对于侵犯著作权或者与著作权有关的权利的，可以没收违法所得、侵权复制品以及进行违法活动的财物。

第五十二条 复制品的出版者、制作者不能证明其出版、制作有合法授权的，复制品的发行者或者电影作品或者以类似摄制电影的方法创作的作品、计算机软件、录音录像制品的复制品的出租者不能证明其发行、出租的复制品有合法来源的，应当承担法律责任。

第五十三条 当事人不履行合同义务或者履行合同义务不符合约定条件的，应当依照《中华人民共和国民法通则》、《中华人民共和国合同法》等有关法律规定承担民事责任。

第五十四条 著作权纠纷可以调解，也可以根据当事人达成的书面仲裁协议或者著作权合同中的仲裁条款，向仲裁机构申请仲裁。

当事人没有书面仲裁协议，也没有在著作权合同中订立仲裁条款的，可以直接向人民法院起诉。

第五十五条 当事人对行政处罚不服的，可以自收到行政处罚决定书之日起三个月内向人民法院起诉，期满不起诉又不履行的，著作权行政管理部门可以申请人民法院执行。

第五十六条 本法所称的著作权即版权。

第五十七条 本法第二条所称的出版，指作品的复制、发行。

第五十八条 计算机软件、信息网络传播权的保护办法由国务院另行规定。

第五十九条 本法规定的著作权人和出版者、表演者、录音录像制作者、广播电台、电视台的权利，在本法施行之日尚未超过本法规定的保护期的，依照本法予以保护。

本法施行前发生的侵权或者违约行为，依照侵权或者违约行为发生时的有关规定和政策处理。

第六十条 本法自 1991 年 6 月 1 日起施行。

中华人民共和国反不正当竞争法

1993 年 9 月 2 日第八届全国人民代表大会常务委员会第三次会议通过

第一章　总　　则

第一条　为保障社会主义市场经济健康发展，鼓励和保护公平竞争，制止不正当竞争行为，保护经营者和消费者的合法权益，制定本法。

第二条　经营者在市场交易中，应当遵循自愿、平等、公平、诚实信用的原则，遵守公认的商业道德。

本法所称的不正当竞争，是指经营者违反本法规定，损害其他经营者的合法权益，扰乱社会经济秩序的行为。

本法所称的经营者，是指从事商品经营或者营利性服务（以下所称商品包括服务）的法人、其他经济组织和个人。

第三条　各级人民政府应当采取措施，制止不正当竞争行为，为公平竞争创造良好的环境和条件。

县级以上人民政府工商行政管理部门对不正当竞争行为进行监督检查；法律、行政法规规定由其他部门监督检查的，依照其规定。

第四条　国家鼓励、支持和保护一切组织和个人对不正当竞争行为进行社会监督。

国家机关工作人员不得支持、包庇不正当竞争行为。

第二章　不正当竞争行为

第五条　经营者不得采用下列不正当手段从事市场交易，损害竞争对手：

（一）假冒他人的注册商标；

（二）擅自使用知名商品特有的名称、包装、装潢，或者使用与知名商品近似的名称、包装、装潢，造成和他人的知名商品相混淆，使购买者误认为是该知名商品；

（三）擅自使用他人的企业名称或者姓名，引人误认为是他人的商品；

（四）在商品上伪造或者冒用认证标志、名优标志等质量标志，伪造产地，对商品质量作引人误解的虚假表示。

第六条 公用企业或者其他依法具有独占地位的经营者，不得限定他人购买其指定的经营者的商品，以排挤其他经营者的公平竞争。

第七条 政府及其所属部门不得滥用行政权力，限定他人购买其指定的经营者的商品，限制其他经营者正当的经营活动。

政府及其所属部门不得滥用行政权力，限制外地商品进入本地市场，或者本地商品流向外地市场。

第八条 经营者不得采用财物或者其他手段进行贿赂以销售或者购买商品。在账外暗中给予对方单位或者个人回扣的，以行贿论处；对方单位或者个人在账外暗中收受回扣的，以受贿论处。

经营者销售或者购买商品，可以以明示方式给对方折扣，可以给中间人佣金。经营者给对方折扣、给中间人佣金的，必须如实入账。接受折扣、佣金的经营者必须如实入账。

第九条 经营者不得利用广告或者其他方法，对商品的质量、制作成分、性能、用途、生产者、有效期限、产地等作引人误解的虚假宣传。

广告的经营者不得在明知或者应知的情况下，代理、设计、制作、发布虚假广告。

第十条 经营者不得采用下列手段侵犯商业秘密：

（一）以盗窃、利诱、胁迫或者其他不正当手段获取权利人的商业秘密；

（二）披露、使用或者允许他人使用以前项手段获取的权利人的商业秘密；

（三）违反约定或者违反权利人有关保守商业秘密的要求，披露、使用或者允许他人使用其所掌握的商业秘密。

第三人明知或者应知前款所列违法行为，获取、使用或者披露他人的商业秘密，视为侵犯商业秘密。

本条所称的商业秘密，是指不为公众所知悉、能为权利人带来经济利益、具有实用性并经权利人采取保密措施的技术信息和经营信息。

第十一条　经营者不得以排挤竞争对手为目的，以低于成本的价格销售商品。

有下列情形之一的，不属于不正当竞争行为：

（一）销售鲜活商品；

（二）处理有效期限即将到期的商品或者其他积压的商品；

（三）季节性降价；

（四）因清偿债务、转产、歇业降价销售商品。

第十二条　经营者销售商品，不得违背购买者的意愿搭售商品或者附加其他不合理的条件。

第十三条　经营者不得从事下列有奖销售：

（一）采用谎称有奖或者故意让内定人员中奖的欺骗方式进行有奖销售；

（二）利用有奖销售的手段推销质次价高的商品；

（三）抽奖式的有奖销售，最高奖的金额超过五千元。

第十四条　经营者不得捏造、散布虚伪事实，损害竞争对手的商业信誉、商品声誉。

第十五条　投标者不得串通投标，抬高标价或者压低标价。

投标者和招标者不得相互勾结，以排挤竞争对手的公平竞争。

第三章　监督检查

第十六条　县级以上监督检查部门对不正当竞争行为，可以进行监督检查。

第十七条　监督检查部门在监督检查不正当竞争行为时，有权行使下列职权：

（一）按照规定程序询问被检查的经营者、利害关系人、证明人，并要求提供证明材料或者与不正当竞争行为有关的其他资料；

（二）查询、复制与不正当竞争行为有关的协议、账册、单据、文件、记录、业务函电和其他资料；

（三）检查与本法第五条规定的不正当竞争行为有关的财物，必要时可以责令被检查的经营者说明该商品的来源和数量，暂停销售，听候检查，不得转移、隐匿、销毁该财物。

第十八条　监督检查部门工作人员监督检查不正当竞争行为时，应当出示检查证件。

第十九条　监督检查部门在监督检查不正当竞争行为时，被检查的经营者、利害关系人和证明人应当如实提供有关资料或者情况。

第四章　法律责任

第二十条　经营者违反本法规定，给被侵害的经营者造成损害的，应当承担损害赔偿责任，被侵害的经营者的损失难以计算的，赔偿额为侵权人在侵权期间因侵权所获得的利润；并应当承担被侵害的经营者因调查该经营者侵害其合法权益的不正当竞争行为所支付的合理费用。

被侵害的经营者的合法权益受到不正当竞争行为损害的，可以向人民法院提起诉讼。

第二十一条　经营者假冒他人的注册商标，擅自使用他人的企业名称或者姓名，伪造或者冒用认证标志、名优标志等质量标志，伪造产地，对商品质量作引人误解的虚假表示的，依照《中华人民共和国商标法》、《中华人民共和国产品质量法》的规定处罚。

经营者擅自使用知名商品特有的名称、包装、装潢，或者使用与知名商品近似的名称、包装、装潢，造成和他人的知名商品相混淆，使购买者误认为是该知名商品的，监督检查部门应当责令停止违法行为，没收违法所得，可以根据情节处以违法所得一倍以上三倍以下的罚款；情节严重的，可以吊销营业执照；销售伪劣商品，构成犯罪的，依法追究刑事责任。

第二十二条　经营者采用财物或者其他手段进行贿赂以销售或者购买商品，构成犯罪的，依法追究刑事责任；不构成犯罪的，监督检查部门可以根据情节处以一万元以上二十万元以下的罚款，有违法所得的，予以没收。

第二十三条　公用企业或者其他依法具有独占地位的经营者，限定他人购买其指定的经营者的商品，以排挤其他经营者的公平竞争的，省级或者设区的市的监督检查部门应当责令停止违法行为，可以根据情节处以五万元以上二十万元以下的罚款。被指定的经营者借此销售质次价高商品或者滥收费用的，监督检查部门应当没收违法所得，可以根据情节处以违法所得一倍以上三倍以下的罚款。

第二十四条　经营者利用广告或者其他方法，对商品作引人误解的虚假宣传的，监督检查部门应当责令停止违法行为，消除影响，可以根据情节处以一万元以上二十万元以下的罚款。

广告的经营者，在明知或者应知的情况下，代理、设计、制作、发布虚假广告的，监督检查部门应当责令停止违法行为，没收违法所得，并依法处以罚款。

第二十五条　违反本法第十条规定侵犯商业秘密的，监督检查部门应当责令停止违法行为，可以根据情节处以一万元以上二十万元以下的罚款。

第二十六条　经营者违反本法第十三条规定进行有奖销售的，监督检查部门应当责令停止违法行为，可以根据情节处以一万元以上十万元以下的罚款。

第二十七条　投标者串通投标，抬高标价或者压低标价；投标者和招标者相互勾结，以排挤竞争对手的公平竞争的，其中标无效。监督检查部门可以根据情节处以一万元以上二十万元以下的罚款。

第二十八条　经营者有违反被责令暂停销售，不得转移、隐匿、销毁与不正当竞争行为有关的财物的行为的，监督检查部门可以根据情节处以被销售、转移、隐匿、销毁财物的价款的一倍以上三倍以下的罚款。

第二十九条　当事人对监督检查部门作出的处罚决定不服的，可以自收到处罚决定之日起十五日内向上一级主管机关申请复议；对复议决定不服的，可以自收到复议决定书之日起十五日内向人民法院提起诉讼；也可以直接向人民法院提起诉讼。

第三十条　政府及其所属部门违反本法第七条规定，限定他人购买其指定的经营者的商品、限制其他经营者正当的经营活动，或者限制商品在地区之间正常流通的，由上级机关责令其改正；情节严重的，由同级或者上级机关对直接责任人员给予行政处分。被指定的经营者借此销售质次价高商品或者滥收费用的，监督检查部门应当没收违法所得，可以根据情节处以违法所得一倍以上三倍以下的罚款。

第三十一条 监督检查不正当竞争行为的国家机关工作人员滥用职权、玩忽职守，构成犯罪的，依法追究刑事责任；不构成犯罪的，给予行政处分。

第三十二条 监督检查不正当竞争行为的国家机关工作人员徇私舞弊，对明知有违反本法规定构成犯罪的经营者故意包庇不使他受追诉的，依法追究刑事责任。

第五章 附 则

第三十三条 本法自 1993 年 12 月 1 日起施行。

中华人民共和国专利法

(1984 年 3 月 12 日第六届全国人民代表大会常务委员会第四次会议通过 根据 1992 年 9 月 4 日第七届全国人民代表大会常务委员会第二十七次会议《关于修改〈中华人民共和国专利法〉的决定》第一次修正 根据 2000 年 8 月 25 日第九届全国人民代表大会常务委员会第十七次会议《关于修改〈中华人民共和国专利法〉的决定》第二次修正)

第一章 总 则

第一条 为了保护发明创造专利权，鼓励发明创造，有利于发明创造的推广应用，促进科学技术进步和创新，适应社会主义现代化建设的需要，特制定本法。

第二条 本法所称的发明创造是指发明、实用新型和外观设计。

第三条 国务院专利行政部门负责管理全国的专利工作；统一受理和审

查专利申请，依法授予专利权。

省、自治区、直辖市人民政府管理专利工作的部门负责本行政区域内的专利管理工作。

第四条　申请专利的发明创造涉及国家安全或者重大利益需要保密的，按照国家有关规定办理。

第五条　对违反国家法律、社会公德或者妨害公共利益的发明创造，不授予专利权。

第六条　执行本单位的任务或者主要是利用本单位的物质技术条件所完成的发明创造为职务发明创造。职务发明创造申请专利的权利属于该单位；申请被批准后，该单位为专利权人。

非职务发明创造，申请专利的权利属于发明人或者设计人；申请被批准后，该发明人或者设计人为专利权人。

利用本单位的物质技术条件所完成的发明创造，单位与发明人或者设计人订有合同，对申请专利的权利和专利权的归属作出约定的，从其约定。

第七条　对发明人或者设计人的非职务发明创造专利申请，任何单位或者个人不得压制。

第八条　两个以上单位或者个人合作完成的发明创造、一个单位或者个人接受其他单位或者个人委托所完成的发明创造，除另有协议的以外，申请专利的权利属于完成或者共同完成的单位或者个人；申请被批准后，申请的单位或者个人为专利权人。

第九条　两个以上的申请人分别就同样的发明创造申请专利的，专利权授予最先申请的人。

第十条　专利申请权和专利权可以转让。

中国单位或者个人向外国人转让专利申请权或者专利权的，必须经国务院有关主管部门批准。

转让专利申请权或者专利权的，当事人应当订立书面合同，并向国务院专利行政部门登记，由国务院专利行政部门予以公告。专利申请权或者专利权的转让自登记之日起生效。

第十一条　发明和实用新型专利权被授予后，除本法另有规定的以外，任何单位或者个人未经专利权人许可，都不得实施其专利，即不得为生产经营目的制造、使用、许诺销售、销售、进口其专利产品，或者使用其专利方法以及使用、许诺销售、销售、进口依照该专利方法直接获得的产品。

外观设计专利权被授予后，任何单位或者个人未经专利权人许可，都不得实施其专利，即不得为生产经营目的制造、销售、进口其外观设计专利产品。

第十二条　任何单位或者个人实施他人专利的，应当与专利权人订立书面实施许可合同，向专利权人支付专利使用费。被许可人无权允许合同规定以外的任何单位或者个人实施该专利。

第十三条　发明专利申请公布后，申请人可以要求实施其发明的单位或者个人支付适当的费用。

第十四条　国有企业事业单位的发明专利，对国家利益或者公共利益具有重大意义的，国务院有关主管部门和省、自治区、直辖市人民政府报经国务院批准，可以决定在批准的范围内推广应用，允许指定的单位实施，由实施单位按照国家规定向专利权人支付使用费。

中国集体所有制单位和个人的发明专利，对国家利益或者公共利益具有重大意义，需要推广应用的，参照前款规定办理。

第十五条　专利权人有权在其专利产品或者该产品的包装上标明专利标记和专利号。

第十六条　被授予专利权的单位应当对职务发明创造的发明人或者设计人给予奖励；发明创造专利实施后，根据其推广应用的范围和取得的经济效益，对发明人或者设计人给予合理的报酬。

第十七条　发明人或者设计人有在专利文件中写明自己是发明人或者设计人的权利。

第十八条　在中国没有经常居所或者营业所的外国人、外国企业或者外国其他组织在中国申请专利的，依照其所属国同中国签订的协议或者共同参加的国际条约，或者依照互惠原则，根据本法办理。

第十九条 在中国没有经常居所或者营业所的外国人、外国企业或者外国其他组织在中国申请专利和办理其他专利事务的，应当委托国务院专利行政部门指定的专利代理机构办理。

中国单位或者个人在国内申请专利和办理其他专利事务的，可以委托专利代理机构办理。

专利代理机构应当遵守法律、行政法规，按照被代理人的委托办理专利申请或者其他专利事务；对被代理人发明创造的内容，除专利申请已经公布或者公告的以外，负有保密责任。专利代理机构的具体管理办法由国务院规定。

第二十条 中国单位或者个人将其在国内完成的发明创造向外国申请专利的，应当先向国务院专利行政部门申请专利，委托其指定的专利代理机构办理，并遵守本法第四条的规定。

中国单位或者个人可以根据中华人民共和国参加的有关国际条约提出专利国际申请。申请人提出专利国际申请的，应当遵守前款规定。

国务院专利行政部门依照中华人民共和国参加的有关国际条约、本法和国务院有关规定处理专利国际申请。

第二十一条 国务院专利行政部门及其专利复审委员会应当按照客观、公正、准确、及时的要求，依法处理有关专利的申请和请求。

在专利申请公布或者公告前，国务院专利行政部门的工作人员及有关人员对其内容负有保密责任。

第二章 授予专利权的条件

第二十二条 授予专利权的发明和实用新型，应当具备新颖性、创造性和实用性。

新颖性，是指在申请日以前没有同样的发明或者实用新型在国内外出版物上公开发表过、在国内公开使用过或者以其他方式为公众所知，也没有同样的发明或者实用新型由他人向国务院专利行政部门提出过申请并且记载在申请日以后公布的专利申请文件中。

创造性，是指同申请日以前已有的技术相比，该发明有突出的实质性特点和显著的进步，该实用新型有实质性特点和进步。

实用性，是指该发明或者实用新型能够制造或者使用，并且能够产生积极效果。

第二十三条 授予专利权的外观设计，应当同申请日以前在国内外出版物上公开发表过或者国内公开使用过的外观设计不相同和不相近似，并不得与他人在先取得的合法权利相冲突。

第二十四条 申请专利的发明创造在申请日以前六个月内，有下列情形之一的，不丧失新颖性：

（一）在中国政府主办或者承认的国际展览会上首次展出的；

（二）在规定的学术会议或者技术会议上首次发表的；

（三）他人未经申请人同意而泄露其内容的。

第二十五条 对下列各项，不授予专利权：

（一）科学发现；

（二）智力活动的规则和方法；

（三）疾病的诊断和治疗方法；

（四）动物和植物品种；

（五）用原子核变换方法获得的物质。

对前款第（四）项所列产品的生产方法，可以依照本法规定授予专利权。

第三章 专利的申请

第二十六条 申请发明或者实用新型专利的，应当提交请求书、说明书及其摘要和权利要求书等文件。

请求书应当写明发明或者实用新型的名称，发明人或者设计人的姓名，申请人姓名或者名称、地址，以及其他事项。

说明书应当对发明或者实用新型作出清楚、完整的说明，以所属技术领域的技术人员能够实现为准；必要的时候，应当有附图。摘要应当简要说明发明或者实用新型的技术要点。

权利要求书应当以说明书为依据，说明要求专利保护的范围。

第二十七条　申请外观设计专利的，应当提交请求书以及该外观设计的图片或者照片等文件，并且应当写明使用该外观设计的产品及其所属的类别。

第二十八条　国务院专利行政部门收到专利申请文件之日为申请日。如果申请文件是邮寄的，以寄出的邮戳日为申请日。

第二十九条　申请人自发明或者实用新型在外国第一次提出专利申请之日起十二个月内，或者自外观设计在外国第一次提出专利申请之日起六个月内，又在中国就相同主题提出专利申请的，依照该外国同中国签订的协议或者共同参加的国际条约，或者依照相互承认优先权的原则，可以享有优先权。

申请人自发明或者实用新型在中国第一次提出专利申请之日起十二个月内，又向国务院专利行政部门就相同主题提出专利申请的，可以享有优先权。

第三十条　申请人要求优先权的，应当在申请的时候提出书面声明，并且在三个月内提交第一次提出的专利申请文件的副本；未提出书面声明或者逾期未提交专利申请文件副本的，视为未要求优先权。

第三十一条　一件发明或者实用新型专利申请应当限于一项发明或者实用新型。属于一个总的发明构思的两项以上的发明或者实用新型，可以作为一件申请提出。

一件外观设计专利申请应当限于一种产品所使用的一项外观设计。用于同一类别并且成套出售或者使用的产品的两项以上的外观设计，可以作为一件申请提出。

第三十二条　申请人可以在被授予专利权之前随时撤回其专利申请。

第三十三条　申请人可以对其专利申请文件进行修改，但是，对发明和实用新型专利申请文件的修改不得超出原说明书和权利要求书记载的范围，对外观设计专利申请文件的修改不得超出原图片或者照片表示的范围。

第四章　专利申请的审查和批准

第三十四条　国务院专利行政部门收到发明专利申请后，经初步审查认为符合本法要求的，自申请日起满十八个月，即行公布。国务院专利行政部门可以根据申请人的请求早日公布其申请。

　　第三十五条　发明专利申请自申请日起三年内，国务院专利行政部门可以根据申请人随时提出的请求，对其申请进行实质审查；申请人无正当理由逾期不请求实质审查的，该申请即被视为撤回。

　　国务院专利行政部门认为必要的时候，可以自行对发明专利申请进行实质审查。

　　第三十六条　发明专利的申请人请求实质审查的时候，应当提交在申请日前与其发明有关的参考资料。

　　发明专利已经在外国提出过申请的，国务院专利行政部门可以要求申请人在指定期限内提交该国为审查其申请进行检索的资料或者审查结果的资料；无正当理由逾期不提交的，该申请即被视为撤回。

　　第三十七条　国务院专利行政部门对发明专利申请进行实质审查后，认为不符合本法规定的，应当通知申请人，要求其在指定的期限内陈述意见，或者对其申请进行修改；无正当理由逾期不答复的，该申请即被视为撤回。

　　第三十八条　发明专利申请经申请人陈述意见或者进行修改后，国务院专利行政部门仍然认为不符合本法规定的，应当予以驳回。

　　第三十九条　发明专利申请经实质审查没有发现驳回理由的，由国务院专利行政部门作出授予发明专利权的决定，发给发明专利证书，同时予以登记和公告。发明专利权自公告之日起生效。

　　第四十条　实用新型和外观设计专利申请经初步审查没有发现驳回理由的，由国务院专利行政部门作出授予实用新型专利权或者外观设计专利权的决定，发给相应的专利证书，同时予以登记和公告。实用新型专利权和外观设计专利权自公告之日起生效。

　　第四十一条　国务院专利行政部门设立专利复审委员会。专利申请人对国务院专利行政部门驳回申请的决定不服的，可以自收到通知之日起三个月内，向专利复审委员会请求复审。专利复审委员会复审后，作出决定，并通知专利申请人。

　　专利申请人对专利复审委员会的复审决定不服的，可以自收到通知之日起三个月内向人民法院起诉。

第五章　专利权的期限、终止和无效

第四十二条　发明专利权的期限为二十年，实用新型专利权和外观设计专利权的期限为十年，均自申请日起计算。

第四十三条　专利权人应当自被授予专利权的当年开始缴纳年费。

第四十四条　有下列情形之一的，专利权在期限届满前终止：

（一）没有按照规定缴纳年费的；

（二）专利权人以书面声明放弃其专利权的。

专利权在期限届满前终止的，由国务院专利行政部门登记和公告。

第四十五条　自国务院专利行政部门公告授予专利权之日起，任何单位或者个人认为该专利权的授予不符合本法有关规定的，可以请求专利复审委员会宣告该专利权无效。

第四十六条　专利复审委员会对宣告专利权无效的请求应当及时审查和作出决定，并通知请求人和专利权人。宣告专利权无效的决定，由国务院专利行政部门登记和公告。

对专利复审委员会宣告专利权无效或者维持专利权的决定不服的，可以自收到通知之日起三个月内向人民法院起诉。人民法院应当通知无效宣告请求程序的对方当事人作为第三人参加诉讼。

第四十七条　宣告无效的专利权视为自始即不存在。

宣告专利权无效的决定，对在宣告专利权无效前人民法院作出并已执行的专利侵权的判决、裁定，已经履行或者强制执行的专利侵权纠纷处理决定，以及已经履行的专利实施许可合同和专利权转让合同，不具有追溯力。但是因专利权人的恶意给他人造成的损失，应当给予赔偿。

如果依照前款规定，专利权人或者专利权转让人不向被许可实施专利人或者专利权受让人返还专利使用费或者专利权转让费，明显违反公平原则，专利权人或者专利权转让人应当向被许可实施专利人或者专利权受让人返还全部或者部分专利使用费或者专利权转让费。

第六章　专利实施的强制许可

第四十八条　具备实施条件的单位以合理的条件请求发明或者实用新型专利权人许可实施其专利，而未能在合理长的时间内获得这种许可时，国务院专利行政部门根据该单位的申请，可以给予实施该发明专利或者实用新型专利的强制许可。

第四十九条　在国家出现紧急状态或者非常情况时，或者为了公共利益的目的，国务院专利行政部门可以给予实施发明专利或者实用新型专利的强制许可。

第五十条　一项取得专利权的发明或者实用新型比起已经取得专利权的发明或者实用新型具有显著经济意义的重大技术进步，其实施又有赖于前一发明或者实用新型的实施的，国务院专利行政部门根据后一专利权人的申请，可以给予实施前一发明或者实用新型的强制许可。

在依照前款规定给予实施强制许可的情形下，国务院专利行政部门根据前一专利权人的申请，也可以给予实施后一发明或者实用新型的强制许可。

第五十一条　依照本法规定申请实施强制许可的单位或者个人，应当提出未能以合理条件与专利权人签订实施许可合同的证明。

第五十二条　国务院专利行政部门作出的给予实施强制许可的决定，应当及时通知专利权人，并予以登记和公告。

给予实施强制许可的决定，应当根据强制许可的理由规定实施的范围和时间。强制许可的理由消除并不再发生时，国务院专利行政部门应当根据专利权人的请求，经审查后作出终止实施强制许可的决定。

第五十三条　取得实施强制许可的单位或者个人不享有独占的实施权，并且无权允许他人实施。

第五十四条　取得实施强制许可的单位或者个人应当付给专利权人合理的使用费，其数额由双方协商；双方不能达成协议的，由国务院专利行政部门裁决。

第五十五条　专利权人对国务院专利行政部门关于实施强制许可的决定

不服的，专利权人和取得实施强制许可的单位或者个人对国务院专利行政部门关于实施强制许可的使用费的裁决不服的，可以自收到通知之日起三个月内向人民法院起诉。

第七章　专利权的保护

第五十六条　发明或者实用新型专利权的保护范围以其权利要求的内容为准，说明书及附图可以用于解释权利要求。

外观设计专利权的保护范围以表示在图片或者照片中的该外观设计专利产品为准。

第五十七条　未经专利权人许可，实施其专利，即侵犯其专利权，引起纠纷的，由当事人协商解决；不愿协商或者协商不成的，专利权人或者利害关系人可以向人民法院起诉，也可以请求管理专利工作的部门处理。管理专利工作的部门处理时，认定侵权行为成立的，可以责令侵权人立即停止侵权行为，当事人不服的，可以自收到处理通知之日起十五日内依照《中华人民共和国行政诉讼法》向人民法院起诉；侵权人期满不起诉又不停止侵权行为的，管理专利工作的部门可以申请人民法院强制执行。进行处理的管理专利工作的部门应当事人的请求，可以就侵犯专利权的赔偿数额进行调解；调解不成的，当事人可以依照《中华人民共和国民事诉讼法》向人民法院起诉。

专利侵权纠纷涉及新产品制造方法的发明专利的，制造同样产品的单位或者个人应当提供其产品制造方法不同于专利方法的证明；涉及实用新型专利的，人民法院或者管理专利工作的部门可以要求专利权人出具由国务院专利行政部门作出的检索报告。

第五十八条　假冒他人专利的，除依法承担民事责任外，由管理专利工作的部门责令改正并予公告，没收违法所得，可以并处违法所得三倍以下的罚款，没有违法所得的，可以处五万元以下的罚款；构成犯罪的，依法追究刑事责任。

第五十九条　以非专利产品冒充专利产品、以非专利方法冒充专利方法的，由管理专利工作的部门责令改正并予公告，可以处五万元以下的罚款。

第六十条 侵犯专利权的赔偿数额，按照权利人因被侵权所受到的损失或者侵权人因侵权所获得的利益确定；被侵权人的损失或者侵权人获得的利益难以确定的，参照该专利许可使用费的倍数合理确定。

第六十一条 专利权人或者利害关系人有证据证明他人正在实施或者即将实施侵犯其专利权的行为，如不及时制止将会使其合法权益受到难以弥补的损害的，可以在起诉前向人民法院申请采取责令停止有关行为和财产保全的措施。

人民法院处理前款申请，适用《中华人民共和国民事诉讼法》第九十三条至第九十六条和第九十九条的规定。

第六十二条 侵犯专利权的诉讼时效为两年，自专利权人或者利害关系人得知或者应当得知侵权行为之日起计算。

发明专利申请公布后至专利权授予前使用该发明未支付适当使用费的，专利权人要求支付使用费的诉讼时效为两年，自专利权人得知或者应当得知他人使用其发明之日起计算，但是，专利权人于专利权授予之日前即已得知或者应当得知的，自专利权授予之日起计算。

第六十三条 有下列情形之一的，不视为侵犯专利权：

（一）专利权人制造、进口或者经专利权人许可而制造、进口的专利产品或者依照专利方法直接获得的产品售出后，使用、许诺销售或者销售该产品的；

（二）在专利申请日前已经制造相同产品、使用相同方法或者已经作好制造、使用的必要准备，并且仅在原有范围内继续制造、使用的；

（三）临时通过中国领陆、领水、领空的外国运输工具，依照其所属国同中国签订的协议或者共同参加的国际条约，或者依照互惠原则，为运输工具自身需要而在其装置和设备中使用有关专利的；

（四）专为科学研究和实验而使用有关专利的。

为生产经营目的使用或者销售不知道是未经专利权人许可而制造并售出的专利产品或者依照专利方法直接获得的产品，能证明其产品合法来源的，不承担赔偿责任。

第六十四条　违反本法第二十条规定向外国申请专利，泄露国家秘密的，由所在单位或者上级主管机关给予行政处分；构成犯罪的，依法追究刑事责任。

第六十五条　侵夺发明人或者设计人的非职务发明创造专利申请权和本法规定的其他权益的，由所在单位或者上级主管机关给予行政处分。

第六十六条　管理专利工作的部门不得参与向社会推荐专利产品等经营活动。

管理专利工作的部门违反前款规定的，由其上级机关或者监察机关责令改正，消除影响，有违法收入的予以没收；情节严重的，对直接负责的主管人员和其他直接责任人员依法给予行政处分。

第六十七条　从事专利管理工作的国家机关工作人员以及其他有关国家机关工作人员玩忽职守、滥用职权、徇私舞弊，构成犯罪的，依法追究刑事责任；尚不构成犯罪的，依法给予行政处分。

第八章　附　　则

第六十八条　向国务院专利行政部门申请专利和办理其他手续，应当按照规定缴纳费用。

第六十九条　本法自 1985 年 4 月 1 日起施行。

附件：

商业特许经营行业标准

ICS 03.160

A20

备案号：35399－2012

中华人民共和国国内贸易行业标准

SB/T 10642—2011

商业特许经营业种分类

Industrial classification of franchise

2011－12－20发布   2012－01－01实施

中华人民共和国商务部　发布

目　　次

前言 ……………………………………………………………… 351

1 范围 ……………………………………………………………… 352

2 规范性引用文件 ………………………………………………… 352

3 术语和定义 ……………………………………………………… 352

4 业种分类原则 …………………………………………………… 352

5 业种大类 ………………………………………………………… 353

　5.1 零售业 ……………………………………………………… 353

　5.2 住宿业 ……………………………………………………… 354

　5.3 餐饮业 ……………………………………………………… 354

　5.4 居民服务业 ………………………………………………… 355

　5.5 教育培训业 ………………………………………………… 357

　5.6 中介服务业 ………………………………………………… 358

　5.7 其他商业服务业 …………………………………………… 358

前　　言

本标准按照 GB/T1.1—2009 给出的规则起草。

本标准是由中华人民共和国商务部提出并归口。

本标准起草单位：北京市奕明律师事务所。

本标准主要起草人：尹虹、涂志、李广兴、杨帆。

商业特许经营业种分类

1. 范围

本标准规定了我国商业特许经营业种分类及内容。

本标准适用于在中华人民共和国境内从事商业特许经营的企业。

2. 规范性引用文件

下列文件对于本文件的应用是必不可少的。凡是注日期的引用文件，仅所注日期的版本适用于本文件。凡是不注日期的引用文件，其最新版本（包括所有的修改单）适用于本文件。

GB/T 4754－2002 国民经济行业分类标准

GB/T 18106－2004 零售业态分类

《商业特许经营管理条例》（中华人民共和国国务院令第485号）

3. 术语和定义

下列术语和定义适用于本文件。

3.1 商业特许经营 franchise

拥有注册商标、企业标志、专利、专有技术等经营资源的企业，以合同形式将其拥有的经营资源许可其他经营者使用，被特许人按照合同约定在统一的经营模式下开展经营，并向特许人支付特许经营费用的经营活动。

[《商业特许经营管理条例》第一章第三条定义。]

3.2 业种 line of business and proportion

满足顾客的某类用途而形成的商业营业种类，特征是"卖什么"。

4. 业种分类原则

根据事业（职业）特征、市场定位、服务内容、目标客户等可开展特许（连锁）经营的事业领域进行分类。

5. 业种大类

按照商业特许经营业种分类原则分为零售业、住宿业、餐饮业、居民服务业、教育培训业、中介服务业、其他商业服务业等七大类。

5.1 零售业

以向最终消费者销售商品为主，并提供相关服务的行业。

[GB/T 18106－2004 中 2.1] [GB/T 4754－2002 中 65 类]

5.1.1 便利店

面积在 200 m² 以下，满足消费者日常性需求的零售业态。

[GB/T 18106－2004 中 4.1.2]

5.1.2 折扣店

店铺装修简单，提供有限服务，商品价格低廉的一种小型超市业态。拥有不到 2000 个品种，经营一定数量的自有品牌商品。

[GB/T 18106－2004 中 4.1.3]

5.1.3 专业店

以专门经营某一大类商品为主的零售业态。

例如办公用品专业店（office supply）、玩具专业店（toy stores）、家电专业店（home appliance）、药品专业店（drug store）、饰品店（apparel shop）等。

[GB/T 18106－2004 中 4.1.8]

5.1.4 专卖店

以专门经营或被授权经营某一主要品牌商品为主的零售业态。

[GB/T 18106－2004 中 4.1.9]

5.1.5 超市

开架售货，集中收款，满足社区消费者日常生活需要的零售业态。根据商品结构，可以分为食品超市和综合超市。

[GB/T 18106－2004 中 4.1.4]

5.1.6 网上商店

通过互联网络进行买卖活动的业态。

[GB/T 18106 - 2004 中 4.2.3]

5.1.7 自动售货亭

通过售货机进行商品售卖活动的零售业态。

[GB/T 18106 - 2004 中 4.2.4]

5.1.8 其他零售业业态

本项未列明的零售业业态。

5.2 住宿业

为消费者提供有偿临时住宿的服务行业。

5.2.1 星级酒店

以满足不同住宿需求而建设的不同等级酒店。一般用星的数量和设色表示旅游饭店的等级。星级分为五个等级，最低为一星级，最高为白金五星级。

5.2.2 经济型酒店

经济型酒店多为旅游出差者预备，其价格低廉，服务方便快捷。特点可说是快来快去，总体节奏较快，实现住宿者和商家互利的模式。

5.2.3 其他住宿业业态

不属于星级酒店和经济型酒店的住宿业业态。

5.3 餐饮业

在一定场所，对食物进行现场烹饪、调制，并出售给顾客主要供现场消费的服务。

[GB/T 4754 - 2002 中 67 类]

5.3.1 正餐

提供各种中西式炒菜和主食的餐饮服务。

[GB/T 4754 - 2002 中 6710]

5.3.1.1 中式正餐

提供各种中式炒菜、主食、汤及饮品的餐饮服务。

5.3.1.2 西式正餐

提供各种西式主食、汤及饮品的餐饮服务。

5.3.2　火锅

金属或陶瓷制成的用具，锅中央有炉膛，置炭火，使菜保持相当热度，或使锅中的汤经常沸腾，把肉片或蔬菜等放在汤里，随煮随吃。也有用酒精、石油液化气等做燃料的。

5.3.3　快餐

预先做好的能够迅速提供顾客食用的饭食、饮品的餐饮服务，如套餐、汉堡包等。

5.3.3.1　中式快餐

预先做好的能够迅速提供顾客食用的中式饭食、饮品的餐饮服务，如套餐、包子、粥及其他饮品等。

5.3.3.2　西式快餐

预先做好的能够迅速提供顾客食用的西式饭食、饮品的餐饮服务，如汉堡、可乐等。

5.3.3.3　自助式餐饮

服务员不送餐上桌，由顾客自己领取食物的一种自我服务的餐饮服务，包括中、西餐。

5.3.4　休闲饮品店

以提供饮料、冷饮、休闲食品为主的茶馆、咖啡厅（屋、馆）、奶茶店、酒吧、冷饮店、休闲食品店等餐饮服务场所。

5.3.5　特色小吃店

提供地方风味特色小吃为主的餐饮服务场所，以及提供单一类品种餐饮服务的场所，如面条、粉丝、包子、饺子、馄饨、麻辣烫等。

5.3.6　其他餐饮业业态

本项未列明的餐饮服务业业态。

5.4　居民服务业

5.4.1　家庭服务

为满足家庭生活需求，通过家庭服务机构由家庭服务员提供的有偿服务，包括提供保姆、家庭护理、厨师、洗衣工、园丁、司机、私人秘书等服务。

5.4.2 健康管理服务

主要提供健康咨询、健康评估及导医等服务。

5.4.3 洗染服务

提供专营洗染服务，包括洗衣店、干洗店、洗染店及皮毛护理服务。

5.4.4 鞋修理及美容服务

提供擦鞋、洗鞋、修鞋、鞋的美容保养及翻新等服务。

5.4.5 美发及美容保健服务

提供专业理发、美容保健、SPA 服务，包括理发服务、美甲服务、美容服务、皮肤保健护理服务、保健按摩服务、减肥服务、健身服务、足底按摩等服务。

5.4.6 改衣服务

提供修改衣服的服务。

5.4.7 洗浴服务

提供专业洗浴服务，包括洗澡洗浴服务、温泉、桑拿服务、修脚等服务。

5.4.8 宠物服务

提供宠物美容、宠物用品、名犬销售等服务。

5.4.9 礼仪服务

从事婚姻介绍、婚庆、殡葬等服务，包括婚姻介绍所、电子红娘，专门为未婚男女提供联谊活动等，专门为婚礼提供汽车、服装道具、摄像、照相等，专门为遗体接送，整容，化妆，灵堂，追悼会，超度法事，墓地推荐全程服务。

[GB/T 4754－2002－8260、8270]

5.4.10 摄影及数码印刷服务

提供专业从事摄影及数码印刷服务，包括婚纱摄影服务、儿童摄影及其他摄影，照片扩印服务、利用计算机进行照片、图片的加工处理服务及其他摄影扩印服务。

5.4.11 视力保健服务

提供眼睛近视、弱视等的保健服务。

5.4.12 汽车后市场服务

非汽车制造厂、修理厂的汽车维修和保养服务，包括提供汽车销售以外的洗车、美容保养、简单修理、装饰、改装等服务。

5.4.13 家居建材装修服务

提供对建筑工程后期的装饰、装修和清理活动，以及对居室的装修活动，包括门窗的安装、玻璃的安装、防护门窗安装、防护栏安装、防盗栏的安装、地面处理、地板处理和安装、墙面和墙板处理及粉刷、天花板的处理和粉刷和涂漆、室内其他木工和金属制作服务、工程完成后室内装修与保养、房屋的一般维修装修和保养等服务。

5.4.14 旅游服务

为社会各界（出境旅游者、国内旅游者）提供商务、组团和散客旅游的服务。包括向顾客提供咨询、旅游计划和建议、日程安排、食宿和交通、导游等服务。

5.4.15 其他居民服务业业态

本项未列明的居民服务业业态。

5.5 教育培训业

提供课程内培训、课程外培训、智力开发培训等服务，其中包括面授方式、远程教育方式，并收取一定费用的行业。

5.5.1 学前教育（含早教）

为学龄前儿童提供早期教育课程，如启智课程、语言课程、数学课程、音乐课程、感官教育、科学文化教育等的服务。

5.5.2 课程外辅导

提供初等教育、中等教育、高等教育等课程外辅导的服务。

5.5.3 技能培训服务

提供外语培训（级别外语培训、出国外语培训、成人外语培训）、IT 培训等服务。

5.5.4 智力开发培训服务

提供训练提高学员的专注力、想象力、创造力、说服力、预感力、直觉力、语言能力、自信力、记忆力等情商（EQ）和智商（IQ）的教育服务。

5.5.5 其他教育服务业业态

本项未列明的教育服务业业态。

5.6 中介服务业

提供居间、代理、人力资源咨询等服务，并收取一定费用的行业。

5.6.1 房地产中介服务

提供房屋买卖、租赁的居间、代理等中介服务。

5.6.2 融资中介服务

提供房屋抵押贷款、民间借款、民间理财等中介服务。

5.6.3 其他中介服务

本项未列明的中介服务业业态。

5.7 其他商业服务业

5.7.1 电子产品修护服务

提供电脑维修、IT维修外包、数据恢复、系统维护等的修护服务。

5.7.2 清洗消毒服务

提供建筑物、办公用品、家庭用品、酒店用品、餐厅用品等的清洗、消毒等服务。

5.7.3 保安服务

提供包括人防、技防、防爆安检、特保、安全咨询评估等多元化安全服务。

5.7.4 图文制作服务

提供集制作、输出、商业短板快印为一体的商业服务。

5.7.5 网络门牌服务

为全国地名公共服务工程提供地名网站建设、地名数据采集、问路短信、彩信系统建设、网络门牌全景图建设等技术服务。

5.7.6 物流服务

提供物流包装、物流运输、仓储租赁、货运代理等流通服务。

5.7.7　社区服务

政府、社区居委会以及其他各方面力量直接为社区成员提供的公共服务和其他物质、文化、生活等方面的服务。如：园丁。

5.7.8　广告服务

是国际服务贸易的一种，在《服务贸易总协定》对服务贸易所分的 12 大部门中，属于商业服务的范畴。

5.7.9　媒介服务

媒介是能让人与人、物与物以及人与物产生关联的任何物质。

5.7.10　其他

本项未列明的商业服务业业态。

ICS 03.100.20

A 10

备案号：20175-2007

SB

中华人民共和国国内贸易行业标准

SB/T 10410-2007

特许经营管理体系指南

Franchise system managerial guide

2007-01-25 发布

2007-05-01 实施

中华人民共和国商务部　发布

目　次

前言 ·· 362

引言 ·· 363

1 范围 ··· 364

2 术语和定义 ··· 364

3 授权系统 ··· 366

4 运营系统 ··· 368

5 支持系统 ··· 370

6 特许体系关系管理 ·· 374

7 文件与手册 ··· 375

参考文献 ·· 377

前　　言

本标准由中华人民共和国商务部提出并归口。

本标准的起草单位：中国连锁经营协会。

本标准主要起草人：裴亮、尹虹、陈实、尹春洪、张平、武瑞玲、杨青松、苏霜。

引　言

随着特许经营在中国的迅速发展，对特许经营企业和其管理体系的规范已成为市场和行业管理重要内容。国务院已出台了《商业特许经营管理条例》，本标准的制定有利于落实《商业特许经营管理条例》，有利于进一步规范特许经营在我国的发展，有利于保护投资者和特许经营企业的利益。

特许经营管理体系指南

1. 范围

本标准规定了商业特许经营管理体系相关术语和定义、授权系统、运营系统、支持系统、特许体系关系管理和文件与手册。

本标准适用于在中华人民共和国境内从事商业特许经营的企业（不含加油站）。

2. 术语和定义

下列术语和定义适用本标准

2.1 商业特许经营 business format franchising

拥有注册商标、企业标志、专利、专有技术等经营资源的企业（以下简称"特许人"），以合同形式将其拥有的经营资源许可其他经营者（以下简称"被特许人"）使用，被特许人按照合同约定在统一经营模式下开展经营，并向特许人支付特许经营费用的经营活动。

2.2 特许经营体系 franchise system

在统一的品牌和经营模式下，由特许人和被特许人共同经营的一个管理和运营系统。

2.3 特许人 franchisor

拥有可授予他人使用的经营模式以及注册商标、字号、专利、专有技术等并授予他人使用的一方。

2.4 被特许人 franchisee

获得他人授权，使用其经营模式以及注册商标、字号、专利、专有技术并授权他人使用的一方。

2.5 加盟店 franchised outler

被特许人获得特许人授权后，使用其商标、商号、经营模式、专有技术等经营资源建立的经营场所和设施。

2.6 特许经营费 franchise fee

被特许人为获得特许人的商标、商号、经营模式、专利和专有技术等经营资源的使用权而向特许人支付的费用。包括：加盟费、使用费及其他约定的费用。

2.6.1 加盟费 up－front franchise fee

被特许人为获得特许人的商标、商号、经营模式、专利和专有技术等经营资源的使用权而向特许人支付的一次性费用。

2.6.2 使用费 on－going royalty fee

被特许人在加盟特许经营体系后，为获得由特许人提供的持续服务和支持，按劳动合同双方约定，如期向特许人支付的费用。

2.6.3 其他约定的费用 other fee

被特许人根据合同约定，为获得特许人提供的相关货物供应或服务而向特许人支付的其他费用。

2.7 保证金 guarantee fee

为确保被特许人履行特许经营合同，特许人向被特许人收取的一定费用。合同到期后，按合同约定退还被特许人。

2.8 授权方式 way of approach franchising

特许人以某种方式授予被特许人开展特许经营活动。

2.8.1 单店特许 unit franchising

特许人授予被特许人使用其商标、商号、经营模式、专利和专有技术等经营资源开设一家单店。被特许人不可再转让特许人的商标、商号、经营模式、专利和专有技术等经营资源、同时，单店特许的被特许人可向特许人申请增开单店。

2.8.2 区域开发 area development

特许人授予被特许人在某个地理区域内使用其商标、商号、经营模式、专利和专有技术等经营资源开设加盟店，并要求被特许人在规定的时间内开设规定数量的特许加盟店。被特许人不可再转让特许人的商标、商号、经营模式、专利和专有技术等经营资源。

2.8.3 二次特许 sub—franchising

特许人授予被特许人在某个地理区域内使用其商标、商号、经营模式、专利和专有技术等经营资源开设加盟店，并要求被特许人在规定的时间内开设规定数量的特许加盟店。并且，被特许人在此地理区域内可授权他人开设加盟店。

2.9 信息披露 information disclosure

特许人在进行特许经营前应按照我国特许经营法律、法规的相关条文向申请人进行信息披露。

3. 授权系统

3.1 特许权

3.1.1 商标的使用权

该使用权应有时效期、业务范围和区域的约定。

3.1.2 经营秘诀与专有技术的使用权

特许人应充分传授经营秘诀与专有技术等商业秘密，保证被特许人充分理解并掌握使用方法，确保被特许人达到特许人向顾客提供产品和服务的水平。

3.1.3 单店经营管理模式的使用权

特许人应通过模式导入和持续的培训与督导，使被特许人的单店经营符合特许体系一的单店模式。

3.1.4 其他知识产权的使用权

特许人应充分授让版权、专利等其他知识产权，保证被特许人充分理解并掌握使用方法，确保被特许人达到特许人向顾客提供产品和服务的水平。

3.1.5 持续享受特许人的支持

被特许人加入特许体系后，应持续享受特许人提供的支持。

3.2 授权方式

3.2.1 单店特许

特许人对被特许人应有开设新店和再特许方面的限制。

3.2.2　区域特许

特许人对被特许人应有区域开发的进度及质量方面的要求。

3.2.3　二次特许

特许人应有保证加盟店利益不受损害的措施，保证特许体系内所有店铺经营管理的一致性。

3.2.4　其他

以上模式及其他方式的混合使用。

3.3　被特许人招募

3.3.1　信息发布

宣传须准确、真实、合法，不得有任何欺骗、遗漏重要事实或者可能发生误导的陈述。

3.3.2　信息披露

依照国务院条例的规定进行信息披露。

3.3.3　基本程序

招募被特许人应遵守以下基本程序。

a. 面谈，以了解准被特许人的基本情况、价值观、人生态度、对经营风险的承受能力以及加盟心态等；

b. 调查与考核，以了解准被特许人的实际情况，如个人品质、资金能力、经营管理能力及组成一个被特许人的各合伙者之间的协调能力等；

c. 签订合同，确定特许关系。

3.4　特许经营费收取

3.4.1　加盟费

在签订特许经营合同后，按照合同约定一次性收取。

3.4.2　使用费

合同须规定其收取的固定周期，可以按被特许人营业额或其从特许人处采购原料金额的一定比例收取，也可以按固定数额收取。

3.4.3　其他约定的费用

合同约定其缴纳方式及金额，并且在合同中应明确所收取费用的使用原则及对使用的监督进行规定。如：管理费、培训费、广告促销费等。

3.5 保证金

在签订合同后，按合同约定缴纳；合同解除时，被特许人无合同约定的违约行为发生时，应全额退还。

3.6 特许合同

3.6.1 应包括："特许经营合同"、"商标许可使用合同"，也可根据需要签订"专利许可使用"类、"技术引进"类、"原材料、设备配送"类、"培训"类等其他合同。

3.6.2 特许人不得利用特许合同从事限制竞争行为。

3.6.3 特许人与被特许人签订的合同应约定一下内容。

a. 授权约定：特许权的内容、使用期限、使用地点、使用范围及特许费的收取内容、方式和保证金的返还条件；

b. 特许人的权利、义务约定：培训，手册，文件的提供，以保证体系的发展的持续的支持，体系创新，体系的控制等；

c. 被特许人的权利、义务约定：遵守运营规则，保守商业秘密，按时支付相关费用，正确使用特许品牌，避免不正当竞争等；

d. 转让约定；

e. 保密条款；

f. 合同终止与竞业禁止；

g. 违约条款及后果；

h. 违约条款及后果；

i. 条例中要求特许经营合同应当包括的主要内容。

4. 运营系统

4.1 特许人盈利模式

4.1.1 特许人的主要盈利来源包括以下几个方面：

a. 特许经营费；

b. 字形开发的关键设备、关键原料的配送；

c. 规模配送产生的差价；

d. 以上几个盈利来源的组合；

e. 其他合理的费用来源，如维修费、培训费等。

4.1.2 特许人应通过为被特许人提供相应的服务并提高特许体系的竞争力，来实现自己的盈利和特许品牌的升值。

4.2 单店盈利模式

特许人须设计单店的盈利模式，保证一定的市场竞争优势；同时，单店盈利模式应有完全可复制性。

4.3 单店要求

特许体系的单店应做到经营管理模式基本一致，包括以下几方面：

a. 单店形象与环境；

b. 产品或服务、服务组合及质量标准；

c. 顾客群体定位；

d. 单店选址标准；

e. 组织结构；

f. 基本管理制度；

g. 基本作业流程与操作；

h. 价格与营销政策。

4.4 营业组织工作

特许人应设立营运部门专门负责特许体系的营业组织工作，主要包括以下几个方面：

a. 制定与考核营业目标；

b. 预测营业周期并采取相应对策；

c. 协调各支持部门对单店的营业支持；

d. 处理营业危机；

e. 体系加盟网络的开发；

f. 体系监控与维护。

4.5 单店营业支持

特许人应为单店提供相应支持，包括资源支持、营销支持、运营支持等(详见第五章支持系统)

4.6 单店营业控制

4.6.1 特许人应策划、总结单店的营业模式、营业标准、形成管理制度、相应程序、操作细则、标准等文件，通过会议、培训贯通执行。

4.6.2 通过督导、神秘顾客、顾客热线、数据分析等措施控制并规范单店营业，促进单店营业，保证整个特许经营水平。

4.7 利益分配

4.7.1 特许人应根据营业系统的分工制定合理的利益分配措施。

4.7.2 被特许人应自负盈亏，完全拥有经营成果。

4.7.3 向被特许人提供的营业支持，特许人可按照支付的费用和双方约定的金额收费费用。

4.7.4 属于被特许人代收货集中支付的费用，例如：广告费、特定的研发费用等，特许人按合同预定来管理，并在特许体系范围内定期公布费用收支情况。

4.7.5 特许人与被特许人之间的其他交易应遵守法律、法规、规章及市场规则。

5. 支持系统

5.1 总则

特许人对单店的支持不区分加盟店和直营店。

5.2 品牌支持

5.2.1 品牌维护

5.2.1.1 应当建立商标和识别标志的技术指标，及再经营使用中的标准，并准确描述商标和体系的特点，以防止不正当使用。

5.2.1.2 建立并完善质量管理系统，以保持顾客满意。

5.2.1.3 建立并完善品牌维护督导系统，以规范和指导单店运营。

5.2.1.4 建立并完善品牌保护机制，以维护特许人和授权许可使用的被特许人的利益。

5.2.2 品牌价值提升

5.2.2.1 根据品牌定位保持品牌的竞争差异性，并不断丰富其内涵。

5.2.2.2 建立并推广企业形象（CI）和店铺形象（SI）识别系统。

5.2.2.3 建立专项费用预算以保证品牌推广。

5.2.3 公共关系与企业形象

5.2.3.1 建立并完善公共关系管理，以维持特许体系在社会和市场中的良好公共关系，随时了解企业形象的状态，并及时予以调整。

5.2.3.2 建立危机处理系统。

5.3 营销支持

5.3.1 市场调查与研究

建立市场调研的方案和机制，以随时监督市场环境的变化。

5.3.2 产品或服务设计与开发

根据特许体系的发展战略，由特许人统一规划，不断设计和开发新产品或服务，以提高特许品牌的竞争力。

5.3.3 广告与促销策划

根据特许体系的发展战略，由特许人统一规划，不断设计和开发新产品或服务，以提高特许品牌的竞争力。

5.3.4 广告与促销费用管理

特许人应统一管理特许体系的广告费用，区域和单店的广告支出应由特许人审批（自筹费用除外），要计算广告支出与加盟商收益的比例。收取广告费的特许人应按年度公布广告费的使用情况。

5.4 培训支持

5.4.1 培训目标

特许人须建立完善的培训系统，以实现如下目标：

a. 形成特许体系内的共识；

b. 让各级员工熟悉特许体系的运营标准；

c. 提高员工的整体素质。

5.4.2 培训内容

5.4.2.1 开业前培训

企业文化类，基本制度类，产品或服务的知识类、商标、专利及经营管理的应用类、员工上岗前培训等。

5.4.2.2 营业前的培训

体系持续发展所需要的各方面内容。

5.4.2.3 专题培训

体系创新所涉及的各方面内容。

5.4.3 培训师资

5.4.3.1 特许人应建立专兼职培训员队伍，保证各级培训员在相应级别员工总数中的比例。特许人可通过各种方式将各级管理人员和业务骨干发展为培训员。

5.4.3.2 特许人应制定并执行对培训员管理与培训的制度。

5.4.4 培训对象

培训的对象不仅仅是基层员工，还包括管理人员，甚至部分供应商。

5.5 督导支持

5.5.1 总则

根据行业、业态的特点来建立营运规划和督导系统；以周期性督促、指导下属分支机构和被特许人的工作，达成特许体系的标准化运作。

5.5.2 督导内容

根据行业的人员，环境，设施设备等资源状况；门店业绩；如营业额状况，利润水平；顾客的满意状况；以及产品及服务的质量水平；运作的规范性；视觉识别系统(VI)的正确应用和品牌形象的维护；所在商圈的状况和门店竞争力等。

5.5.3 督导方式

通过门店巡防、神秘顾客、区域会议和消费者反馈等；还可以利用统计技术，通过报表、报告等数据、信息进行数据加工监控等方式实施。

5.5.4 督导员

选派熟悉业务的专业人士作为督导员，并制定实施对督导员培训与管理的相关制度和流程，以确保督导员的能力及整个督导队伍与体系发展相一致。

5.5.5 督导结果的处理

制定督导结果的处理程序，记录督导结果，以此作为奖惩的依据。

5.6 开店支持

单店拓展应在特许人的规划和控制下进行。内容包括：市场规划、商圈规划、单店选址、开业筹备等。

5.6.1 市场规划

5.6.1.1 依据

特许体系的目标、特许人的支持能力等。

5.6.1.2 内容

开店拓展的目标城市、各目标城市的单店数、直营店与特许店的比例等。

5.6.2 商圈规划

5.6.2.1 依据

营业业态、顾客群体定位、城市功能分布与规划、单店选址标准、同类企业的商圈分布等。

5.6.2.2 内容

城市商圈的分布、目标商圈的单店资源状况、各个商圈进入策略等。

5.6.3 单店选址

单店选址应按照信息收集——谈判——比较——审批的基本流程进行，比较和审批阶段应充分征求运营部门意见。

5.6.4 开业筹备

包括开业法律手续、装修工程、员工配置、设备调试、期初物料准备、开业促销、开幕典礼等。

5.7 采购与配送

5.7.1 采购要求

特许人应制定物资采购标准，流程并进行控制，并保证特许人和被特许人按照相对稳定的标准采购活在控制状态下采购。特许体系的主要供应商由特许人统一评估。

5.7.2 配送要求

特许人应规定一定比例的核心原材料，商品，设备或其他物品由特许人统一配送，以达到特许体系的质量标准。

5.8 信息技术支持

5.8.1 加盟店应有时点销售信息管理（POS）系统和以此为基础上的加盟店管理信息系统，基本满足营业需要，实现特许人与加盟店的业务数据交换。

5.8.2 一定规模的特许体系应借助信息技术协助管理，如：财物、营业、进存销、人事、行政、顾客关系等。

5.9 特许体系创新

特许人吸纳被特许人的意见和建议，定期评估分析特许体系的策划结果与运行情况，并随时关注市场的发展，引进先进的经营管理思想、方法和工具，以保持商业模式，经营管理办法及产品或服务的先进性，维持特许体系的市场竞争优势。

6. 特许体系关系管理

6.1 与被特许人的沟通

6.1.1 特许人建立特许体系的企业文化，明确提出自己的企业规划，经营理念，价值观点等企业文化要素，并通过管理模式的嫁接和与被特许人的沟通等途径，将企业文化建设的范围延伸到被特许人。

6.1.2 特许人组织不同形式的沟通活动，以让被特许人了解特许人的文化，政策和营业要求并及时了解被特许人的需要和建议等。

6.2 特许控制

特许人应通过法律手段和督导手段来实施控制，特许人的控制应达到三个效果：

a. 保护特许体系的知识产权；

b. 保证特许人的体系标准得以执行；

c. 保证合同义务的履行。

7. 文件与手册

7.1 基本要求

7.1.1 特许人关于特许体系运行与管理的策划结果应形成文件，文件可采用各种形式的介质。特许人应保证文件的系统性。

7.1.2 特许人应按照相关规定管理特许体系文件，文件至少包括：

a. 所有文件发布必须经过相关权力机构评审，文件必须标明起草人、持有人、操作人、版次次数、发行生效日期。

b. 文件正式生效后要开展体系内培训。

c. 建立体系文件的沟通渠道，随时收集体系内各操作岗位对文件反馈的信息。

d. 定期修改更新文件，修改前须经过重新审批才能生效，并保持文件与现实的符合以及适应体系发展的需要。

7.1.3 特许体系的文件详细程度可根据行业、业态、企业所处的阶段及企业员工素质等因素而异。

7.2 企业规划类文件

企业规划类文件应包括以下内容：

a. 总体战略规划；

b. 品牌规划；

c. 市场拓展规划；

d. 商圈规划；

e. 产品或服务目录与产品或服务库规划；

f. 单店模式设计；

g. 特许经营模式设计。

7.3 企业基本制度

特许人需制定企业基本制度，以规定特许企业的人事、财物、营业、资讯、后勤等基本管理，基本制度可汇总总册，也可散见于各构成模块。主要基本制度包括：

a. 组织结构与组织制度；

b. 人力资源管理制度；

c. 岗位说明书与岗位作业指导手册；

d. 产品或服务开发与质量管理制度；

e. 培训管理制度；

f. 督导管理制度；

g. 采购与配送制度；

h. 企业安全与保密制度；

i. 知识产权管理制度；

j. 单店营业制度；

k. 单店值班制度；

l. 财物管理制度；

m. 信息管理制度。

7.4 特许体系管理类文件

特许体系管理类文件应包括以下内容：

a. 特许管理的宗旨、目标与法律依据；

b. 特许管理的组织与职能；

c. 授权系统应至少包含本标准第 3 章中的内容；

d. 运营系统应至少包含本标准第 4 章中的内容；

e. 支持系统应至少包含本标准第 5 章中的内容；

f. 特许体系关系管理应至少包含本标准第 6 章中的内容。

7.5 工作执行中的标准类文件

企业标准是特许体系的重要文件，是特许体系运营的依据，是特许经营中复制和控制的工具。应包括：

a. 原材料质量标准；

b. 产品或服务质量标准；

c. 设备、器材用品标准；

d. 产品或服务制作标准；

e. 门店选址标准；

f. 门店装修标准；

g. 服务操作标准；

h. 商品陈列标准；

i. 门店的环境与卫生标准；

j. 顾客服务标准（包括顾客投诉的处理等）。

特许经营管理体系指南参考文献

［1］商业特许经营管理条例．中华人民共和国国务院令．第 485 号

［2］商业特许经营备案管理办法．中华人民共和国商务部令［2007］第 15 号

［3］商业特许经营信息披露管理办法．中华人民共和国商务部令［2007］第 16 号

［4］朱明侠．特许连锁经营．北京：对外经济贸易大学出版社，2001

［5］Stephen Spinelli., Jr., Robert M. Rosenberg, sue Birley. Franchising: Pathway to Wealth Creastion. Prentice Hall PTR, 2004

［6］Robert T. Justis, Riechard J. Judd. Franchising. Thomson Learning Custom Publishing, 1998

［7］Dr. Scott A. Shane. From Ice Cream To The Internet: Using Franchising To Drive The Growth And Profits Of Your Company. Prentice Hall PTR. 2004